本报告得到国家自然科学基金面上项目"多中心群网化中国城市新体系的决定机制研究"（71774170）、国家自然科学基金面上项目"基于互联网大数据和重复交易法的中国城市住房价格指数编制研究"（71774169）及中国社会科学院国情调研重大项目"房地产调控政策及其效果"（GQZD2020010）、哲学社会科学创新工程项目"'十四五'及未来十五年中国城市化与房地产发展趋势"的资助。

ANNUAL REPORT ON DEVELOPMENT
OF HOUSING MARKET IN CHINA
(2019-2020)

中国住房发展报告

(2019-2020)

楼市调控：中流击水应从容

顾　问◎闫坤　何德旭
主　编◎倪鹏飞
副主编◎高广春　邹琳华　姜雪梅　李超

中国社会科学院财经战略研究院
中国社会科学院城市与竞争力研究中心

中国社会科学出版社

图书在版编目（CIP）数据

中国住房发展报告：2019-2020：楼市调控：中流击水应从容／倪鹏飞主编．—北京：中国社会科学出版社，2020.10

（中社智库年度报告）

ISBN 978-7-5203-7132-2

Ⅰ.①中… Ⅱ.①倪… Ⅲ.①住宅经济—经济发展—研究报告—中国—2019-2020 Ⅳ.①F299.233

中国版本图书馆CIP数据核字（2020）第169180号

出 版 人	赵剑英
策划编辑	周　佳
责任编辑	孙砚文
责任校对	李　莉
责任印制	王　超

出　　版	中国社会科学出版社
社　　址	北京鼓楼西大街甲158号
邮　　编	100720
网　　址	http://www.csspw.cn
发 行 部	010-84083685
门 市 部	010-84029450
经　　销	新华书店及其他书店

印　　刷	北京明恒达印务有限公司
装　　订	廊坊市广阳区广增装订厂
版　　次	2020年10月第1版
印　　次	2020年10月第1次印刷

开　　本	710×1000 1/16
印　　张	17.25
插　　页	2
字　　数	274千字
定　　价	98.00元

凡购买中国社会科学出版社图书，如有质量问题请与本社营销中心联系调换
电话：010-84083683
版权所有　侵权必究

《中国住房发展报告（2019—2020）》编委会

顾　　问	闫　坤	何德旭		
主　　编	倪鹏飞			
副 主 编	高广春	邹琳华	姜雪梅	李　超
编委会成员	倪鹏飞	高广春	邹琳华	姜雪梅
	李　超	郭宏宇	汪红驹	冯　明
	刘　伟	丁如曦	刘尚超	沈　立
	蔡书凯	杨　杰	徐海东	彭旭辉
	曹清峰	李　博	龚维进	马洪福
	黄　进			

主要编撰者简介

倪鹏飞，经济学博士，中国社会科学院城市与竞争力研究中心主任，中国社会科学院财经战略研究院院长助理、研究员、博士生导师，城市与房地产经济研究室主任。中宣部文化名家暨"四个一批"人才，国务院特殊津贴专家。主要致力于城市经济学、房地产经济学、空间金融学、竞争力经济学等研究。主编和专著《中国城市竞争力报告》《全球城市竞争力报告》《中国住房发展报告》系列著作40余部，在 Urban Studies，Cities，《中国社会科学》和《经济研究》等权威杂志上发表论文百余篇。代表作《中国城市竞争力报告 No.1》获孙冶方经济科学著作奖（第十一届），多项要报成果获得国家领导人批示并多次获得中国社会科学院优秀对策研究特等奖和一等奖。

汪红驹，经济学博士，中国社会科学院财经战略研究院研究员、博士生导师，综合经济研究部主任。主要研究领域为经济周期、宏观结构模型、货币金融政策等。主持和参与多个科研项目。在《经济研究》《经济学动态》《世界经济》《财贸经济》等杂志发表文章多篇。获孙冶方经济科学论文奖一次，数次获得中国社会科学院优秀对策信息奖一、二、三等奖。

邹琳华，经济学博士，中国社会科学院财经战略研究院副研究员。大数据房价指数（BHPI）创办人，跨机构学术协作研究平台——住房大数据联合实验室主要发起人。中国社会科学院财经战略研究院、中国社会科学院城市与竞争力研究中心住房大数据项目组组长。主持国家自然科学基金面上项目等多项课题，出版专著《中国房地产周期波动区域差异研究》。

高广春，经济学博士，中国社会科学院财经战略研究院副研究员。

主要研究领域：住房金融、商业银行经营与管理。在《财贸经济》《城市发展研究》《国际经济评论》等杂志发表论文40余篇，独著、合著、合作译著十余部，参与国家、省部级课题，金融机构委托课题，企业委托课题和地方政府委托课题20余项。

郭宏宇，经济学博士，外交学院国际经济学院副教授、国际金融系副主任、硕士生导师。研究领域为财政理论、投行理论、中非经济外交。参与国家社科基金、保监会等课题十余项，独立出版专著一部，合作出版专著与编著十余部，发表学术论文50余篇。

姜雪梅，日本东北大学信息科学博士，现就职于中国社会科学院财经战略研究院。主要研究方向为房地产经济、城市经济学、住房社会保障。出版专著和译著各一部，并参与《中国住房发展报告》等16部论著的撰写，发表20多篇论文。作为核心成员参与国家社科基金重大项目，教育部、住建部委托课题和地方政府委托课题。

李超，经济学博士，中国社会科学院财经战略研究院副研究员。主要研究领域为区域经济学、城市与房地产经济学。在《中国社会科学》《经济研究》等期刊上发表论文30余篇，专著以及参编著作20余部，主持和参与国家社科基金项目以及其他部门委托课题数十项。先后五次获得省部级以上学术奖励，决策要报曾获得党和国家领导人重要批示。

冯明，清华大学经济学博士，中国社会科学院财经战略研究院副研究员、综合经济研究部副主任。主要研究领域为：宏观经济学、金融学、货币财税政策、经济史等。在中英文核心期刊发表学术论文20余篇。著有《经济学的尺度：中国经济转型期的宏观现象与微观基础》《石油之眼：洞察中国与世界经济新格局》等著作。

蔡书凯，浙江大学管理学博士，安徽工程大学经济管理学院副院长、教授、硕士生导师，致力于农业经济、区域经济方面的研究。主持国家社科基金、教育部人文社科项目、中国博士后基金等科研课题20余项；在《中国农村经济》《经济学家》等主流经济学杂志发表论文50余篇；独立出版学术专著1本（获国家出版基金资助），参与撰写学术专著15本。

丁如曦，经济学博士，现就职于西南财经大学经济学院，主要研究领域为区域与城市经济、房地产经济。先后参与国家社会科学基金重大招标项目等国家级、省部级课题十余项，主持完成中央高校基本科研业务费项目等 2 项。参编《中国城市竞争力报告》《中国住房发展报告》6 部，合作完成并出版中英文著作 3 部。在《中国工业经济》、《财贸经济》等刊物发表学术论文十余篇。获省部级科研成果一等奖等。

沈立，南开大学管理学学士、经济学硕士，中国社会科学院研究生院经济学博士，主要从事城市经济学、产业经济学和房地产经济学研究。《中国城市竞争力报告 No. 15》副主编，先后参与国家自然科学基金项目、中央及地方委托课题多项，在《经济研究》《社会科学研究》等期刊发表文章多篇。

彭旭辉，华中科技大学经济学博士，中国社会科学院财经战略研究院在站博士后。主要致力于区域与城市经济学、房地产经济学等方面的理论与实证研究。先后主持和参与包括国家自然科学基金面上项目在内的多项纵、横向课题。多次参与撰写《全球城市竞争力报告》《中国住房发展报告》等专著及研究报告。

徐海东，经济学博士，现就职于中国社会科学院财经战略研究院。在核心期刊发表论文 8 篇，并在《经济日报》《经济参考报》等主流报刊上合作发表相关文章 6 篇。《中国城市竞争力报告 No. 17》副主编，作为核心成员参与编写《中国城市竞争力报告 No. 16》《全球城市竞争力报告》《中国住房发展报告》等著作 6 部。

刘尚超，中国社会科学院研究生院经济学博士，现就职于中国指数研究院，任研究项目副总监，主要研究方向是城市基础设施与房地产企业。

杨杰，经济学博士，2015 年毕业于中国社会科学院研究生院，曾于国土资源部（现自然资源部）信息中心和建信信托研究部从事研究工作，现就职于中邮人寿保险股份有限公司规划建设部，从事战略研究分析。

刘伟，中国社会科学院国家金融与发展实验室特殊资产研究中心副主任，北京立言金融与发展研究院普惠金融研究所所长，主要研究方向为房地产金融、普惠金融。

城市与房地产经济研究室简介

中国社会科学院财经战略研究院城市与房地产经济研究室现有专职研究人员 6 名，主要研究领域为城市经济与房地产经济。其前身是在原国务委员、中国社会科学院院长李铁映的倡导下于 1999 年成立的城镇住宅研究室，2003 年更改为现名。2009 年，研究室被纳入中国社会科学院重点学科建设工程。

近年来，研究室在城市竞争力、城市化、城市产业集群、城市营销、房地产市场结构、房地产周期、住房金融、住房公共政策、土地经济、住房证券化、住房保障等领域进行了较为深入的研究，并处于国内较为领先的地位，部分研究成果在国际上也产生了较大的社会和学术影响。《中国城市竞争力报告 No.1》获孙冶方经济科学著作奖，是中国社会科学院重要的学术品牌之一。《全球城市竞争力报告》定期在英国出版并面向全球发行，成果备受关注。作为国内首个房地产相关国家社科基金重大课题的研究支撑机构，研究室在中国房地产发展对策研究方面也取得了重要突破。成立十多年来，研究室先后与海外近 20 个国家的高校、科研机构和学者开展学术交流，并在部分研究项目上建立了合作机制。

研究室的目标是发展成为城市与房地产研究领域的国内重要中心，同时进一步扩大国际交流、国际合作，并提高国际学术影响力。

中国社会科学院城市与竞争力
研究中心简介

中国社会科学院城市与竞争力研究中心是 2010 年 4 月 26 日成立的一个有关城市与竞争力的院级非实体研究中心。中国社会科学院财经战略研究院研究员倪鹏飞任中心主任。中心主要由中国社会科学院财经战略研究院城市与房地产经济研究室和城市竞争力课题组的研究人员组成，同时邀请国内外专家学者以不同的形式参与研究。

近年来，中国社会科学院的这支研究团队在城市与竞争力方面做了许多的创新探索，关于中国城市竞争力的研究获得了孙冶方经济科学奖，关于中国住房发展的研究获国家重大社科基金支持，多项要报成果得到中央领导批示，获中国社会科学院对策信息特等奖和一等奖。《中国城市竞争力报告》等已经成为中国社会科学院重要的学术品牌，在国内外产生十分广泛的影响，进一步确立了中国社会科学院在这些领域的全国领先地位，也为中央及地方政府的相关决策提供了参考。中心还组织和联合全世界的城市竞争力研究专家，成立全球城市竞争力项目组，与联合国人类住区规划署、世界银行集团及世界著名城市学者开展相关领域的高端合作，发布《全球城市竞争力报告》，举办城市竞争力国际论坛，扩大了中国社会科学院在这些国际学术领域的话语权和影响力。

中心的主要任务是组织国内外各界相关研究人员，开展城市经济、城市管理、城市化、城市竞争力、房地产经济、房地产金融相关的学术研究，发表城市与房地产相关的研究论文、出版专著和研究报告；开展国内外学术交流，组织中心学者进行国际学术访问；组织国内外相关领域专家、城市市长等各界人士召开城市竞争力国际论坛以及相关学术会议；与相关单位开展合作研究、社会实践、专项调研等活动；接受国内外政府、企业、非政府组织等的委托,开展相关的政策和战略咨询研究;举办高级研修班等多种形式的培训,培养学以致用的学术和城市管理人才。

中国社会科学院竞争力模拟实验室简介

  中国社会科学院竞争力模拟实验室成立于2012年，是中国社会科学院城市与竞争力研究中心成员经过对城市与竞争力十余年的跟踪研究，建立的涵盖国家竞争力、城市竞争力、城市联系度、教育竞争力、人才竞争力、商务环境、住房发展等多个方面的大型综合模拟实验室。实验室的主任是倪鹏飞研究员。实验室的数据库目前已经拥有数百项指标的数据，样本包括世界主要国家和地区1000余个城市（含中国291个城市），是全球有关城市与竞争力的最重要数据库之一。实验室联合国内外专家悉心总结，综合中国社会科学院城市与竞争力研究中心多部著作及十余年的调研成果，制作了包含数百个经典案例的城市与竞争力案例库。

  为保证数据的权威性与准确性，模拟实验室将数据来源、数据处理方法和指数合成方法等附在数据之中，便于数据库的使用者随时查阅。

目 录

第一部分 总体报告

第一章 中国住房发展总报告
　　——楼市调控:中流击水应从容 …………………………（3）
　一　时空演变:楼市走进调控预期的稳定区间 ……………（3）
　二　主要原因:持续调控的力度和节奏决定楼市年稳季变 ……（21）
　三　2020年的楼市新判断 …………………………………（33）
　四　未来判断:未来几年处在楼市调控的机遇期和关键期 ……（35）
　五　对策建议:楼市调控得保持定力、从容应对 ……………（44）

第二部分 宏观背景报告

第二章 世界经济与住房市场形势分析与预测 ……………（51）
　一　2018—2019年全球经济与住房市场形势分析 …………（52）
　二　2019—2020年全球经济与住房市场形势预测 …………（73）

第三章 中国宏观经济报告
　　——精准调控,努力实现社会经济发展预定目标 …………（79）
　一　全球经济增长下行风险加大 ……………………………（79）
　二　疫情防控常态化,中国经济面临复杂局面 ………………（81）
　三　释放改革和创新红利,推动经济高质量发展 ……………（86）

第三部分 市场主体报告

第四章 中国住房企业发展报告
　　——2019—2020 住房企业形势分析与预测 ……………………（91）
　　一　2019—2020 年中国住房企业发展现状分析 ………………（91）
　　二　2019—2020 年中国房地产企业发展存在的问题 …………（101）
　　三　中国住房企业 2020—2021 年发展展望 ……………………（104）
　　四　促进住房企业保持平稳健康发展的对策建议 ………………（107）
　　五　华房上市公司指数分析 ………………………………………（109）

第五章 中国住房需求主体分析与预测 ……………………………（121）
　　一　2018—2019 年住房需求主体分析 …………………………（121）
　　二　2020 年住房需求判断 ………………………………………（127）
　　三　住房需求领域面临的主要问题 ………………………………（130）
　　四　政策建议 ………………………………………………………（133）

第六章 中国住房地方政府形势分析与预测 ………………………（135）
　　一　地方政府行为回顾 ……………………………………………（136）
　　二　存在的问题 ……………………………………………………（145）
　　三　2020 年年初地方政府行为 …………………………………（148）
　　四　地方政府行为预测 ……………………………………………（149）
　　五　对策与建议 ……………………………………………………（151）

第四部分 主要市场报告

第七章 中国重点城市住房市场分析与预测 ………………………（157）
　　一　2019 年重点城市住房市场运行动态 ………………………（157）
　　二　重点城市市场形势分析 ………………………………………（165）
　　三　2020 年上半年重点城市形势分析与下半年走势判断 ……（167）
　　四　重点城市住房市场存在的问题 ………………………………（170）

五　对策与建议 …………………………………………………（171）

第八章　中国住房土地市场报告 ………………………………（175）
　　一　2018—2019年土地市场运行基本情况 …………………（175）
　　二　土地市场的主要问题 ……………………………………（192）
　　三　2020年上半年土地市场整体形势与下半年展望 ………（194）
　　四　政策建议 …………………………………………………（197）

第九章　中国住房金融发展报告 ………………………………（199）
　　一　现状分析 …………………………………………………（199）
　　二　存在的问题 ………………………………………………（215）
　　三　政策建议 …………………………………………………（217）

第五部分　公共政策报告

第十章　中国住房市场监管报告 ………………………………（223）
　　一　中国住房市场监管政策分析 ……………………………（223）
　　二　中国住房市场监管现状与问题 …………………………（226）
　　三　中国城市住房市场监管指数分析 ………………………（227）
　　四　政策建议 …………………………………………………（235）

第十一章　中国住房社会保障报告 ……………………………（237）
　　一　2019—2020年中国住房保障的主要措施现状分析 ……（237）
　　二　2020年中国住房保障的预测 ……………………………（241）
　　三　问题与挑战 ………………………………………………（242）
　　四　政策建议 …………………………………………………（243）

第十二章　中国住房宏观调控报告 ……………………………（246）
　　一　2018—2019年住房宏观调控政策及效果 ………………（246）
　　二　住房宏观调控存在的问题与未来挑战 …………………（253）
　　三　政策建议 …………………………………………………（256）

第一部分　总体报告

第一章

中国住房发展总报告
——楼市调控：中流击水应从容

倪鹏飞　丁如曦　徐海东

一　时空演变：楼市走进调控预期的稳定区间

2019年中国住房市场年度稳定有降，季度上下波动，空间再度分化，总体迈进调控预设的合理区间。

（一）时间演变：稳中有变，四季逆转

2018年10月至2019年10月中国楼市经历冬冷、春暖、夏凉、秋凉、冬暖的四季变换，实现了平稳降温过程。具体表现如下。

1. 价格：中国住房价格增幅经历降、升、降再企稳的过程

以商品住房销售额除以销售面积来粗略估算商品住房平均销售价格（简称住房价格或房价），2018年10月房价平均为8358元/平方米，同比增长11.4%。2019年4月房价上升到9804元/平方米，同比涨幅为14.9%，达到阶段性高值。此后，房价水平总体略有下降，2019年5—9月，房价每平方米分别为9360元、9342元、9577元、9341元和9304元。截至2019年10月，房价为9173元/平方米，同比增长率为9.76%（见图1-1）。

2. 供求：住房销售额变动总体平稳，开发量增速波动较大

第一，在需求方面，月度住房销售额增长率有升有降，总体变动比较平稳。图1-2呈现中国商品住房销售面积及增长率变动情况，2019年2—

4 ◇ 第一部分 总体报告

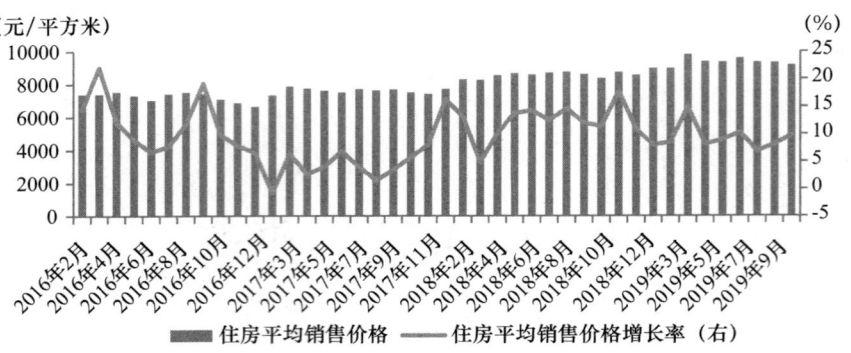

图1-1 中国商品住房平均销售价格及增长率变动（月同比）

资料来源：Wind资讯。

10月，增长率分别为 -3.20%、1.84%、2.74%、-3.92%、-1.77%、3.40%、7.24%、4.63%、4.43%，反映总体变化幅度不是太大，且稳中有升。2019年1—10月，全国商品住房累计销售面积11.71亿平方米，商品房累计销售面积13.33亿平方米，其中10月商品住房销售面积为1.2亿平方米，同比增长4.4%；销售额1.1万亿元，同比增长14.6%。

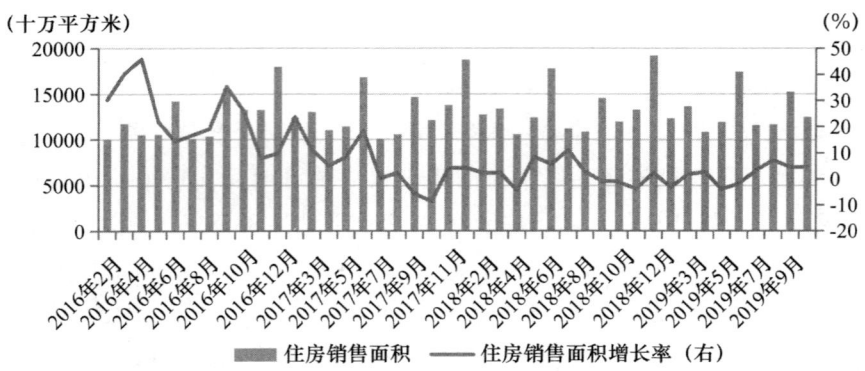

图1-2 中国商品住房销售面积及增长率变动（月同比）

资料来源：Wind资讯。

第二，在供给方面，新开工面积、施工面积与竣工面积之间的增幅差距由大变小。新开工面积和施工面积反映未来的住房供给，属于潜在供给。2018年10月新开工面积、施工面积当月增长率分别为14.49%、20.25%。此后除2019年2月外，施工面积在2018年11月至2019年3月逐月持续增长，2019年3月增速达到67.60%，达到阶段性最高值，并在2019年3—10月呈现出先下降再升高的"U"形变动趋势。与新开工面积、施工面积变动态势形成鲜明对比的是，反映现实有效供给的住房竣工面积在大多数月份里保持同比增速为负，2019年5月的增速为−26.47%，处于阶段性低谷。随后，竣工面积增速跌幅逐步收窄，并于2019年9月开始转为正增长，与新开工面积、施工面积增速之间的差距逐步缩小。2019年10月，住房新开工面积、施工面积和竣工面积同比增幅分别为27.60%、25.02%和18.82%（见图1−3）。反映出总体的现房供应在增长，潜在供给还在持续增加。

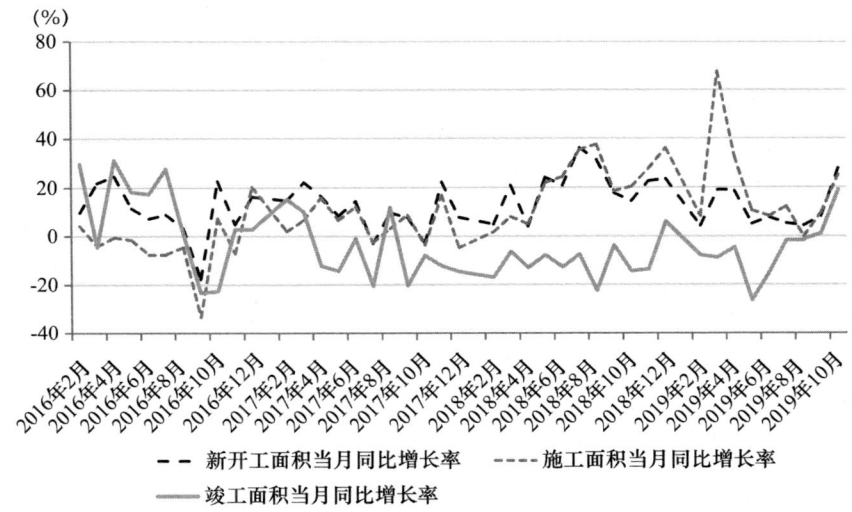

图1−3　住房新开工面积、施工面积和竣工面积增长率变动

资料来源：Wind资讯。

第三，待售住房面积持续下降，但下降由加速转向减速。住房待售面积从2018年10月的2.6亿平方米逐月递减至2019年10月的2.2亿平方米，同比增速由−18.40%变动至−12.90%（见图1−4），反映出住房待售面积在逐月下降，但下降幅度有所减缓。其中，2019年3月和6月的当月去库存量相对较多,分别达到530万平方米和672万平方米,但与2017年6月和2018年3月当月分别去库存量1306万平方米和954万平方米相比,明显减少。

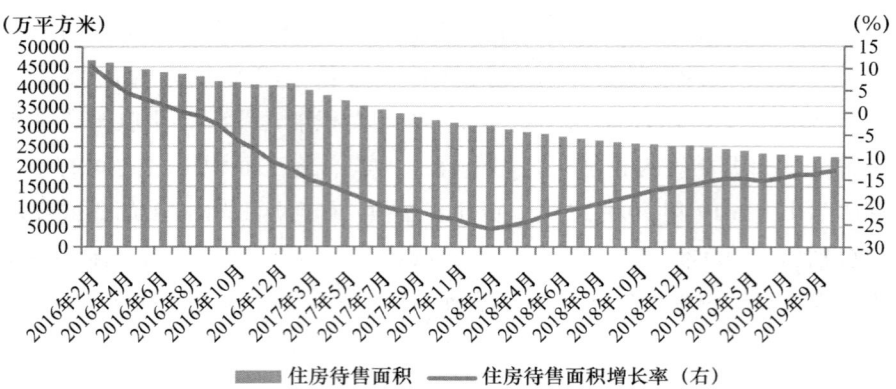

图1-4 住房待售面积及增长率变动(月同比)

资料来源:Wind资讯。

从现房来看,用商品住房待售面积除以商品住房现房销售面积月度均值得到现房存销比指标。计算结果显示,2019年2—10月,存销比由17.94(月)持续下降到15.92(月),已处于6—18个月的合理区间(见图1-5),商品住房去化形势良好。

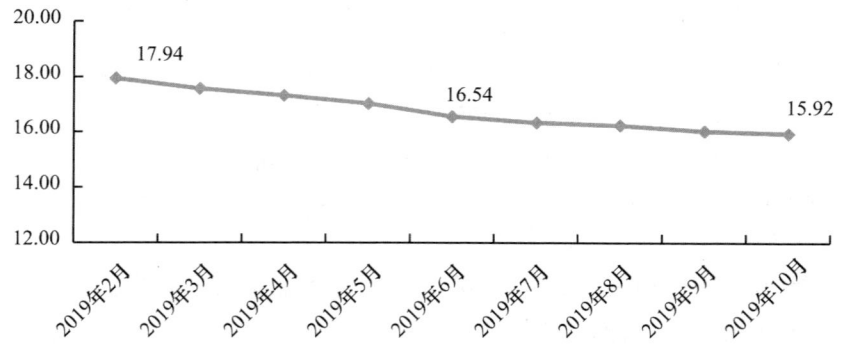

图1-5 中国商品住房(现房)存销比变动

资料来源:根据国家统计局相关数据计算整理。

从期房来看，用当年年末商品住房施工面积减去当年及上一年商品住房竣工面积作为期房待售面积估计值，再用期房待售面积除以当年期房销售面积作为期房存销比。计算结果显示，2016 年期房存销比为 3.1（年），相比于 2015 年明显下降，随后于 2017 年和 2018 年分别下降至 2.8（年）和 2.7（年），但到 2019 年，[①] 期房存销比出现逆势上升，增加到 3.0（年），表明期房去化压力较之前有所增加。

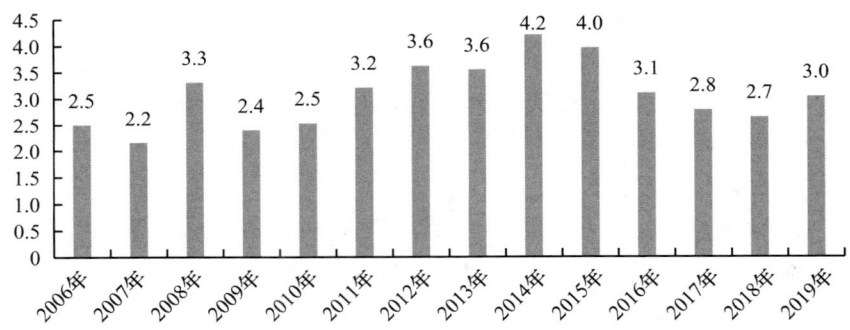

图 1-6　中国商品住房（期房）存销比变动

资料来源：根据国家统计局相关数据计算整理。

3. 住房开发投资：总体变动比较平稳，对经济增长出现负贡献

第一，全国住房开发投资额增幅变动平稳。同比增长率从 2018 年 10 月的 11.9% 变动至 2019 年 10 月的 12.7%，其间最大同比涨幅出现在 2019 年 2 月，为 18.05%；最低增幅出现在 2019 年 6 月，为 11.36%。总体来看，2018 年 10 月至 2019 年 10 月住房开发投资增长相对平稳（见图 1-7）。

第二，住房开发投资对经济增长出现负贡献。根据住房开发投资、房地产开发投资、资本形成率、支出法国内生产总值等数据测算，2018 年全年和 2019 年前三季度住房开发投资对经济增长的贡献分别为 0.91% 和 -0.70%，2018 年全年和 2019 年前三季度房地产投资（包括住房开发投资）对经济增长的贡献分别为 1.09% 和 -1.14%（见图 1-8）。2019

---

① 2019 年全年的数据根据 2019 年 1—10 月的数据估算得到。

8 ◇ 第一部分 总体报告

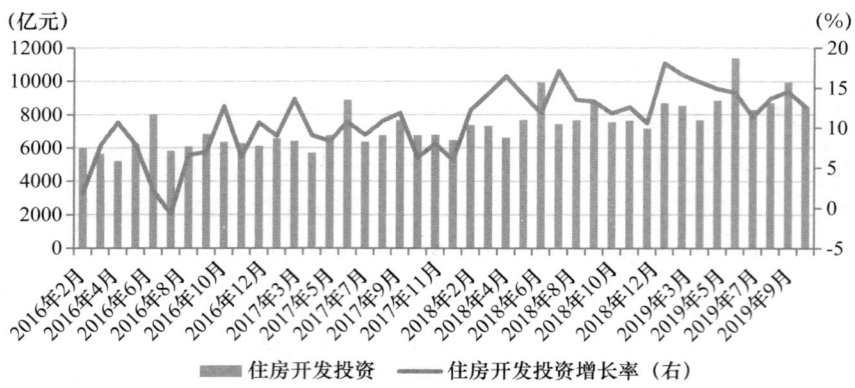

图 1-7 住房开发投资完成额及增长率变动（月同比）

资料来源：Wind 资讯。

年前三季度贡献为负的主要原因在于季度资本形成总额对国内生产总值增长贡献率出现了大幅下降，由 2018 年前第三季度的 31.8% 下降到 2019 年前第三季度的 19.8%。

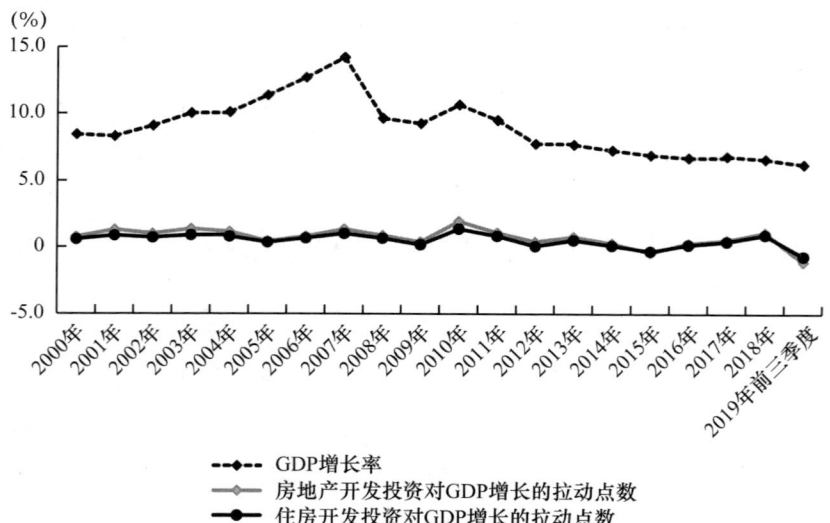

图 1-8 中国房地产开发投资、住房开发投资对经济增长的直接贡献

资料来源：根据国家统计局相关数据计算整理。

4. 房地产租赁市场：整体平稳回温，城市层级性分化明显

从全国层面来看，根据中国房地产测评中心数据，全国租赁交易价格指数由 2018 年 9 月的 1045.2 逐渐降低到 2018 年 11 月的 1037.1，随后逐月上升到 2019 年 9 月的 1043.2，连续 10 个月保持温和上升，反映出全国总体住房租赁市场平稳回温。分层级城市来看，一线城市住房租赁价格指数由 2018 年 11 月的 1097.0 持续上升到 2019 年 9 月的 1121.3，增长幅度相对较大，反映出一线城市住房租赁市场回温明显。与之相反的是，二线城市住房租赁价格指数则保持下降态势，由 2019 年 2 月的 1007.4 逐月下降到 2019 年 9 月的 1001.8（见图 1 - 9）。不同层级城市住房租赁市场"冷热不均"，分化明显。

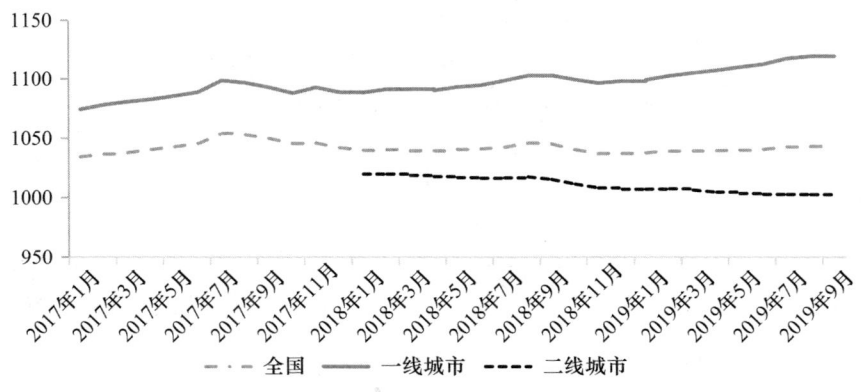

图 1 - 9　中国城市住房租赁价格指数变动

资料来源：Wind 资讯。

（二）空间变化：降温明显，分化再现

从全国城市总体看，住房市场降温范围和降温幅度都比较明显。从全国区域、城市层级、城市群的三个空间层面上看，与 2018 年以及之前相比，存在明显的回归和反转，即热点区位相对趋热，冷点区位相对趋冷。

1. 总体降温明显，房价增长率的空间差异有所扩大

第一，总体下降城市数量和下降速度超过去年同期。从全国 276 个地级及以上城市二手房价格的同比增长来看（见图 1 - 10 和图 1 - 11），

2018年11月共有22个城市同比增速为负，到2019年10月，全国276个城市中有87个城市的二手房价格同比增速小于0，有189个城市二手房价格同比增速大于0，但涨幅总体有所收窄。从二手房价格同比增速变动来看，2019年10月有40个城市的同比增速高于2018年11月的同比增速。

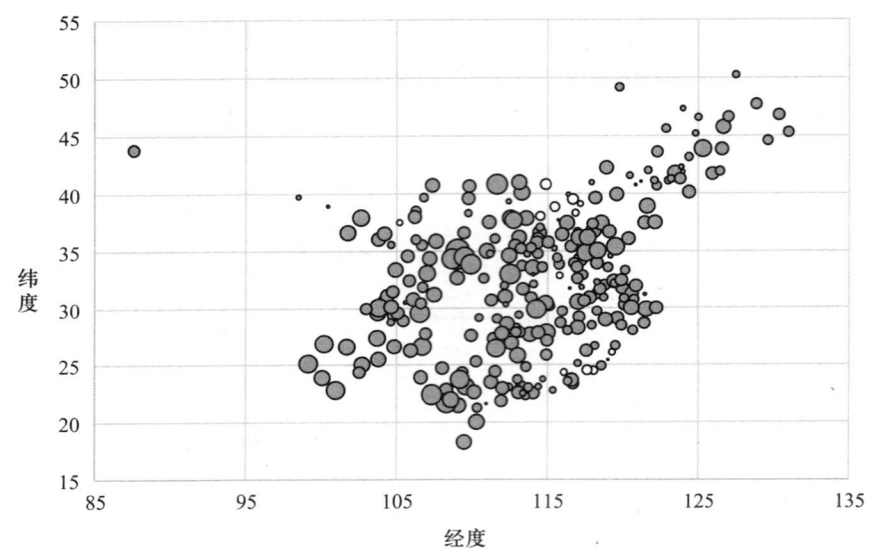

图1-10　2018年11月中国276个城市二手房价格同比增长分布

注：空心圈表示同比增长率为负，实心圈表示同比增长率为正，且实心圈面积越大，表示同比增长率越高。

资料来源：中国社会科学院城市与竞争力研究中心城市与房地产大数据库。

第二，总体房价水平的空间分布演变比较平缓，增长率的空间差异有所扩大。从2019年10月276个城市二手房价格的核密度图来看（见图1-11），房价水平呈现明显的右偏态分布，表明总体分化比较严重，只有极少数城市处于房价较高水平区间。从276个城市2018年10月和2019年10月二手房价格总体分布格局的变化来看，核密度曲线呈现出高度的重叠特征，反映出这段时间内城市房价绝对水平的分布动态整体比较稳定。从同比增长率的变异系数来看，276个城市二手房价格同比增长率的变异系数由2018年10月的0.85扩大到2019年10月的2.09，反映出不

第一章 中国住房发展总报告 ◇ 11

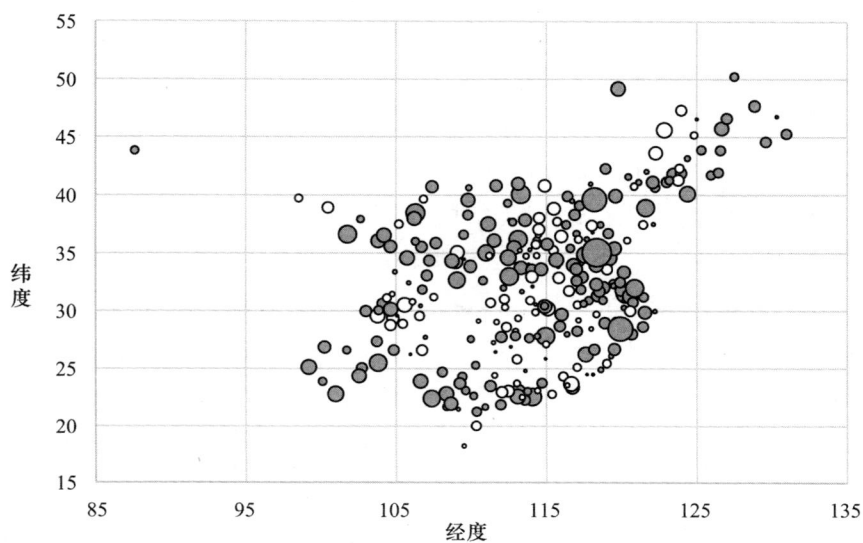

图 1-11 2019 年 10 月中国 276 个城市二手房价格同比增长分布

注：空心圈表示同比增长率为负，实心圈表示同比增长率为正，且实心圈面积越大，表示同比增长率越高。

资料来源：中国社会科学院城市与竞争力研究中心城市与房地产大数据库。

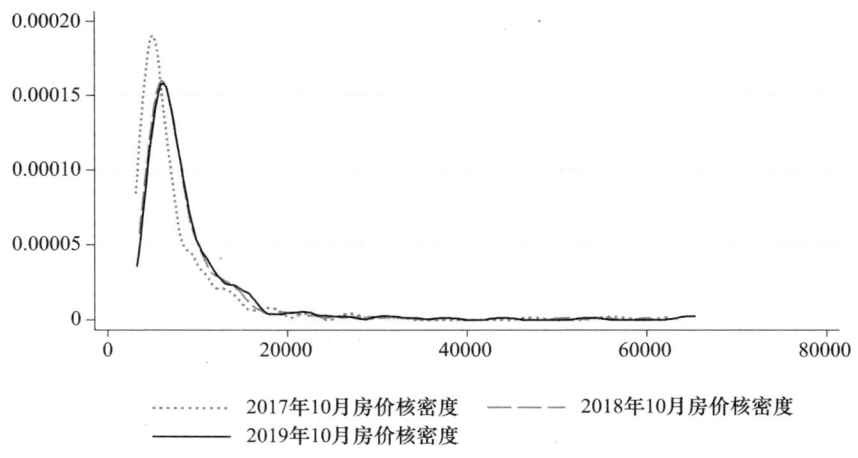

图 1-12 中国地级及以上城市二手房价格核密度

资料来源：中国社会科学院城市与竞争力研究中心城市与房地产大数据库。

同城市房价同比增长率的空间差异在扩大。

2. 一、二线城市增速同频回升，三、四线城市增速共同收窄

一线城市房价水平大幅领先其他层级城市。无论是从二手房价格还是新建住房价格来看（见图1-13和图1-14），一线城市的平均房价大幅高于二线城市、三线城市和四线城市，2016年11月至2019年10月均处于40000元/平方米以上，是二线城市、三线城市和四线城市平均房价的数倍；并且一线城市二手房价格平均水平要显著高于一线城市新建住房平均价格水平，呈现了调控从严背景下一线城市新房、二手房价格"倒挂"现象。从二线城市、三线城市和四线城市之间的房价水平来看，总体平均房价差异虽不像与一线城市那么大，但是也存在一定差异，其中二线城市房价水平在多个月连续是三线城市的1.8倍以上，是四线城市的2.6倍以上。巨大的房价水平差异，反映了中国住房市场在不同层级城市间的差异和分化突出。

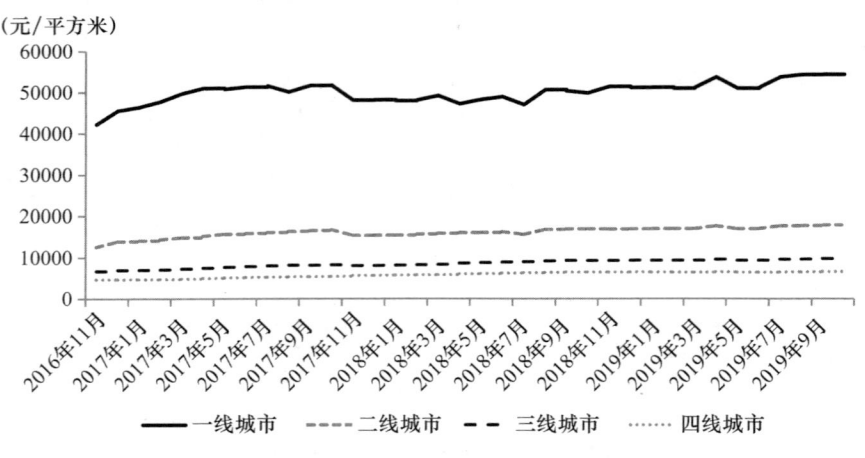

图1-13 中国不同层级城市二手房价格变动

资料来源：中国社会科学院城市与竞争力研究中心城市与房地产大数据库。

一线城市、二线城市房价增速缓慢上升，三线城市、四线城市房价增速有所回落，二者之间的差距由大变小。从2017年11月至2019年10月不同层级城市二手房价格同比变化率来看（见图1-15），一线城市、二线城市、三线城市和四线城市二手房价格增长率总体呈现下降趋势，

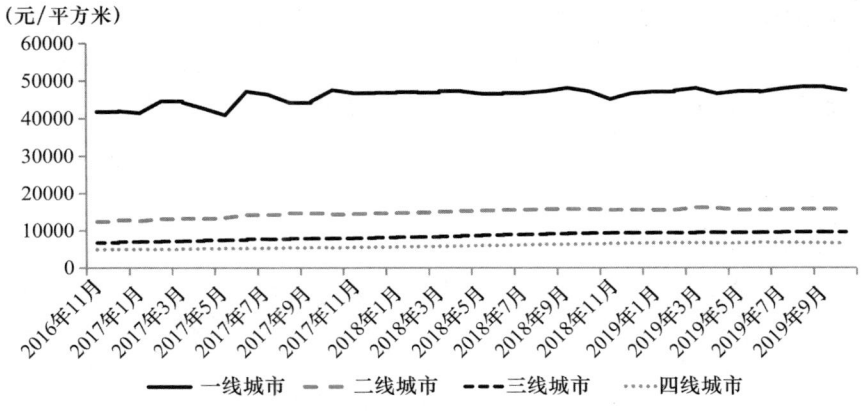

图1-14 中国不同层级城市新建住房价格变动

资料来源：中国社会科学院城市与竞争力研究中心城市与房地产大数据库。

而且一线城市和二线城市房价增长率变动趋势比较接近，三线城市和四线城市房价增长率变动比较接近，但由于房价增速下降幅度的差异，一、二线城市和三、四线城市之间增速的差异经历由大逐步变小的过程。

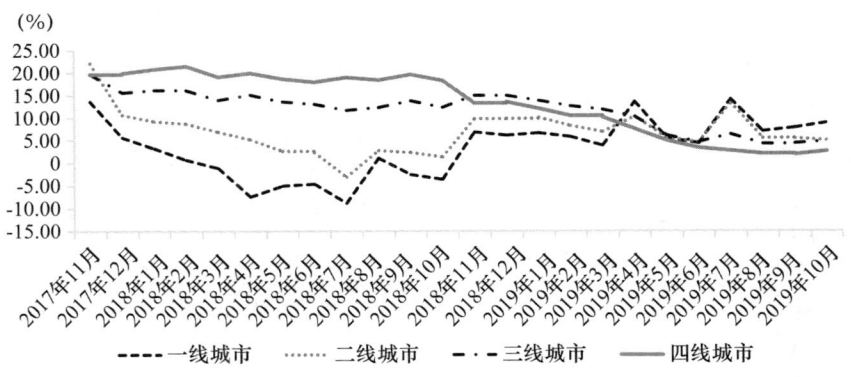

图1-15 中国不同层级城市二手房价格同比增长率变动

资料来源：中国社会科学院城市与竞争力研究中心城市与房地产大数据库。

从新建住房价格同比变化率来看（见图1-16），与二手房价格同比增长率变化趋势相似，2019年1月至2019年10月，一线城市和二线城市新建住房价格同比增长率总体持续收窄，且收窄幅度相对较大；三线城市和四线城市新建住房价格同比增速也在收窄，但下降幅度相对较小。

一线城市、二线城市和三线城市、四线城市间新建住房价格增幅的差异由大变小。百城住宅价格指数显示,一线城市、二线城市、三线城市房价同比增长率差异也呈现出由大到小的变动趋势(见图1-17)。

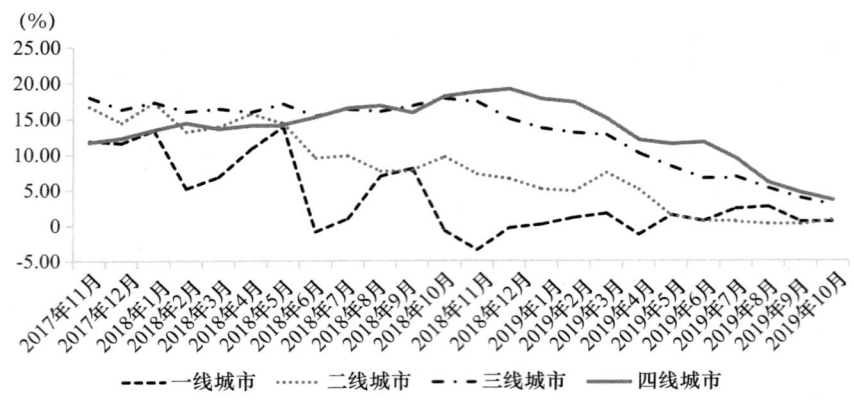

图1-16 中国不同层级新建住房价格同比增长率变动

资料来源:中国社会科学院城市与竞争力研究中心城市与房地产大数据库。

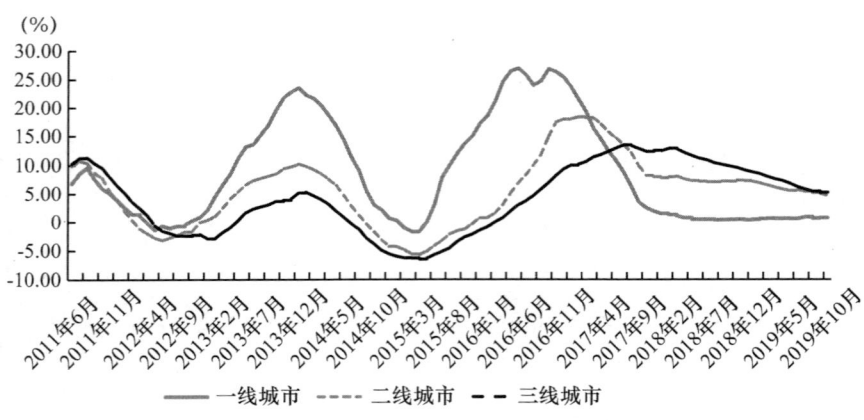

图1-17 中国一线城市、二线城市和三线城市百城住宅价格指数同比增长率变动

资料来源:Wind 资讯。

3. 房价水平区域差异大,房价冷暖在东部和中西部地区间转换

东部地区房价大幅领先。就二手房价格来看,2018年10月东部地区、中部地区、西部地区和东北地区城市房价平均水平每平方米分别为

13739 元、7001 元、7052 元和 5457 元。2019 年 10 月，分别提升至 14425 元、7204 元、7325 元和 5717 元。在此期间，东部地区房价绝对水平大幅领先，中部地区和西部地区比较接近，约为东部地区房价的一半，东北地区房价平均水平在这四大区域中最低。2019 年 6—10 月，房价最高的东部地区和房价最低的东北地区的房价差异逐月扩大（见图 1-18）。

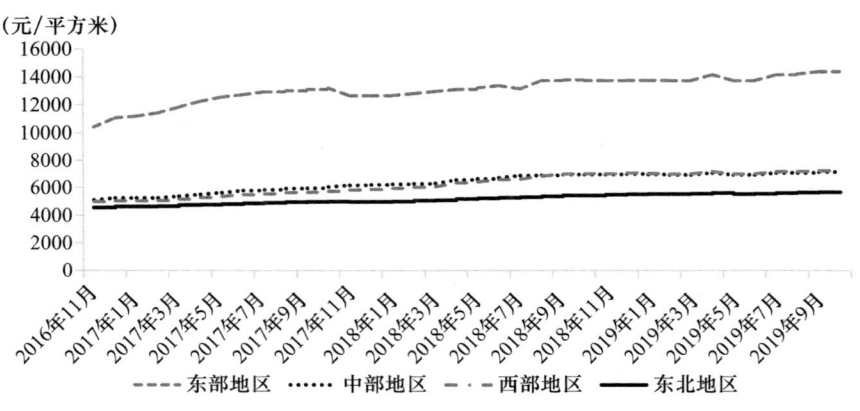

图 1-18 中国各区域二手房价格平均水平

资料来源：中国社会科学院城市与竞争力研究中心城市与房地产大数据库。

南北方房价水平差异突出。按照城市的纬度，从南北向考察住房价格的空间分化格局，发现中国城市住房价格的"南高北低"差距显著。2019 年 10 月，北方地区除北京、天津和青岛 3 座城市外，其余城市房价普遍低于 20000 元/平方米；而南方地区与此不同，深圳、上海、厦门、三亚、广州、杭州、南京、苏州等多个城市房价水平高于 20000 元/平方米，其中深圳、上海和厦门还超过了 40000 元/平方米。中国城市房价水平的"南高北低"分化格局与中国城市经济竞争力"南强北弱"格局密切相关。

东部地区房价增速变动相对平稳，中西部地区和东北地区增速明显下降。2018 年 10 月至 2019 年 10 月，东部地区平均房价增速变动总体比较平稳，由 2018 年 10 月的 4.09% 微幅上涨至 2019 年 10 月的 4.99%，但东部地区城市间分化较突出，房价涨幅变异系数明显高于其他三大地区（见表 1-1 和图 1-19）。中部地区、西部地区和东北地区平均房价的增速经历由高到低的变动过程，分别由 15.44% 下降到 2.91%、由

22.91%下降到3.87%、由9.56%下降到4.75%。

表1-1　　276个城市平均房价的区域差异情况　　（单位：元/平方米）

	样本量	2019年10月 均值	2019年10月 变异系数	2018年10月 均值	2018年10月 变异系数	2017年10月 均值	2017年10月 变异系数
东部地区	85	14425	0.787	13739	0.757	13199	0.850
中部地区	79	7204	0.341	7001	0.348	6064	0.430
西部地区	82	7325	0.584	7052	0.605	5737	0.493
东北地区	30	5717	0.476	5457	0.417	4981	0.419
全国	276	9302	0.827	8923	0.802	8047	0.923

资料来源：中国社会科学院城市与竞争力研究中心城市与房地产大数据库。

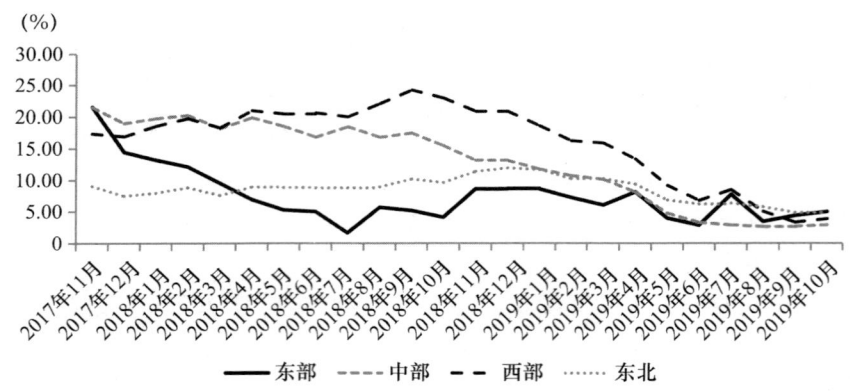

图1-19　中国各区域二手房平均价格的同比增长率

资料来源：中国社会科学院城市与竞争力研究中心城市与房地产大数据库。

房价冷暖在东部地区和中西部地区间转换。从二手房价格同比增速变动来看，2019年10月有40个城市的同比增速高于2018年11月的同比增速，这40个城市中有25个城市来自东部地区，占比达到62.5%。而且东部地区有7个城市同比增速的提升超过了10个百分点，几乎占到全国同比增速上升幅度超过10个百分点城市总数（8个）的全部。东部城市二手房价格增速明显升温，有领涨全国之势。

4. 城市群房价增速总体放缓，中心城市增速有所上升

城市群与非城市群城市间房价差异稳定，城市群总体增速放缓。从城市群内城市与非城市群城市比较看,城市群城市二手房价格水平显著高于非城市群城市二手房价格水平(见图 1-20),城市群与非城市群城市二手房价格差异在 2016 年 11 月至 2017 年 10 月逐步扩大,由 2968 元/平方米扩大到 4125 元/平方米。2017 年 11 月至 2019 年 10 月城市群与非城市群房价差异基本保持不变,维持在 4000 元/平方米左右。在此期间,二者的差异在 2019 年 6—10 月出现微幅扩大趋势,但总体上保持稳定。从房价同比增速来看(见图 1-21),城市群城市二手房价格同比增速逐

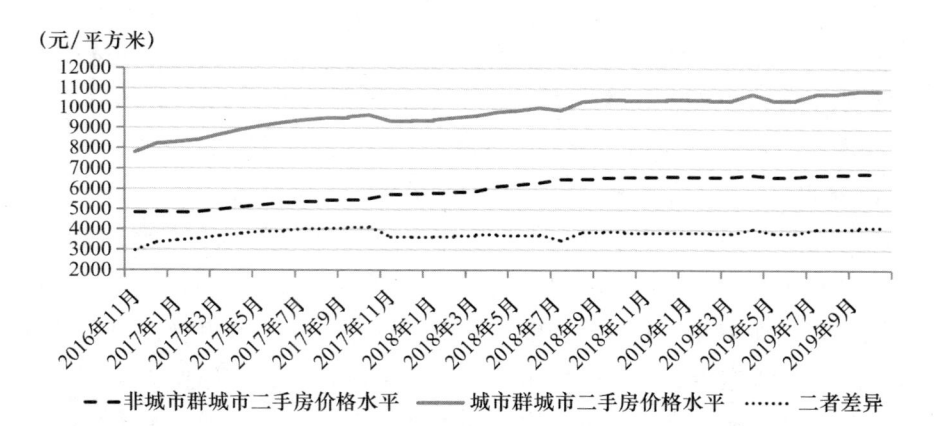

图 1-20　中国城市群—非城市群城市二手房价格平均水平

资料来源:中国社会科学院城市与竞争力研究中心城市与房地产大数据库。

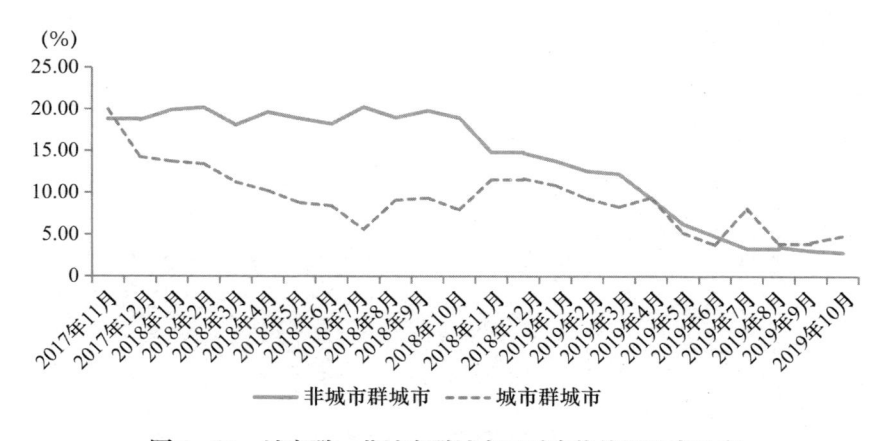

图 1-21　城市群—非城市群城市二手房价格同比变化率

资料来源:中国社会科学院城市与竞争力研究中心城市与房地产大数据库。

渐放缓，且在2018年7月至2019年10月总体保持稳定，由5.61%变动至4.81%，其间于2018年12月达到阶段性最高值11.65%，总体上处于相对平稳的变动状态。而非城市群城市平均二手房价格同比增长率自2018年10月以来逐步收窄，于2018年9月的19.8%持续下降至2019年10月的2.84%，反映出非城市群城市住房市场降温明显。

城市群中心城市房价水平显著高于非中心城市。2018年10月，京津唐城市群、珠三角城市群和长三角城市群的房价均处于较高水平，其中心城市房价水平分别为60410元/平方米、54902元/平方米和50960元/平方米，显著高于城市群非中心城市。到2019年10月，城市群中心城市房价水平进一步提升，珠三角城市群、京津唐城市群、长三角城市群、海峡西岸城市群等城市房价水平普遍较高，且中心城市房价水平更高，分别为65396元/平方米、64237元/平方米、53635元/平方米和44052元/平方米（见图1-22）。从城市群中心城市与非中心城市房价的差异来看，2019年10月京津唐城市群、珠三角城市群、琼海城市群、长三角城市群、武汉城市群5个城市群中心城市房价是非中心城市房价的3倍以上，海峡西岸城市群、关中城市群、哈尔滨城市群、太原城市群、南宁城市群、成渝城市群、中原城市群和山东半岛城市群的中心城市房价是非中心城市房价的2倍以上，其余城市群中心城市房价是非中心城市房价的1.2倍以上。差距最小的为浙东城市群，中心城市是非中心城市房价的1.23倍（见图1-23）。

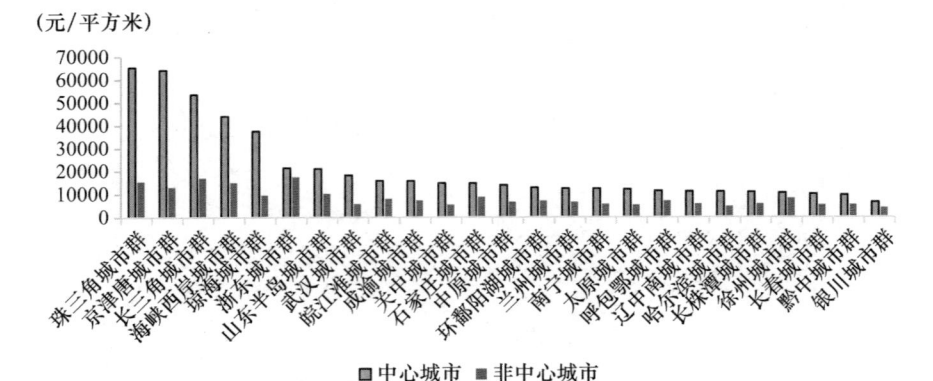

图1-22 2019年10月城市群中心城市与非中心城市房价比较

资料来源：中国社会科学院城市与竞争力研究中心城市与房地产大数据库。

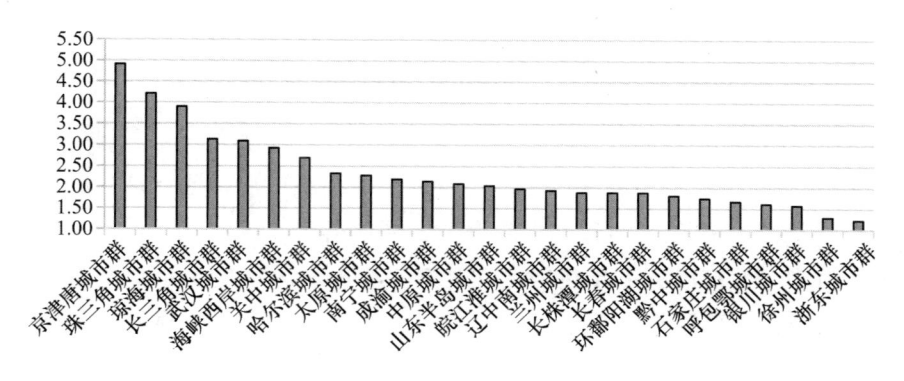

图 1-23　2019 年 10 月城市群中心城市房价/非中心城市房价

资料来源：中国社会科学院城市与竞争力研究中心城市与房地产大数据库。

城市群中心城市房价同比增速回升，非中心城市房价增速有所下降，不同类型城市群表现存在差异。2018 年 10 月，全国 25 个城市群中有 18 个城市群的中心城市房价同比增长率明显低于非中心城市平均增长率（见图 1-24），并且大部分城市群的差距超过 10 个百分点。有 7 个城市群的中心城市房价同比增长率高于非中心城市，其中浙东城市群、呼包鄂城市群中心城市房价同比增长率分别高于其非中心城市 1.12 个和 0.76

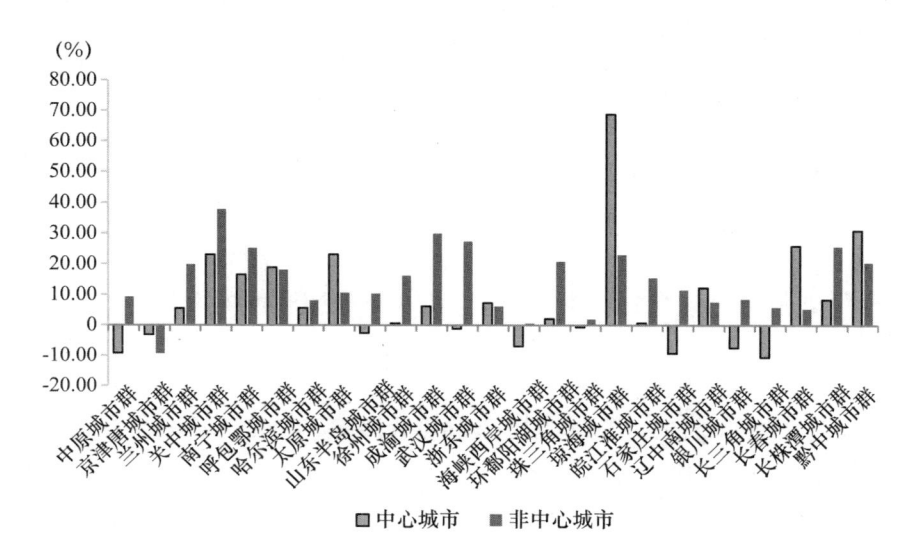

图 1-24　2018 年 10 月中国 25 个城市群中心城市与非中心城市房价同比增速比较

资料来源：中国社会科学院城市与竞争力研究中心城市与房地产大数据库。

个百分点，反映出当时非中心城市住房市场热度要高于中心城市。但经过近一年时间的波动运行后，这种趋势发生明显逆转。2019年10月，全国25个城市群中有13个城市群的中心城市房价同比增速高于非中心城市，有12个城市群中心城市房价低于其非中心城市房价同比增速的平均水平（见图1-25），而且这种差距多数在10个百分点以内，综合呈现出城市群中心城市住房市场在恢复性升温，非中心城市住房市场则有所降温。城市群内部城市住房市场冷热的时空轮转，进一步凸显了中国住房市场时空运行的复杂动态。

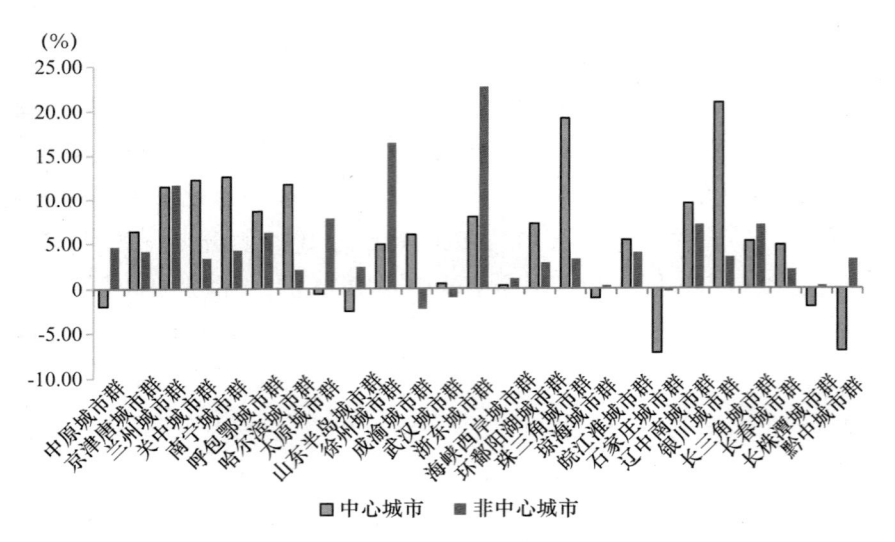

图1-25　2019年10月中国25个城市群中心城市与非中心城市房价同比增速比较

资料来源：中国社会科学院城市与竞争力研究中心城市与房地产大数据库。

（三）规律特征：楼市从剧烈波动增长转向平缓波动增长

比较2019年与过去更长一段时间的相关主要变量的变化轨迹发现，中国楼市发展具有一定规律性并在发生新的变化。

第一，增长周期长度未变，增幅波动更加平缓。在城市化加速阶段，楼市在总体上升中，存在增幅升降的短周期。从2003年以来，这一周期一直是2—3年。从主要变量增量看，自2015年4月以来，已经经历了

40多个月的最长上升周期。但从主要变量增幅看，自2016年9月至2018年12月经历了一个完整的降升周期，2019年开启了新一轮的增幅下降周期。但总体升降波动正变得相对平缓。

第二，季度变化始终存在，但变动幅度更为平缓。从2000年起，楼市季节变化一直存在，2015年后季度变化相对平缓。多数情况与季节相符，少数情况逆季节而动。2018年中国房地产市场经历了春暖、夏热、秋凉、冬冷的四季转变。2019年经历了春暖、夏凉、秋凉、冬暖的转变。

第三，房价增长与经济增长从相背而行转向相向而行。2000—2018年，房价总体领先经济增长的波动，从而与经济增幅在同一时点相背而行。但自2018年之后，房价增幅与宏观经济增幅开始相向而行，进入同步下降的通道。

第四，房地产投资增长在下降一个台阶后总体稳定。在2013年之前房地产投资较长一段时间保持10%—20%的高速增长，且波动幅度较大。但在2014年之后则保持7%—10%的次高速增长，这一增长区间自2016年以来已经保持了四年，且相对平缓。

第五，空间差异从连续性分化向间歇性分化转变。2017年之前房价在区域、城市等级和城市群内外是连续分化的，但是2017—2018年房价在区域、城市等级和城市群内外出现了逆向变化，不过2019年房价在区域、城市等级和城市群内外再度呈现分化。

二 主要原因：持续调控的力度和节奏决定楼市年稳季变

总体上，2019年面对复杂严峻的国内外经济形势，中国充分显示了调控楼市的决心和意志。一方面，中央楼市调控持续给力不动摇，另一方面，基础制度改革迈出实质性步伐，调控效果显著，值得点赞。具体看，持续调控的力度和节奏直接和间接影响了金融机构、地方政府、住户部门、开发企业的行为和预期，导致冬冷、春暖、夏凉、秋凉、冬暖的变化。与此同时，由于不同地区和城市的楼市基本面状况的差异，东部地区、城市群、一线城市、二线城市预期开始转向乐观，市场逐步回暖；东北地区、西部地区、非城市群、三线城市、四线城市由于需求透支和购买力的不足，预期转衰，市场变弱。

（一）国内外宏观经济环境变化对楼市及预期产生负面影响

一方面，宏观经济持续下行对预期产生不利影响。2018年中国国内生产总值（GDP）增长6.6%，增速较上年回落0.2个百分点，创28年新低。2019年第一季度、第二季度、第三季度GDP同比增长率分别为6.4%、6.2%和6.0%，逐季度下滑（见图1-26）。宏观经济持续下行在一定程度上引起市场对经济景气状况的担心，进而对住房市场产生消极影响。

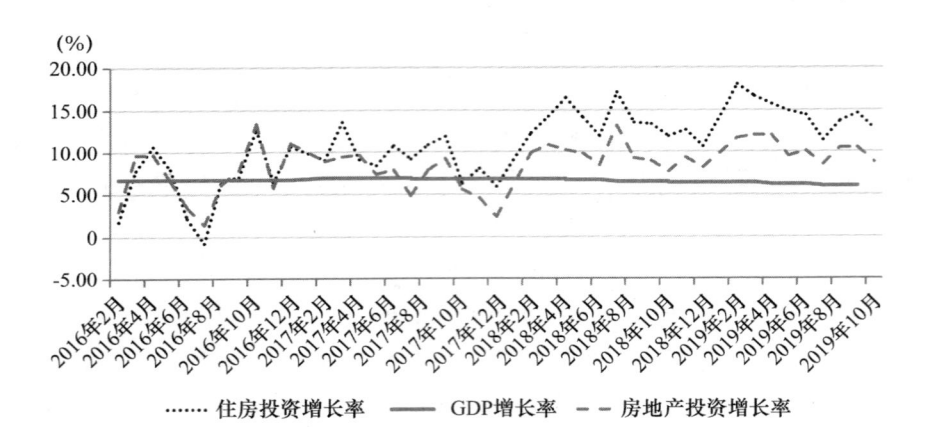

图1-26 中国住房开发投资增长率和GDP增长率

资料来源：Wind资讯。

另一方面，中美贸易摩擦给市场造成了一定影响。2017年8月特朗普签署行政备忘录，授权美国贸易代表审查所谓的"中国贸易行为"；2018年3月特朗普在白宫正式签署对华贸易备忘录；2018年9月美国政府对从中国进口的商品正式加征关税；2019年5月2日特朗普突然表示从5月10日起对中国原征收10%关税的2000亿美元的进口商品加征关税至25%；2019年8月特朗普表示美国将从9月1日起对价值3000亿美元的中国商品加征10%的关税；等等。虽然中美贸易摩擦的总体态势是打打停停、时急时缓，但贸易摩擦形势总体升级，所涉及领域逐步扩大。在开放经济条件下，中美贸易摩擦持续升级对于楼市预期、房地产企业资金链、楼市本身及调控政策等都有不容忽视的影响。中美贸易摩擦通过影响外贸出口、汇率波动等会对房地产市场预期产生一定的影响，进而影响购房需求和房地产投资欲望。

总之，宏观经济下行尤其是内外经济形势趋紧增加悲观情绪并进一步传染给房地产市场，使得许多城市都受到不同程度的负面影响。

（二）政府调控精准发力连同制度改革深化共促"房住不炒"

1. 中央层面持续保持高压态势

2018年12月中央经济工作会议提出，要构建房地产市场健康发展长效机制，坚持房子是用来住的、不是用来炒的定位，因城施策、分类指导，夯实城市政府主体责任，完善住房市场体系和住房保障体系。2019年3月政府工作报告提出，要更好解决群众住房问题，落实城市主体责任，改革完善住房市场体系和保障体系，促进房地产市场平稳健康发展。2019年7月，中共中央政治局召开会议，重申坚持房子是用来住的、不是用来炒的定位，落实房地产长效管理机制，首提不将房地产作为短期刺激经济的手段。在"房住不炒"定位之下，2019年房地产调控中央政策层面没有松懈。

2. 行政约谈与问责发力，震慑地方政府

行政约谈与问责机制的目的主要在于有针对性地对房价上涨过快城市及楼市调控政策不到位的城市地方政府进行监管和督促，通过精准发力及时遏制市场过热苗头，防止地方政府的调控"跑偏"与"走样"行为。2019年4月，住建部对2019年第一季度房价、地价波动幅度较大的城市进行了预警提示。2019年5月，住建部在此前对6个城市进行预警提示的基础上，又对新建商品住宅、二手住宅价格指数累计涨幅较大的佛山、苏州、大连、南宁4个城市进行了预警提示。对住房市场进行预警并对相关城市地方政府进行约谈问责，有助于及时扭转地方政府调控不力和市场过热势头，把稳地价、稳房价、稳预期的要求落到实处，强化地方政府的调控主体责任。

3. 金融监管持续从严推进

金融连接着供需两端，在房价预期上涨的背景下，金融成为决定市场冷热的关键。进入2019年，银保监会、央行两部门密集强调加强房地产金融风险防范力度。2019年5月17日，银保监会公布2019年银行机构"巩固治乱象成果促进合规建设"工作要点，严查房地产违规融资，房地产行业政策将聚焦五大重点。2019年7月29日，中国人民银行召开的银行业金融机构信贷结构调整优化座谈会明确提出，保持个人住房贷款合理适度增长，严禁消费贷款违规用于购房，加强对银行理财、委托贷款等渠道流入房地产的资金管理。加强对存在高杠杆经营的大型房企的融资行为的监管和风险提示，合理管控企业有息负债规模和资产负债率。

4. 土地调控机制显著完善

土地相关部门要求建立结合商品住房去化周期、本地土地市场实际的供地指标挂钩机制，通过理顺土地供求关系平抑住房供求矛盾。2019年4月17日，自然资源部发出通知要求各地根据商品住房库存消化周期，制定实施2019年住宅用地"五类"（显著增加、增加、持平、适当减少、减少直至暂停）调控目标。要求地级以上城市、地州盟所在地和百万人口以上县（县级市），根据商品住房库存消化周期（截至2019年3月），结合本地土地市场实际，切实优化住宅用地供应，实施差别化调控政策。在2018年住宅用地供应分类调控目标基础上，调整确定2019年住宅用地供应"五类"调控目标。并明确提出，消化周期在36个月以上的，应停止供地；18—36个月的，要适当减少供地；12—18个月的，维持供地持平水平；6—12个月的，要增加供地；6个月以下的，要显著增加并加快供地。

2019年8月，十三届全国人大常委会第十二次会议通过了关于修改《中华人民共和国土地管理法》（以下简称《土地管理法》）的决定，修改后的《土地管理法》从2020年1月1日起实施。一是破除集体经营性建设用地进入市场的法律障碍。允许集体经营性建设用地在符合规划、依法登记，并经本集体经济组织三分之二以上成员或者村民代表同意的条件下，通过出让、出租等方式交由集体经济组织以外的单位或者个人直接使用。同时，使用者取得集体经营性建设用地使用权后还可以转让、互换或者抵押。这一规定是重大的制度突破，它结束了多年来集体建设用地不能与国有建设用地同权同价同等入市的二元体制，为推进城乡一体化发展扫清了制度障碍。二是改革土地征收制度，明确界定土地征收的公共利益范围。明确征收补偿的基本原则是保障被征地农民原有生活水平不降低，长远生计有保障。改革土地征收程序，同时也合理划分中央和地方土地审批权限。

5. 财税制度迈出重要步伐

2019年10月，国务院印发《实施更大规模减税降费后调整中央与地方收入划分改革推进方案》（以下简称《方案》）。《方案》提出，一是保持增值税"五五分享"比例稳定。二是调整完善增值税留抵退税分担机制。建立增值税留抵退税长效机制，并保持中央与地方"五五"分担比例不变。三是后移消费税征收环节并稳步下划地方。将部分在生产（进口）环节征收的现行消费税品目逐步后移至批发或零售环节征收，拓展地方收入来源。这一改革在建立权责清晰、财力协调、区域均衡的中央与地方财政关系，建立更加均衡合理的分担机制，健全地方税收体系等方面迈出了重要步伐。引导地方营造创业环境，改善消费环境，同时为减税降费政策落实创造条件。

6. 区域发展规划不断出台

国家对中心城市、城市群和区域协调发展等问题的重视以及相关区域发展规划的不断出台，对市场主体也产生了一定影响。2018年11月29日正式发布的《中共中央国务院关于建立更加有效的区域协调发展新机制的意见》提出，建立以中心城市引领城市群发展、城市群带动区域发展新模式，推动区域板块之间融合互动发展。2019年2月18日，中共中央、国务院印发了《粤港澳大湾区发展规划纲要》。2019年2月19日，国家发展改革委公布关于培育发展现代化都市圈的指导意见，提出培育发展一批现代化都市圈，形成区域竞争新优势，为城市群高质量发展、经济转型升级提供重要支撑。2019年5月13日中共中央政治局会议审议了《长江三角洲区域一体化发展规划纲要》。2019年8月26日，中央财经委员会第五次会议明确了中心城市和城市群作为承载发展要素的主要空间的作用，并提出要按照客观经济规律调整完善区域政策体系，增强中心城市和城市群等经济发展优势区域的经济和人口承载能力。2019年12月1日，中共中央、国务院印发了《长江三角洲区域一体化发展规划纲要》。社会普遍认为，中心城市和城市群发展将迎来新机遇。这些中心城市多属于一线城市和二线城市，由此进一步增强了购房者和投资者对一线城市、二线城市住房市场发展的信心,加速其住房市场回暖。

7. 地方政府持续调控和"一城一策"探索

作为房地产调控责任主体,虽然个别地方政府试图采取一些"擦边球"的措施弱化或者变相放松调控,但在中央监管和约谈等高压下,总体上地方政府继续从严执行调控政策,根据市场形势不断加码调控力度和措施。2019年上半年,月度收紧性政策数呈现前低后高、前稳后严的特点。2019年第一季度整体政策对乐观预期有所推动,比如部分城市利率上浮水平有所下降、调整了限价及摇号等不合时宜的政策、保障引进人才购房需求。然而,政策紧缩程度自2019年4月以来明显加强。特别是当时市场热度较高的西安、苏州等城市分别升级限购、限售政策。同时,全国部分地区利率上浮水平也止降回升,公积金政策迎来新一轮收紧,合肥、苏州、东莞等城市基于土地市场热度升高也及时收紧土拍政策。此外,河南、福建、浙江、安徽、成都、长沙、武汉等省市提出要稳妥实施"一城一策"方案,切实稳地价、稳房价和稳预期。此外,地方政府还及时回应社会关切,出面澄清一些网络谣传,稳定市场预期。比如,2019年2月南京市发展改革委针对部分自媒体称"南京房价突破限价""南京调控放松",发布"南京坚持房价稳控政策不动摇"说明,坚持房地产市场调控政策不动摇,力度不放松。2019年3月,济南市城乡建设委回应"楼市调控放松",重申将严格执行已出台政策,坚持房地产市场调控政策不动摇,随后济南市住建局正式发文重申坚持房地产市场调控不动摇。

(三)微观主体行为变化引发楼市季节性变动和空间分化

自2016年9月新一轮从严调控以来,尽管国家相关部门及各地政府不断加码从严调控的政策,落实"房住不炒",但由于基础制度改变较慢,市场普遍相信:行政调控难以持续,政府不会让房价大跌,从事房地产相关活动仍是较好选择。2018年8月房地产市场预期仍然处在谨慎乐观的区间。但是,2018年9月以后,宏观经济持续下行和中美经贸摩擦两大原因使得市场预期发生了调整,从乐观转向谨慎和观望。目前市场主体的主流情绪转向观望,在行动上表现为从积极行动转变为犹豫不决,但并没有出现大规模抛售。而且,随着时间的推移,一、二线城市市场主体乐观预期逐步恢复，市场形势有所回暖；先前受一、二线重点、热点城市扩散溢出影响的三、四线城市，其住房市场需求得到阶段性释放后，市场热度有所降温，市场主体逐步回归理性。

1. 金融机构的信贷掌握经历了持续从紧的变化

2019年政策先松后紧，年初信贷改善，从第二季度起持续收紧。在监管机构严禁违规资金进入房地产领域和房贷利率不断上升的背景下（见图1-27），金融机构房地产信贷同比增速由2016年12月的27%逐步收窄至2019年9月的15.6%（见图1-28）。尽管在房贷收紧、房贷利率升高的背景下依然保持着10%以上的增长率，但与前期相比，增速明显减缓。

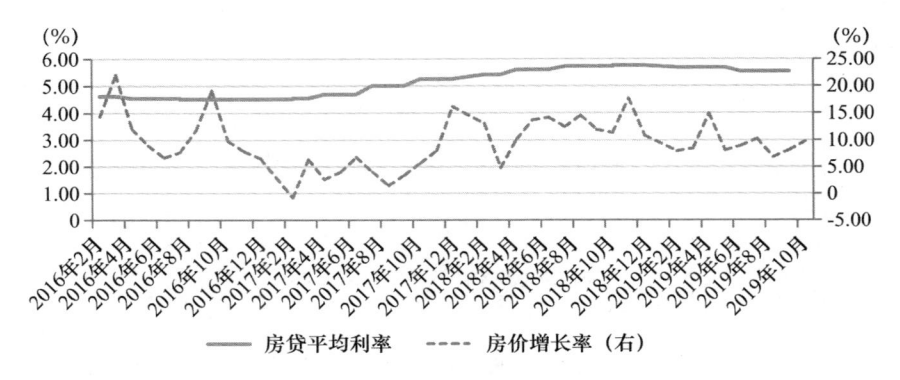

图1-27 中国房贷平均利率和房价增长率变动

资料来源：Wind资讯。

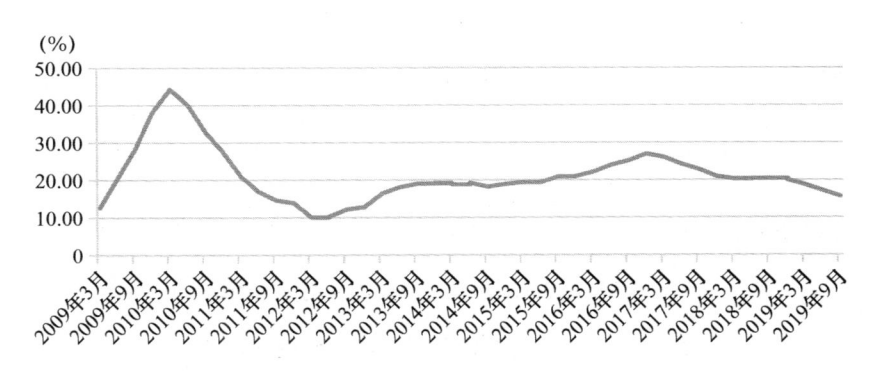

图1-28 中国房地产贷款余额同比增长率变动

资料来源：Wind资讯。

2. 地方政府前三季度炒地行为明显收敛

在"房住不炒"和中央政府的调控高压下,尤其在信贷紧缩的情况下,作为需求方的开发商,在政府限价和资金趋紧背景下,购置土地的积极性有所下降,土地购置面积同比涨幅在2019年2月至2019年8月连续保持为负值,并在2019年7月跌至谷底,为-36.84%(见图1-29)。在土地供求双方的博弈之下,2019年2月以来土地成交价款相比上一年同期明显减少,同比增速严重下滑,由2019年2月的-13.10%变动到2019年10月的2.51%,其间在2019年2—7月连续保持同比增长率为负,其中2019年4月同比涨幅低达-40.05%,几乎属于"断崖式"下滑(见图1-30)。

图1-29 中国土地购置面积和同比增长率变动

资料来源:Wind资讯。

图1-30 中国土地成交价款和同比增长率变动

资料来源:Wind资讯。

3. 住户部门对房价的预期和购房意愿基本稳定，但是住户部门购房能力受到限制

2018年第三季度之后，居民预期房价上涨的比重经历先缓慢下降，后缓慢上升的过程。2018年第四季度、2019年第一季度、2019年第二季度和2019年第三季度预期房价上涨的居民占比分别为27.4%、25.8%、28.2%和29.3%（见图1-31）。从居民的购房意愿来看，2018年第四季度至2019年第三季度，居民的购房意愿总体在一个较高水平上保持稳定。个人抵押贷款2019年1—10月达到14.1%，虽然比2017年、2018年同期的负增长有所增加，但远低于2016年的50.5%。

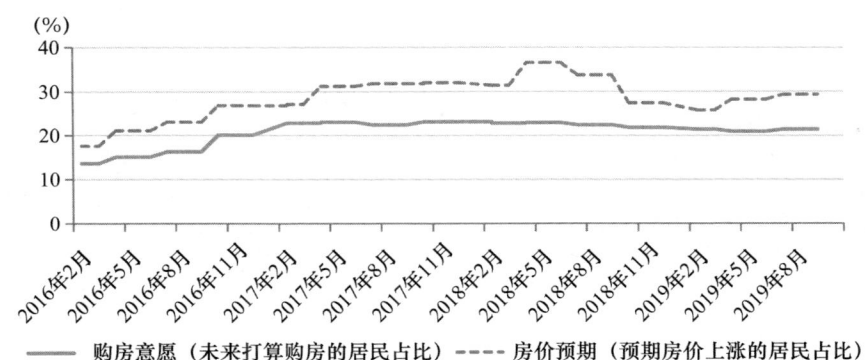

图1-31 中国居民购房意愿及房价上涨预期变化

资料来源：中国人民银行。

4. 住房销量波动和资金增长的变化决定开发商购地积极性变化

住房销售放缓和销量下降导致开发企业资金回笼放缓和流动性紧张，进而导致开发商预期由乐观转向悲观；住房销量降幅下降和缓慢回升，使得开发商资金回笼严峻态势得到一定的缓解，开发商预期及行为有所转变。统计数据显示，2019年2月住房销售面积当月同比下降3.20%，开发企业资金来源仅增长2.12%；2019年5月住房销售面积当月同比下降3.92%，开发企业资金来源增长2.97%；2019年10月住房销售面积当月同比增速为4.42%，开发企业资金来源同比增长6.00%。总体而言，开发企业资金来源与住房销售面积变动保持高度的相关性（见图1-32）。

反映开发企业拿地行为的土地购置面积增长经历了一个从高位下滑

30　◇　第一部分　总体报告

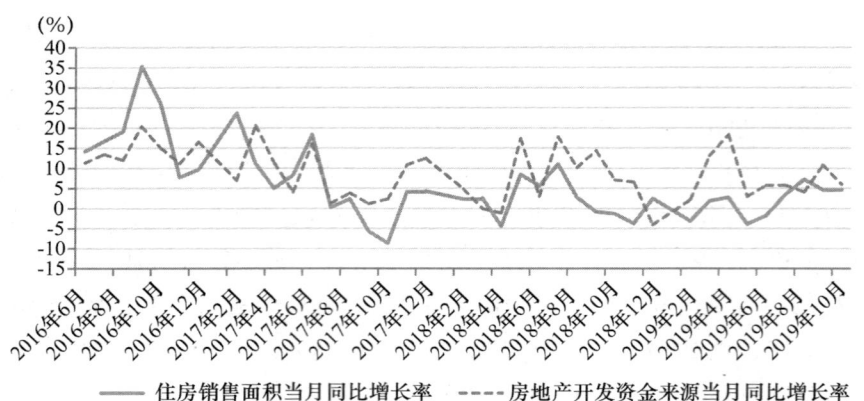

图1-32　中国住房销售面积增长率与资金来源增长率

资料来源：Wind资讯。

再逐步上升的变动过程（见图1-33），同比增速由2018年8月的44.74%下降至2019年4月的-35.45%、2019年7月的-36.84%，此后同比增速于2019年9月开始转正，2019年9月和10月的同比增速分别为10.40%和12.80%。

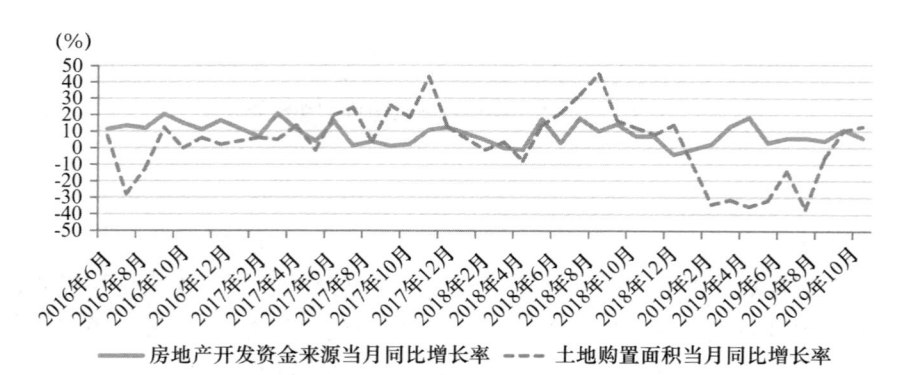

图1-33　中国房地产开发资金来源增长率与土地购置面积增长率

资料来源：Wind资讯。

房地产开发企业的拿地积极性及具体行动随着其资金链的紧张状况、回款难易程度等因素的变动而变动。在资金链紧张、回款难等综合因素影响下，房地产企业拿地不再积极，一线城市、二线城市、三线城市轮番出现土地拍卖现场无人报价或者报价未达地价的情况，地价也出现了阶段性下跌。而随着上述紧张状况的改善，开发商的拿地积极性也有所提升。2018年10月至2019年4月地价整体连续下跌，2019年5月开始有止跌回升企稳之势（见图1-34）。

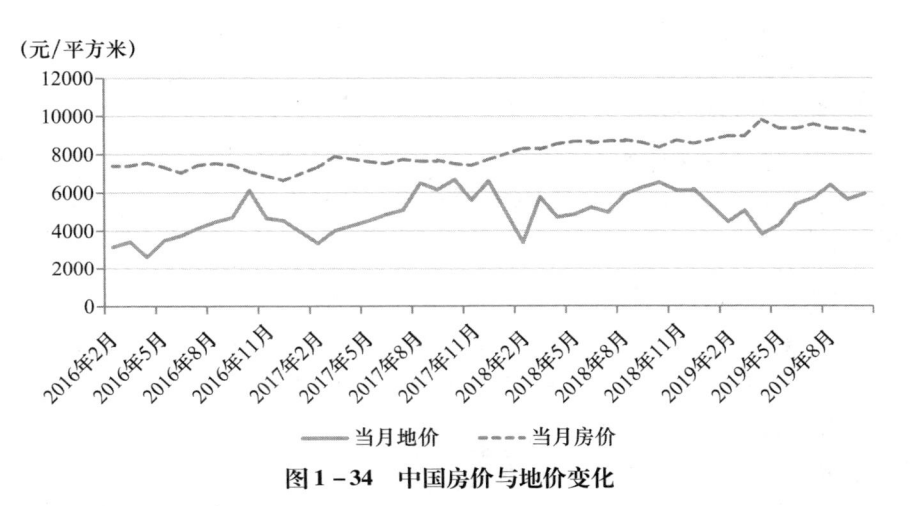

图1-34 中国房价与地价变化

资料来源：Wind资讯。

与此同时，在"房住不炒、因城施策"调控主基调下，房地产市场保持稳定增长预期，行业整体规模增速较2018年显著放缓。2019年年中，房地产企业为冲刺半年度业绩目标，改变过去"捂盘惜售"等销售策略，积极加大推案及营销力度。从城市层面来看，2019年一线城市、二线城市和三线城市、四线城市市场分化加剧。一线城市复苏回升，二线城市整体趋稳。而对于需求透支、购买力不足的部分二线城市和多数三线城市、四线城市而言，房地产市场销售面临较大压力。

（四）经验总结：落实城市政府主体责任抓住了调控的"牛鼻子"

在国内外经济环境并不乐观的背景下，从2016年开启的本轮楼市调控坚持了下来并取得了初步的成功。及时总结经验，有助于坚持和完善未来的楼市调控。

第一，中央坚定决心和保持定力是解决房地产问题的关键。当前楼市问题已经影响到整体经济社会的健康发展，处理起来有难度、有风险，不处置将来后患无穷。事实初步证明并将继续证明：只要中央坚定决心、保持定力，楼市能够稳定下来，房地产问题能够逐步得到解决。

第二，将落实主体责任上升到政治高度是调控成功的重要保障。楼市问题主要出在城市政府，落实城市政府的主体责任，抓住了房地产调控的"牛鼻子"。但在经济利益机制没有改变的前提下，简单的行政命令和经济政策往往会被"上有政策，下有对策"软化。只有将不折不扣地执行楼市调控政策作为政治任务，落实到各级政府负责人头上，才可能改变城市政府基于经济利益而软化调控政策的行为。调查发现：这一举措使得地方政府的观念和行为正在发生重大改变。

第三，面对复杂环境需要在实践中不断创新调控方法。首先是"极限施压"，通过规定未来房价不得高于历史某一时点的房价，来最大限度倒逼和压制楼市降温。其次是区间调控，即在房价过快上涨初步抑制后，划定并通过调控确保楼市在区间内稳定运行。再次是"试探性下挫"，即采取既有力度又有节奏的调控措施，让楼市像健康的人有心跳一样，在上下轻微波动中降温，彰显楼市的潜力，保证楼市的信心，避免楼市的下滑失速。最后是"两手抓"，即一方面抑制投机和过度投资房地产，切断市场主体炒楼炒地的后路；另一方面要加快改革，给投资主体开辟新的投资出路和空间。

第四，"一城一策"要义是目标相同和方法差异的统一。就是各地可以根据自己的实际情况选择不同的策略，但是必须保持目标的一致，即楼市稳定。落实城市政府的主体责任：一方面给城市政府自主决策、"一城一策"的自主权，另一方面给城市政府压上保持楼市稳定主体责任的担子。

第五，制度和机制建设对于楼市行政性调控十分重要。在市场制度不完善并出现问题的情况下，行政调控是必要的，但是行政调控简单粗暴、"一刀切"也有很多弊端。这次调控尝试：建立全国楼市、土地和金融监测体系，根据监测和预测结果对相关城市进行预警、约谈和问责，建立土地供应与楼市去化周期挂钩机制，建立制度化和机制化的行政调控体系，有助于克服简单行政调控的弊端，对稳定楼市起到重要作用。另外，逐步将实践中相对成熟且又必须持久的政策制度化也十分必要。

当然，在过去楼市调控中也是有教训的：只有"一城一策"，没有"区域联动"，导致楼市过热和风险逐城蔓延传递。还有金融监管等方面的教训也从反面启示了以上经验。总体来看，住房市场稳定是初步的，调控尚未完全成功，仍需继续努力。

三 2020 年的楼市新判断

由于 2020 年年初的新冠肺炎疫情严重冲击了中国房地产市场 2019 年的平稳回归，2020 年中国房地产市场出现了新的变化。

（一）上半年的楼市轨迹及原因

2020 年上半年房地产市场在经历 1—2 月的剧烈下降后，持续保持平稳的恢复态势。

第一，总体上，市场恢复基本符合预期。预计 2020 年 1—6 月商品住房销售额同比增长将接近 -7.0%，1—5 月为 -8.4%，1—4 月为 -16.5%，1—3 月为 -22.8%；1—5 月商品住房销售面积同比降低 -11.8%，1—4 月为 -18.7%。预计 1—6 月房地产住房新开工面积同比增长将接近 -6.0%，1—5 月为 -13.9%，1—4 月为 -18.7%。预计 1—6 月全国房地产住房开发投资将实现同比正增长，1—5 月为 0，1—4 月为 -2.8%。

第二，时间上，经历右偏的"V"形变化轨迹。受新冠肺炎疫情冲击影响，2020 年 1—3 月除房价外全国房地产各项指标呈现自由落体式下降。2020 年 1—4 月剧烈下降，商品住房价格同比增幅在 1—3 月下降到 2.1%，商品住房销售面积同比增长 -39.2%，商品住房新开工面积同比增长 -44.4%，住房开发投资同比增长 -16.0%。之后各月楼市总体保持边际递减式稳步恢复，全国商品房价格 1—3 月、1—4 月分别同比增长 -1.1%、6.3%。商品住房销售面积 1—3 月、1—4 月分别同比增长 -25.9%、-18.7%，全国住房开发投资 1—3 月、1—4 月分别同比增长 -7.2%、-2.8%。

第三，空间上，城市房价分化出现新变化。从区域看，中部地区开发投资和销售下滑最为严重,恢复最慢;东北地区下滑一般,但恢复较慢。从城市房价变化看,分化出现新变化。多个渠道来源的数据显示:2020年5月,一线城市房价较快上涨,二线城市房价稳步上涨,三线城市相对平稳,四线城市略有回调,表明不同层级城市楼市持续分化。一线城市、二线城市、三线城市和四线城市均出现涨平跌的分化。表明房地产市场从各线城市间的分化转向城市群都市圈之间及与非都市圈城市群的分化。

疫情冲击、结构性潜力与政策定力决定楼市的变化。结构性潜力存在,新冠肺炎疫情较快控制,决定综合预期稳定向好。炒房机制仍在,房地产调控政策不变,决定多方主体仍有动力推进市场逐步恢复。监管持续从严,但宽松的货币环境使资金仍向房地产市场外溢,表现为开发企业资金来源增长恢复远高于开发投资增长。刚性需求受到一定影响,但改善性需求尤其炒房求利避险增加,表现为抵押贷款恢复较快。各地政府加大土地拍卖力度,减弱行政调控力度,多措并举救助开发企业。在以上情况下,开发企业减缓资金压力,加快了销售量价恢复,以及投资开工的恢复,也避免了破产倒闭。

两个规律与三个因素支配和决定楼市的空间新分化。两个规律即城市"异速增长"规律和金融"嫌贫爱富"规律。随着城市人口规模的增长,很多变量(包括房价)异速增长,金融机构更喜欢将资金提供给偿还风险小的富者,而不愿意提供给偿还风险大的贫者。三个因素即决定需求的经济基本面、影响供给的土地要素以及金融杠杆。相对而言那些一线城市、二线城市、中心城市、大都市圈、城市群的公共产品好、经济成长潜力大、人口流入多,但是土地供给相对偏紧,宽松的货币环境导致资金在城市之间"嫌贫爱富"地外溢,加上炒房机制仍在,决定城市房价分化呈现新的变化。

(二)下半年的楼市走势及问题

在没有重大政策转向和新的外部冲击的情况下,预计下半年将继续延续平稳恢复的态势。

第一,年度有望恢复平稳。从总体上看,全年商品住房价格同比增幅可能在5%左右,商品住房销售面积同比增幅将保持在 -5% 左右,房地产开发投资同比增速将维持在3%—7%区间内。从时间上看，有逐月边际递减性恢复态势。各月之间各项指标恢复存在差异和波动性。从空间上看，各地恢复程度不同，分化持续加剧。中心城市、都市圈和城市群复苏较好甚至过热，其他城市复苏较差甚至直接陷入衰退。

第二，潜在隐忧值得关注。首先，地价出现暴涨的苗头。2020年1—5月全国土地成交量同比增长虽为-8.0%，但成交价款同比增长却为7.1%，推算地价上涨高达15.1%。且一些城市"地王"又现。需防类似2015—2016年那轮"地王"带动房价轮番上涨并不断扩散的局部过热再度上演。其次，炒房有支撑市场恢复的作用。个人按揭贷款与定金及预收款同比恢复幅度出现差异。此前两项指标变动几乎同步，但1—5月前者同比增长-0.9%，后者同比增长-13.0%，这反映出投资需求占比增加和杠杆购房比例扩大。另外不少城市房租下降，房价上涨。一些城市出现各种贷款炒房现象。再次，一些城市楼市面临过热的风险。由于房地产长效机制还没有完全建立，包括地方政府在内的市场各方仍有炒作冲动，加上前述规律支配，一些热点大都市中心区、都市圈、城市群楼市面临过热风险。根据吉屋网统计：276个地级及以上城市中，5月同比二手房房价上涨增幅超过10%的有44个。最后，一些城市存在空置和库存加大的风险。那些非热点城市，一些非城市群、都市圈的中小城市，由于不在调控范围内，过去两年出现楼市过热的现象。但在当前疫情冲击、经济放缓、需求下降的情况下，空置和库存开始暴露，全国商品房待售面积由降转升即是这个问题的反映。

四 未来判断：未来几年处在楼市调控的机遇期和关键期

（一）房地产已成为经济健康发展的掣肘

1. 在稳增长方面，房地产对经济增长的净贡献已由正转负

房地产增长与经济增长存在倒"U"形关系。房地产对经济增长同时存在正向的拉动效应与负向的挤出效应。当房价水平较低时，房地产对经济增长的正向拉动效应超过负向挤出效应；而当房价水平过高时，负向挤出效应将超过正向拉动效应。经验研究发现：即使在投资比例合理

的前提下,当房价收入比超过9∶1后,房地产对经济增长将得不偿失。按照2018年中国商品房平均销售价格来计算,2018年中国房价收入比为9.3∶1。这意味着,尽管2018年表面上中国房地产投资对经济增长有0.7个百分点的带动贡献,但是其挤出效应已大于带动效应,2018年中国房地产对经济净贡献出现了由正转负的拐点。而且北京、上海、广州、深圳等一线城市与厦门、福州、杭州、珠海、天津等大部分二线城市房价收入比都已经超过9这一临界点。

2. 在惠民生方面,房地产对整体的住户部门的生计产生了双重影响

住房问题事关大众切身利益和社会稳定和谐。由于住房的多重属性,一方面,过去20年背离住房初心的炒作,房价持续过快上涨,房价收入比远远高于合理的水平,给城乡居民家庭生计带来巨大的压力和全面的影响,普通住户苦于高房价久矣。另一方面,住房条件的显著改观和住房保障极大地改善了民生福祉。党的十八大以来,住房保障使1.5亿低收入城镇居民的住房得到解决,大规模的保障性住房和棚户区改造也促进经济平稳发展。

3. 在调结构方面,房地产对结构调整和产业升级起到阻碍作用

第一,房地产与经济结构影响普遍存在倒"U"形关系。理论上,合理的房地产市场尤其是房价,会通过配置和筛选效应的作用机制促进经济发展,成为经济结构不断升级的重要杠杆。但是,当房价过低时,低端产业能够生存,企业没有压力升级和转移;而当房价过高时,因为房价导致的生活和营商成本过高,企业缺乏足够的激励和能力升级,反而因为房地产业利润丰厚而转向房地产。

第二,房地产内部存在五大供需严重错配的结构问题。一是商品住房比例高,保障住房比例低。目前全国各城镇的保障性住房比例多在30%以下,远低于新加坡以及欧洲(包括社会住房)50%左右甚至以上的水平。二是自有住房比例高,租赁住房比例低。2015年"人口小普查"统计显示:住房自有比例为79.2%。一、二线城市住房少,三、四线及以下城镇住房多。三是特大、超大城市住房少,中小城市、小城镇住房多。上海市2016年的人均居住面积是35平方米,北京市不到32平方米,广州市不到25平方米,深圳市不到20平方米。而二线城市人均居住面积在35—45平方米,三、四线城市人均居住面积普遍超过了40平方米。四

是高收入家庭住房多，低收入家庭住房少。2015年"人口小普查"数据显示：最低10%、20%城镇家庭户使用的住房面积占比分别升至2.8%、7.2%，最高10%、20%城镇家庭户使用的住房面积占比分别降至19.6%、36.9%。五是户籍人口住房多，外来人口住房少。《2018年农民工监测调查报告》显示：进城农民工人均居住面积20.2平方米，比上年增加0.4平方米。

第三，房地产与实体经济已经形成显著的替代关系。一方面，长期以来为了追求过快的增长率而刺激房地产和基础设施大规模投资，导致宏观经济结构多重失衡。另一方面，不断上升的房价，从成本和收益两个层面，驱动制造业持续的"脱实入虚"：制造业企业投资房地产愈演愈烈。截至2019年第一季度末，A股3600多家上市公司中，共有1726家上市公司持有投资性房地产。社会资金和银行贷款大量流入房地产行业，2018年年末人民币房地产贷款增量占同期各项贷款增量的39.9%。高房价阻碍产业升级，导致制造业流失，驱动经济房地产化，对制造业发展和科技创新产生挤出效应。

4. 在防风险方面，房地产风险是中国经济的重要风险源

房地产的特殊属性、房地产产业链条长、房地产资产规模大决定房地产一方面可以成为中国防风险的压舱石，以巨大规模的不动产资产，对冲和应对各种风险。另一方面，房地产也是风险源，由于资产规模大、关联产业多、涉及经济社会面广，其价格等剧烈波动会对整个经济体系产生较大影响。

实证研究显示：房地产及衍生风险都亟待防范和化解。

第一，房地产总体价格泡沫风险稍有下降，资金链断裂风险增大。统计显示：全国50个大中城市中一线城市房价收入比2016年、2017年、2018年分别为24.17、24.98、23.72，虽略微下降，但远远超出合理区间的上限，房价泡沫风险仍较大。西南财经大学中国家庭金融调查研究中心发布的《中国城镇住房空置分析》报告显示，2011年、2013年、2015年、2017年，城市住房空置率分别为18.4%、19.5%、20.6%、21.4%，表明数量泡沫风险持续上升。克而瑞研究中心报告显示：2019年174家房企加权平均净负债率为91.37%，较年初提高了4.29个百分点，达到历史最高值，近六成企业的净负债率有所上升。

第二，房地产金融风险总体可控且增速下降，但风险处在快速积累中。主要表现在以下几个方面：一是抵押贷款增速有所下降，占住户贷款比例较高。抵押贷款增速近三年来持续回落：2017年、2018年分别为17.8%、16.8%。2008—2018年，个人住房贷款余额占住户部门贷款余额的比例保持在45%—54%。二是住房贷款价值比例总体偏高，增幅有所回落。中国人民银行货币政策分析小组发布的《中国区域金融运行报告》（年度报告）数据显示：中国居民住房贷款价值率（LTV）自2012年以来尤其是在2016年加速上行，2016年达到60.4%，同比提高4.8个百分点。2017年则微幅下降至59.3%，同比回落1.1个百分点。2018年整体出现微幅下降。三是金融机构的房地产贷款占各项贷款余额的比重不断提高。2016年、2017年、2018年、2019年前三季度分别为25.03%、26.80%、28.39%、28.87%。房地产市场剧烈波动将直接威胁银行业的信用。四是部分购房者将短期消费信贷资金迂回或违规导入楼市。全国2016年、2017年、2018年各月居民新增短期贷款合计0.6万亿元、1.8万亿元、2.4万亿元，贷款余额增速为30%左右。2019年3月更是达到4294亿元，创下历史新高。住户部门新增短期贷款以个人消费性贷款为主，由此将进一步增加短期偿债压力、债务杠杆率和贷款价值比。五是部分城市存在较大的风险隐患。

第三，土地与房地产运作不仅凸显当前财政风险，也增加未来财政隐患。土地与房地产发展和地方财政风险具有双重关系且动态变化，即土地和房地产发展可能是财政安全的保障，也有可能是财政风险的来源。本报告测算，广义刚性财政收支缺口，即包括净土地出让金在内的政府全部收入减去政府的全部刚性支出，由2010年的-144263亿元上升至2018年的-348268亿元，年增长率为17.68%。而2019年卖地收入的巨量减少导致广义收支缺口进一步扩大。情景模拟显示：若结束土地财政和土地融资，地方政府财政缺口和风险将立即凸显。若坚持目前的土地财政和土地融资，地方政府未来的财政缺口和隐患将会更大。

第四，宏观经济运行的风险有所下降，但存在过度依赖房地产的风险。房地产行业对宏观经济作用巨大，但是房地产市场存在的问题使得宏观经济蕴含不小的风险。一是住房按揭贷款的迅猛增长导致总债务风险较高，但潜在风险趋于下降。国际清算银行数据显示，中国总体债务率自2008年的142%迅速上升到2016年年末的257%，2018年第一季度更是达到264%，其中住房抵押贷款增长贡献很大。截至2019年第一季度末，中国整体杠杆率为257.8%，同比增速比上季度末下降4.7个百分点，连续四个季度保持下降趋势。二是住房资产高占比带来宏观经济的运行风险。恒大研究院《中国住房存量报告：2019》数据显示，2018年中国住房市值321万亿元，占GDP的356%，高于美国、日本、德国、英国等发达经济体。另据国家统计局初步测算：截至2013年，中国国家总资产691.3万亿元，其中住房资产占有较大比重，而住房资产因为价格泡沫无疑是占比虚高，未来住房价格变化将会给国家资产负债及宏观经济运行带来风险。三是房地产经济高占比导致产业空心和经济泡沫。2016年年末、2017年年末、2018年年末、2019年第三季度末房地产开发投资占固定资产投资（不含农户）的比重分别为17.20%、17.40%、18.34%和21.45%。2019年第三季度末房地产投资占GDP的比重达到14.05%。房地产经济在宏观经济中的比重过大和持续高速增长，给宏观经济平稳运行埋下隐患，房地产一旦出现问题必将对就业、收入、增长、金融等产生重大影响。

5. 促改革：住房改革是供给侧结构性改革的重点

住房制度改革既涉及住房领域，也涉及与住房有关的土地、金融、财税等基础领域的改革，建立住房市场调控长效机制和住房发展长效机制，可以带动关键供给侧制度的改革和突破。

（二）未来三年是楼市调控的关键期

1. 楼市调控是国家的一个重大战略操作

广义房地产调控包括政策和制度改革两个方面。政策方面，通过行政等限制性政策措施压住房地产，一方面是减弱房地产收益（倒逼和引导并存），压低房地产收益进而提升制造业的比较收益。另一方面是降低制造业和科技创新的成本。倒逼和引导市场主体将资金和资源从楼市转向实体经济。制度方面，加快土地、财税、金融和住房等基础制度改革步伐，构建新的经济机制，通过制度改革引导市场主体将资源和要素从楼市转向实体和创新领域。

楼市调控是塑造高质量发展的新动力、新机制、新引擎和新路径。

面对百年未有之变局的国际环境，全球竞争日益激烈，中美贸易摩擦或将长期化，国家竞争制胜的根基是领先的科技创新和强韧的实体经济。房地产调控和长效机制建立不仅是房地产发展和机制建设问题，更是涉及整个宏观经济发展的机制、动力和路径的重塑、切换和变轨，是真正建立促进高质量创新发展的机制和引擎，甚至关系到跨越中等收入陷阱和民族复兴。

2. 调控能否成功不仅关系重大而且在此一举

虽然说楼市调控和改革"不能毕其功于一役"，而是一个永远在路上的探索实践和机制完善的过程，但当前的调控与改革确实处在重要关口。楼市的调控、改革和稳定一个都不能少。如果在未来三年里，既能抑制房地产投机，又能完成制度改革，同时保住楼市稳定，这样不仅房地产长效机制可以建立起来，炒房动机基本削弱，楼市走向健康的轨道，而且宏观经济引擎能够实现平稳切换和路径变轨，实体经济和科技创新的动力将增强，中国经济也可以走上高质量创新发展的轨道；相反，如果不能压住楼市虚火，而让其反弹，就会前功尽弃；如果拖延改革将会"贻误战机"，导致问题与风险越来越大；如果楼市出现大起大落，也将导致相关改革的中断或后延。

3. 调控的机遇窗口将在2025年前后关闭

楼市调控的基础和底气是中国楼市强韧。只有未来潜力巨大和预期总体看涨，才能保证楼市不因调控而倒下，并支撑调控和改革步步推进。但是这些潜力和预期将在2025年前后改变。从数量潜力看，房地产发展决定于三个因素：城市人口增长需求、人均面积缺口和住房重置需求（老旧改造）。在新增需求方面，当前常住人口城镇化率接近60%，户籍人口城镇化率44%，婚嫁和教育倒逼城市化增长和房地产需求十分强劲。但按目前速度计算：2025年常住人口城市化率68.6%，户籍人口城镇化率53.0%，农村大部分青年人口将完成进城和购房的目标，新生人口将主要集中在城市。之后农村人口向城市转移将逐步放缓。在人均住房缺口方面，根据人口普查数据、住建部数据和相关调查数据进行估算，当前城镇居民人均住房面积是39平方米，"一户一房"的目标已实现，总体上进入市场饱和时代。但是改善性需求表现异常强劲，城镇居民正在向"一人一间"甚至"一人一卧"和人均45平方米的更高层次改进。按照每年人均增加1平方米的速度（目前基本是这个速度），2025年可实现这一目标。在重置需求方面，棚户区改造在2020年结束，旧城改造2025年也应该基本结束。另外，在潜在供给方面，截至2019年10月，全国住宅施工面积达59.88亿平方米，仅2019年1—10月住房新开工面积就有13.69亿平方米，并且施工面积和新开工面积还在快速增长，其中2019年1—10月同比增长超过10%。按照这个速度，潜在供给将在2025年之前出现负增长。使用计量模型进行预测，本书认为中国房地产增长的拐点将在2025年前后出现，进入存量主导的时代。

4. 完成楼市调控操作并发挥作用需要一定时间

尽管调控已经持续了一段时间，但是，楼市调控政策从预期和实际上发挥作用有一个延后的过程。此外，房地产基础制度改革和长效机制建设从完全到位到发挥作用也有一个延后的过程。

因此，考虑到调控发挥作用需要时间，未来三年是楼市调控和发展甚至宏观经济发展的关键期。为此，既需要坚持调控又需要谨慎调控，既需要加快改革又需要谨慎推进，既需要压制炒房又需要支持住房。

（三）楼市调控面临剧烈波动的风险和五大主体考验

自2016年10月以来，在从严调控不断加码和机制建设积极推进的双重作用下，楼市急剧升温趋势得到了控制。通过各方主体博弈和角力，市场进入短暂的弱均衡状态。市场总体平稳降温，楼市整体风险可控并有所下降。但必须清醒地看到：当前的楼市均衡是"刀刃上"的均衡，当前的楼市稳定是"铁令下"的稳定。不仅调控尚未最终成功，而且"船到江心浪更急"，调控部门需要保持清醒的头脑，高度重视防范和有效化解多种因素、多个领域与多种可能的楼市风险，尤其要防范以下四大因素可能带来的风险以及应对五大主体的考验。

1. 楼市调控面临剧烈波动的风险

第一，外部环境和楼市自身变动带来的风险。国际环境及国内经济不确定性导致经济和金融震荡，将引起房地产市场波动，导致供需逆转泡沫破裂。市场环境与市场本身的因素导致预期逆转，将引起房地产市场大幅波动，导致供需逆转泡沫破裂。

第二，预期调整带来的楼市剧烈波动风险。楼市泡沫越大，破灭的概率越大。预期本身正变得更加不确定，预期对市场的作用更加重要。由于住房发展涉及的领域和范围广泛，内外部的任何影响因素的微小波动都可能会影响市场主体对住房价格看涨或看跌的共同预期，产生从众心理，导致"羊群行为"，从而会引起市场剧烈反应和预期的调整。在楼市长效机制欠缺、市场极度脆弱的情势下，政策稍微变化也都会被市场关注、误读并产生过度反应。同样，像房产税、集体土地直接入市等重要制度的推出也会对预期产生较大影响，进而有可能导致楼市剧烈波动。

第三，调控政策调整引发的市场波动风险。一方面，在楼市上行压力仍在的情况下，如果因为担心宏观经济下行、地方财政下降，担心企业资金链断裂、住户部门断供等，担心楼市逆转下挫而放松调控、放松调控政策，很可能导致市场再度强烈反弹和泡沫快速膨大。调控不仅将功亏一篑、前功尽弃，而且可能失去最后根治楼市"顽疾""痼疾"的最佳窗口期和机会。另一方面，政策调整不及时或者出手过重可能导致楼市大幅下挫。行政调控具有主观性、强力性、一刀切等特点，还存在不协调、不同步、不精准问题，如果由于误判形势导致在政策实施及其调整方面出现过犹不及，也将使楼市出现反弹或下挫的剧烈波动。

第四，制度改革带来次生楼市波动风险加大。首先，不加快改革，炒房的机制持续存在，不仅给楼市调控增加巨大的压力，还使得楼市的问题越积越多，泡沫风险越来越大。其次，改革最终是为了降低楼市风险，但如果改革的目标、力度和节奏操作不当，反而会给楼市带来较大的风险。本次住房改革的重要内容是住房租赁制度体系构建，但从目前住房租赁的核心和配套制度等创新和尝试的情况看，已经潜藏或显现目标出偏的风险和隐患。最后，集体建设用地入市、住房租赁金融制度创新、房地产税开征等操作不当也都会带来不同程度的风险。

与此同时，如果上述风险共振和叠加，将给楼市和宏观经济发展带来严峻挑战与威胁。

2. 楼市调控使五大主体面临严峻风险考验

自2016年9月30日启动本轮调控以来，坚持调控不动摇已经持续三年，市场各方正在承受日益加重的压力。要最终实现楼市和整体经济转型发展的目标，调控和改革仍将持续。不仅市场主体，监管部门也面临巨大压力和严峻考验。

第一，考验地方政府。在严厉禁止炒房、炒地的调控政策持续进行，而新的财政和资金没有补位的情况下，地方政府的偿债压力将加大。总收入锐减，财政风险将急剧上升，政府运行经受考验。但从另一个角度，只有坚持调控，才能让地方政府在经受考验中思考变化，跳出过度土地经营的恶性循环，倒逼改弦更张，走向高质量创新发展之路。

第二，考验住户部门。持续的住户部门购房资金供给紧缩，将导致依靠高杠杆炒房的购房家庭出现断供的风险。尤其是在贷款价值比（LTV）总体偏高的情况下，如果房产价格出现较大幅度下降，会使不少家庭选择"弃房弃贷"，面临断供违约风险。但同时也只有在这种压力和考验面前，住户部门才能改变消费和投资的偏好。

第三，考验开发企业。在严厉的楼市调控下，开发企业资金回笼持续趋紧以及融资渠道及信贷资金被严格限制和管制，可能导致企业资金链断裂，开发企业面临破产倒闭的考验。历史经验表明：开发企业只有在最困难的时候才考虑转型，一旦形势好转会立即"打道回府"。因此，通过调控连同市场机制让经不起考验的企业"倒下"，让经得起考验的企业转型，从而可以推动房地产业健康发展。

第四，考验金融部门。虽然开发企业、地方政府、住户部门去杠杆的目的是降低金融风险，但是开发企业资金链断裂、地方政府债务违约、住户部门的断供，都可能使房地产贷款占比较高的金融机构面临严重突发性金融风险。从另一个角度看，风险和考验也同样将促使金融机构完善治理体系，进而走上更好服务、支持实体经济发展之路。

第五，考验中央政府。在市场主体都面临压力、风险和考验的背景下，作为总体调控的谋划、布局和推动者，中央政府无疑也将面临巨大的考验。既要极限施压调控、大刀阔斧式改革，又要保证各领域、各主体、各环节不出现系统性风险，在复杂多变的环境下，无疑是在刀刃上跳舞，需要掌握好分寸和平衡。

沧海横流方显英雄本色。上述风险和考验，一方面显示楼市持续调控不动摇，相应制度、机制改革再深化的必要性；另一方面警示相关调控部门要讲求调控的艺术，在楼市调控的中流击水之处保持稳行船的从容与定力。尊重市场规律，结合中国国情，坚持"干中学"，并不断总结经验教训，在实践中探索、创造并掌握高超而精湛的技术，与时俱进地合理调整、改进和优化楼市调控的方式、方法与机制。

五　对策建议：楼市调控得保持定力、从容应对

（一）应将稳住楼市作为2020年宏观经济的重点目标任务

房地产是中国经济的基本盘和压舱石，但也是经济金融的重要风险源。楼市未来走向决定于环境变化和政策应对，基于房地产的重要性及楼市内外环境的变化，应将稳住楼市作为宏观经济的重要任务，应将确保楼市平稳恢复作为楼市调控的目标。为此就2020年的楼市应兼顾三个层次目标，明确四项重点任务。

兼顾三个层次目标：第一，坚决防止楼市剧烈波动，需要在内部明确并强调；第二，切实保障楼市稳住，不出现明显恶化甚至失控，这是对宏观经济最大的贡献；第三，积极争取泡沫吸收，借受新冠肺炎疫情影响，通过疫情应对，基本解决房地产问题。

明确四项重点任务：第一，持久防疫，复工复产，确保稳住。一方面，房地产行业也要坚持疫情持久防御。针对行业特点完善防疫措施，同时根据疫情变化不断调整防疫策略。另一方面，促进产业和市场正常运行。除了抓紧现有企业恢复生产经营外，更要积极支持适应疫情及新情况，借用互联网等新技术的创业活动。

第二，提振信心，消除恐慌，稳住预期。通过出台不断改革的措施提振信心。不断展示中国经济、城镇化和房地产的发展潜力，树立对楼市的信心。加强新冠肺炎疫情及其影响的客观事实的传播和解读，增强疫情的适应性预期，逐步消除市场的过度恐慌。定期和及时地发布楼市相关信息，及时制止和惩治虚假信息和不实传言。

第三，做好预案，应对不测，稳住市场。首先，应对预期逆转。由于疫情及其衍生的问题不断出现，未来存在很多不确定性。既要防止过分乐观带来的市场的虚火，更要防止形势变化悲观情绪加重导致预期急转直下。缓解预期转向过分乐观和过度悲观带来的市场反应。其次，应对信贷违约。无论是住户部门还是企业部门，疫情等不利形势加重和持续都可能导致信贷违约。因此，应做好政策储备和应急预案，防止出现大面积和连锁性违约事件。再次，应对破产失业。在房地产企业竞争异

常激烈，销售下降，资产负债率高企，资金压力巨大的背景下，疫情以及相关形势的变化使房地产企业雪上加霜。企业不仅面临停工，而且有破产倒闭的风险。最后，应对楼市大起大落。目前一些区域出现恢复、回暖、反弹，需要高度警惕和有效管控，切实防止回暖过度、泡沫放大、乐极生悲。

第四，优化结构，化解错配，稳中有进。在持久防疫、稳住预期、做好预案的基础上，着力释放结构性潜力，稳中促进。首先，释放空间潜力。支持在中心城市郊区、大都市圈周边和城市群的中小城市开发住房，加大资金、土地供应，这也有利于房价下降。同时加大基础设施向周边延伸和加密，加大优质公共服务向周边扩散。其次，释放业态潜力。加快老城更新、旧房改造以及配套基础设施建设投资。最后，释放需求潜力。在抑制炒的同时，重点是将改善性住房需求作为重点以带动刚性需求。结合新型城镇化，实施"新市民安居工程"，加快新市民的保障性租购住房建设力度。

（二）稳住楼市关键是围绕目标实施机制性应对

从实践看，无论是应对短期突发事件还是保持长期稳健发展，机制性政策反应都是最佳选择。房地产及其诸多公共治理跳不出"一管就死，一放就乱"的怪圈，重要原因是缺乏有效的内在机制。因此，应从机制出发，理清"管放"的边界与责任，完善"管"的方法与手段，明确"放"的规则与区间。以机制驱动"管放结合"和"管活放治"，以机制保证相机抉择和自动应对。因此，要实现以上目标，关键是要完善机制并作出机制性应对。

第一，区别政策属性，构建大稳小变的调控机制。继续坚持"不炒"的定位、"三稳"的目标和"不刺激"的原则全国统一不变；坚持宏观经济政策、监管政策制度以及普适的政策全国统一或不变；具体的房地产行政、金融、土地、财税政策允许因时因地而定；通过总体的以静制动和具体的以变应变，减缓楼市波动，稳住房地产市场。

第二，实行全面覆盖，构建双向用力的联动机制。一方面，全面覆盖监管。中央及省市自治区要将全国所有城市纳入监测和监管的范围，力避过去只管涨价城市的弊端，要将人口、住房、土地、金融、舆情等重要指标都纳入监测和监管范围，要将督察扩展到前期规划、计划、市场预期，要有应急预案准备。另一方面，双向联动调控。增加人口流入的中心城市、大都市圈和城市群的土地、资金以及住房供给，同时减少人口收缩地区的供给，全面防止大起大落。

第三，区别政策类别，完善"管活放治"的责任机制。一是建立全国监测预警体系。借鉴传染病监测体系，整合全国各级政府的房地产相关主管部门的监管体系。二是明确统管的内容。国家和省市应将房价、商品房存销比、空置率，土地的价格、供应量、闲置率，房贷规模及占比等纳入监测、监管指标体系中，划定各指标允许区间、红线和底线。三是明确下放的权力。将行政性规定，土地审批，利率、首付比确定，房地产税率确定，财税政策等交由地方自主决策，同时制定决策规则和裁量区间。四是完善督导机制。针对上管的内容，利用先进技术手段，实时监测预警，督察政策执行状况。对于下放的事项，应实施决策的"飞检"、抽查和督导，及时纠正存在的问题。五是落实主体责任。明确管放的责任划分，对于超出指标区间或红线的城市、对于违反决策规则的城市，自动启动约谈和问责机制。严明纪律，各部门、各地区既要各守辖区又要相互配合，确保"稳住"万无一失。

第四，抓住关键指标，建立指标挂钩的动态机制。将人口等相关指标纳入上述监测监管指标体系，将人口流入规模、土地供应额度、资金控制额度相挂钩，将商品住房价格、库存比例、空置率、人均面积、房存销比与土地、资金的供应挂钩，并根据不同住房指标表现而不同程度地增减土地和资金及基础设施和公共服务。促进供需动态均衡和楼市稳定。

第五，启动应急预案，建立自动响应的管理机制。应急机制与长效机制一体，不需"另起炉灶"。一是进行应急准备。要求各级政府做出应对楼市不测的应急预案并做好相关政策储备。二是实时监测预警。各级政府相关部门适时监测和定期督察，地方政府及早发现问题并做出预警。三是启动自动响应。应对疫情冲击，事实上，前期各地已经采取了应急措施。应要求将此纳入应急管理体系并建立自动相应机制。针对市场变化，自动微调相关行政、土地、金融、财税政策。针对预期逆转、信贷违约、破产倒闭、资金转移、哄抢抛售等，自动触发不同级别的债务延期、资金援助和交易熔断等机制,从而防范和减弱楼市波动。

另外,稳住楼市尤其实现楼市长治久安,除了完善政府管理机制,更要深化改革,完善市场机制。可喜的是房地产相关基础制度改革正全面展开,但需注意改革的节奏、力度及配套条件:一方面要稳定改革对楼市的预期,另一方面防范改革振动引发的次生风险。在允许农村建设用地入市时把握好土地指标审批的"水龙头",在扩大资本市场时把握住住房出售的条件,并进行机制性应对,确保制度改革促动楼市从风险到安全的嬗变。

第二部分　宏观背景报告

第 二 章

世界经济与住房市场
形势分析与预测[①]

郭宏宇

2018—2019 年，全球经济继续放缓。尽管在经济短周期中应当进入上升阶段，但是经济增速在短期来看仍然有所下降，在长期来看也缺乏动力。全球通货膨胀压力总体开始下降，并以发达经济体更为明显。就业数据则整体很好，除少数新型与发展中经济体之外，失业率均较低，尤其是核心发达经济体的就业水平处于很好的时期。全球贸易则非常差，虽然尚不是 2008 年国际金融危机以来的最低水平，但是也处于低谷阶段。总体来看，经济周期仍是主要的影响因素，但是经济增速的周期已经不太明显，逐渐让位于长期的下降趋势。全球住房市场的情况较为特别，一方面许多国家和地区的住房市场表现较好，另一方面全球住房市场价格指数表现较差。其主要原因是，部分在全球住房市场有较大影响力的国家和地区出现非常明显的住房市场低迷甚至下挫。相对而言，东亚、中欧的住房市场表现得更好一些。

2019 年下半年，全球经济以低迷为主、回升乏力，全球住房市场也被较差的经济前景抑制。但是，新冠肺炎疫情的暴发给经济和住房市场带来了不同的影响。对于全球经济，新冠肺炎疫情呈现出长期且负面的冲击，并导致经济前景预期的普遍下挫。因此，预计 2020 年的全球经济会不可避免地大幅下挫，且回升乏力。但是，全球住房市场则受益于主

---

① 如非特别说明，本章有关中国的表述仅限大陆地区，不含香港、澳门和台湾地区。

要经济体为应对新冠肺炎疫情而推出的强力宽松政策。在实体经济难以重启的背景之下，扩张的货币将主要流入金融领域并带动与之关系紧密的住房市场。因此，扩张力度较强的发达经济体会呈现出较好的住房市场发展态势。与之相对，东亚等新兴经济体及发展中经济体的住房市场则会因为货币扩张力度较弱而相对处于弱势。中国对全球住房市场的影响，体现在经济增速放缓与住房市场趋弱上，但是其影响是长期的，短期内尚不能体现。新冠肺炎疫情下各国对人口流动的限制政策，会进一步弱化中国与全球住房市场的关联。

一　2018—2019 年全球经济与住房市场形势分析

（一）全球经济形势：短期放缓，长期乏力

2018—2019 年的全球经济增速并不理想。尽管与全球经济的低谷年份相比，其经济增速仍然较高，但是已经远远落后于之前的经济高涨年份。可以认为，2008 年的国际金融危机已经改变了全球经济的变动趋势，除非全球经济得以重塑，否则很可能再难以出现全球经济增速极度高涨的景象。

2018 年的全球经济增速无疑高于之前的历次经济低谷（见表 2-1），但是考虑到全球经济存在 4 年左右的短周期，2018 年应处于经济周期中的高涨阶段（见图 2-1），那么此轮经济周期较之前的经济周期要低迷很多。2008 年的国际金融危机成为经济周期的分水岭。在 2008 年之前，全球经济短周期呈现出较大的波动，在经济周期繁荣阶段的经济增速也较高，整体走势趋于上行。2008 年之后，全球经济短周期的波动性明显减小，繁荣阶段的经济增速也变得较低。这一变化可归因于主要经济体对经济干预力度的增强。积极的宏观干预虽然降低了个别经济体的宏观风险，但是由于全球的宏观政策始终缺乏统一的协调，所以全球经济几乎陷入了竞相维护自身利益的囚徒困境，在宏观波动下降的同时也抑制了全球经济整体回升的动力。因此，除非全球宏观政策得到统一的协调，或是全球经济被重塑而降低宏观调控的需求，否则全球经济虽然大幅下降的可能性很小，但是短期之内仍会表现为经济放缓，甚至在较长时期内也难以预期到有力的回升。

第二章 世界经济与住房市场形势分析与预测

表 2-1　　　1982—2018 年部分年度的世界 GDP 增长率　　（单位：%）

	1982 年	1991 年	2001 年	2009 年	2010 年	2012 年	2015 年	2016 年	2017 年	2018 年
IMF 数据	0.373	1.921	1.707	-2.013	4.096	2.618	3.509	3.390	3.811	3.605
世界银行数据	0.424	1.419	1.945	-1.686	4.280	2.513	2.853	2.565	3.165	3.039

注：基于不变价与市场汇率计算。与之前年份相比有所调整。

资料来源：IMF 网站（World Economic Outlook）、世界银行网站（World Development Indicators）。

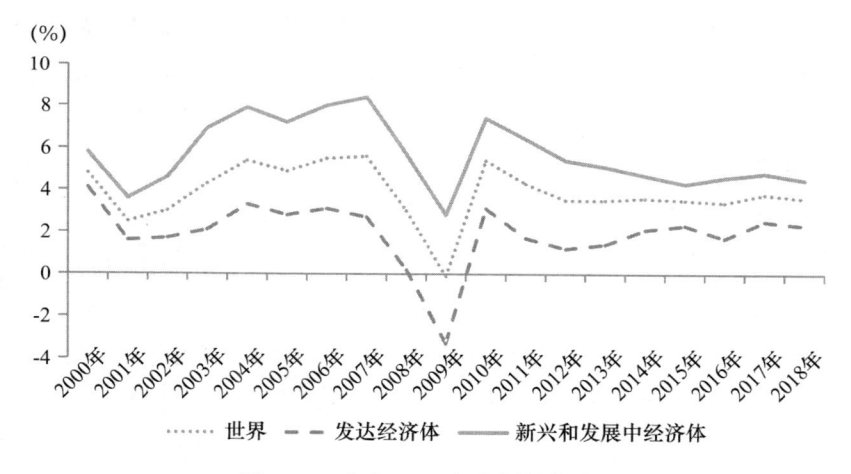

图 2-1　全球 GDP 年度增长率对比

注：基于不变价和购买力平价计算。

资料来源：IMF：World Economic Outlook Database, October 2019。

积极的宏观干预使得 2019 年年初的许多悲观预期并未成为现实。尽管 2018—2019 年的全球经济增速较低，但是并未出现全球性的危机。在所有的悲观预测中，美国经济的崩溃是核心假设。但是，全球经济周期的波动性减小意味着全球宏观干预力度的整体增强，作为全球宏观政策的关注对象，特朗普政府和美联储对宏观干预更是表现出积极的一面。历史的经验表明，危机很少在政府积极干预下出现。因此，尽管全球经济放缓，危机却并未发生。

经济增长的乏力更多地体现在新兴经济体上。新兴经济体一直是全球经济发展的主要动力。2011 年以来，发达经济体的最高年增速不过

2.5%，新兴经济体与发展中经济体的经济的年均增速则通常在4.5%以上。但是，新兴经济体的经济增速远低于国际金融危机之前，2003—2007年，新兴与发展中经济体年经济增速超过7%（见图2-1）。新兴经济体的动力缺乏是内外因素共同作用的结果。外部因素，是发达经济体的消费增速下降，放缓了对新兴和发展中经济体的需求；内部因素，是大多新兴和发展中经济体依赖低廉的人力成本或资源成本，所获得的附加值较少，其分得的经济增值在外部需求下降时格外容易缩减。

新兴和发展中经济体中的分化无疑是较大的，即使是在其中发展较好的金砖国家中也是如此。目前，金砖国家不仅成为新兴和发展中经济体中的佼佼者，还形成了以之为核心的合作机制，这是后续提出的"薄荷四国"的概念难以取代的。然而，金砖国家已经明显形成两个梯队。第一梯队是中国和印度，一直保持着较高的经济增速；第二梯队是俄罗斯、巴西、南非，其经济增速在国际金融危机之后急剧下滑，并陷入较为严重的经济困难。因此，对全球经济增长而言，新兴和发展中经济体中只有中国和印度具有较为重要的意义。2018—2019年，中国和印度的经济增速均在放缓。中国的经济增速在2019年降到6%左右，印度的经济增速则降低到5%左右（见图2-2）。总体来看，新兴和发展中经济体一边在分化，一边在整体上降低了对全球经济的拉动作用。

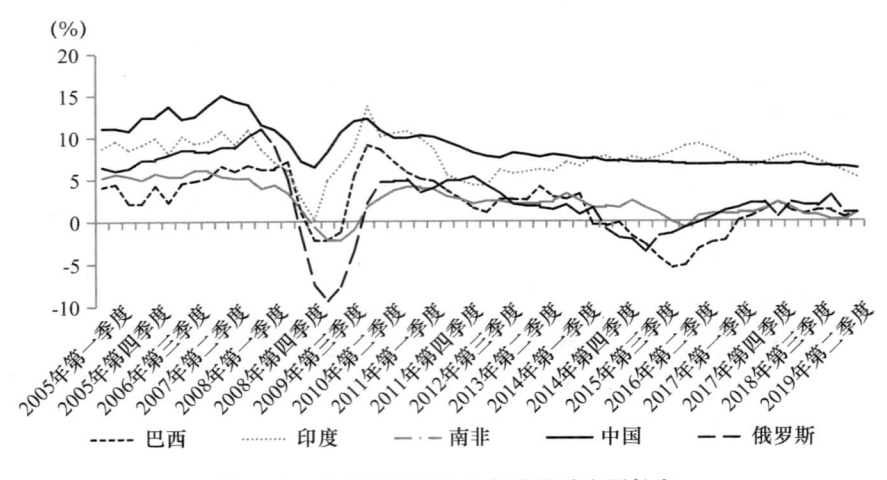

图2-2　金砖国家国内生产总值季度增长率

资料来源：OECD网站。

发达经济体的经济增速也在2018—2019年出现下降趋势。其中，美国的经济增速高于日本、欧元区及OECD国家的平均水平，但是也出现下行趋势。这意味着这一轮全球经济短周期的高峰已过。值得注意的是，日本、欧元区及OECD国家的经济增速峰值较为一致，而美国的经济增速峰值较其他发达经济体有两个季度的后移（见图2-3）。美国与其他发达经济体经济增速的时间错位是在2017年之后出现的，可以视为特朗普"美国优先"政策的结果，也预示着美国和其他发达经济体之间的潜在对立。

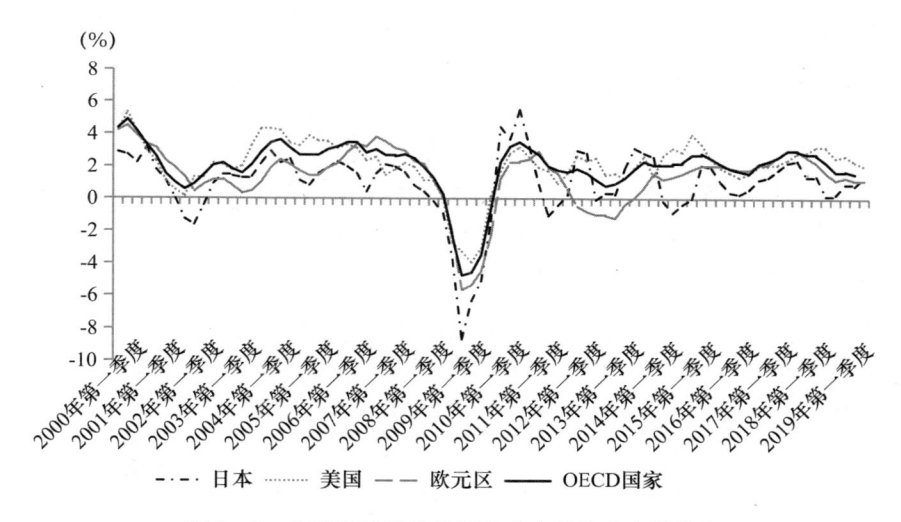

图2-3 主要发达经济体国内生产总值季度增长率

资料来源：OECD网站。

总体来看，我们所认为的全球经济隐忧已经变为现实。由于全球经济发展的动力已经集中于少数发达与新兴经济体，而主要经济体之间的宏观政策（包括贸易政策）始终难以协调，所以全球经济不但在短期放缓，而且在长期也缺乏动力。

为刺激本国的经济发展，全球主要经济体的货币政策大多倾向于扩张。但是，发达经济体与发展中经济体的货币扩张空间与货币扩张效果存在较大差异。发达经济体的物价水平整体较低，更能承受货币扩张所带来的通货膨胀压力，新兴与发展中经济体的物价水平则整体较低，对货币扩张所带来的通货膨胀压力缺乏承受力。并且从 2018 年以来，发达经济体与新兴和发展中经济体在物价上升时的价格差距较大，而物价下降时的价格差距较小（见图 2-4）。这意味着当发达经济体货币政策扩张时，其通货膨胀更多地向新兴和发展中经济体传导，使得货币扩张政策所带来的通货膨胀压力更多地由新兴和发展中经济体承受。

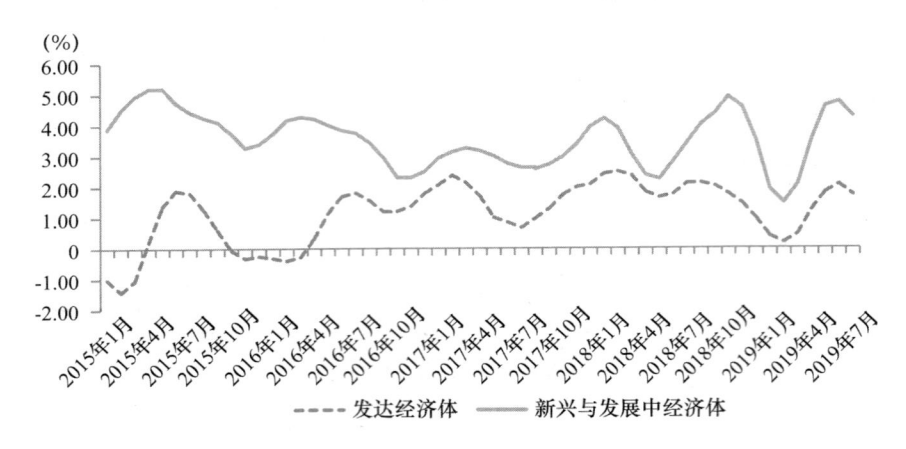

图 2-4 各类经济体消费价格指数增长对比

注：三月移动平均，年度同比。
资料来源：IMF 网站。

发达经济体的物价增速总体呈下降趋势。2010 年以来，发达经济体的通货膨胀呈现出 5—6 年的周期，而 2018—2019 年正处于周期的下降阶段。从主要发达经济体来看，美国、欧元区、日本的通货膨胀率虽有高低之别，但走势高度相似，英国的走势则有所差异，相对平缓。此外美国的通货膨胀走势虽然与欧元区、日本相似，但是更为平缓（见图 2-5）。总的来看，美国、英国的通货膨胀率控制得较好，而日本、欧元区则面临较为严重的通缩压力。

新兴与发展中经济体的通货膨胀周期不如发达经济体明显，但是在金砖国家也可以辨认出 2—3 年的短周期。然而，各个经济体在每个通货膨胀周期中的表现却存在很大差异。印度的通货膨胀率很低，通货膨胀的波动率也很低。尤其在 2012 年下半年之后，通货膨胀率的波动非常小，一些看似重大的事件，如穆迪"废钞"，其通货膨胀率也几乎观察不到任

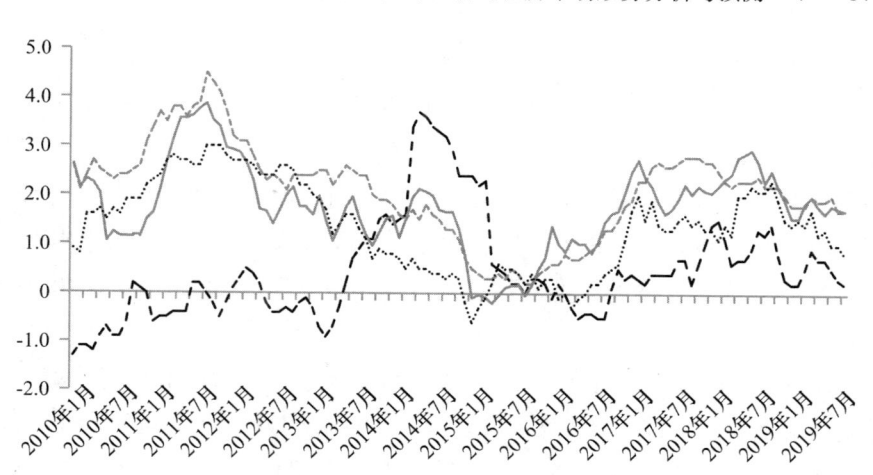

图 2-5 主要发达经济体消费价格指数同比增长

资料来源：OECD 网站。

何反应。对于中国、俄罗斯等金砖国家而言，2018—2019 年处于通货膨胀短周期的上升阶段，通货膨胀率普遍处于上升趋势，这是与发达经济体恰好相反的现象。并且这些国家的通货膨胀率波动也较之前变小（见图 2-6）。总体来看，新兴与发展中经济体的物价水平在 2018—2019 年整体上升，并且波动幅度收窄。

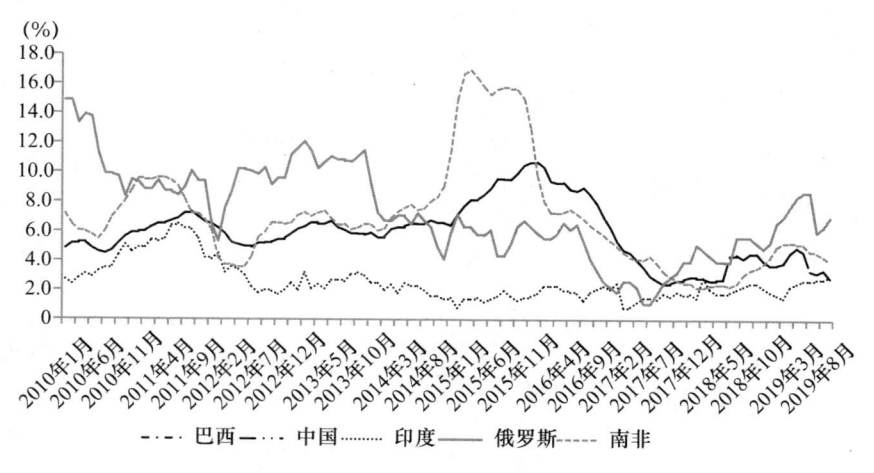

图 2-6 金砖国家消费价格指数同比增长

资料来源：OECD 网站。

全球的就业率分化是一个长期现象。既在发达经济体与新兴和发展中经济体之间分化，又在发达经济体内部及新兴和发展中经济体内部分化。相比较而言，发达经济体内部的分化较小，而新兴和发展中经济体内部的分化较大。总的来看，2018—2019 年的全球的就业率趋于稳定，但部分新兴经济体显然丧失了发展动力，始终保持着较高的失业率水平。

核心发达经济体的就业状况要好于发达经济体的平均水平。2018—2019 年，作为核心发达经济体的 G7[①] 的失业率不但显著低于 OECD 国家的平均水平，而且其失业率持续下降。与之相比，OECD 国家的平均失业率稳定在 5.2% 左右（见图 2-7）。这一方面表明发达经济体的就业状况在整体上已经难以出现大的改善，另一方面表明核心发达经济体仍有能力提高其就业水平。

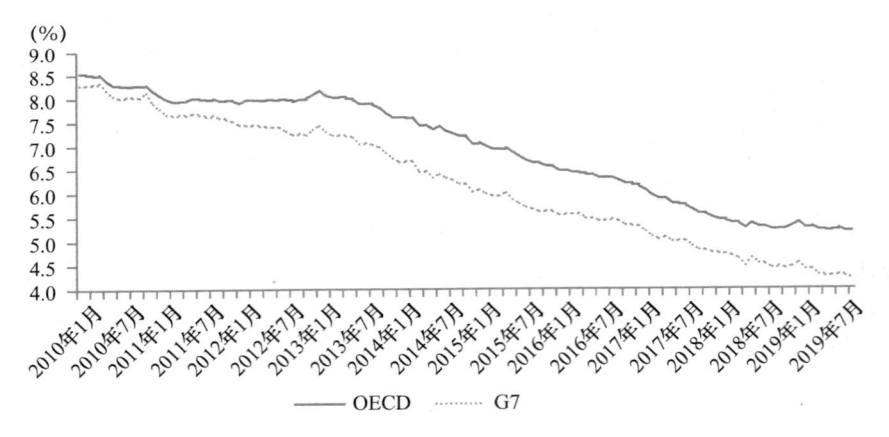

图 2-7 OECD 国家与 G7 的月平均失业率对比

注：失业率数据为调和失业率（Harmonised Unemployment Rate），即计算失业率时已按首次求职人士占劳动人口比例的季节性差异作出调整。

资料来源：OECD 网站。

新兴与发展中经济体的就业则可分为两个极端：一个极端是具有极好的就业状况，如中国和俄罗斯，其中，俄罗斯尽管经济增速较低且物价增速走高，但是其就业状况持续良好，中国的各项宏观指标则在全球

---

① 西方七个最大的工业化国家：美国、英国、法国、德国、日本、意大利和加拿大。

范围都处于较好的水平；另一个极端是就业状况极差，如巴西、南非，这些国家不但失业率非常高，经济增速也降到了很低的水平（见图2-8）。由于相对中国、俄罗斯而言，巴西、南非等国家对欧美发达经济体的依附性更强，所以可以认为新兴与发展中经济体的就业状况分化源于经济依附性的差异，经济依附性越强，受发达经济体经济放缓的冲击越大，其就业状况也越差。

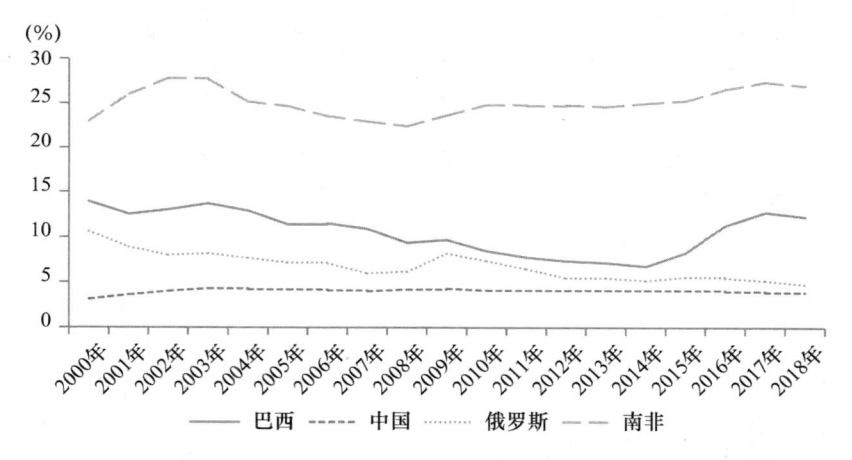

图2-8 巴西、中国、俄罗斯与南非的年平均失业率

资料来源：IMF网站。

全球贸易的短周期为3—4年。2018—2019年正处于贸易周期的下行阶段，贸易增速也大幅下降。在全球经济低迷的背景之下，美国挑起了贸易战。尽管其直接目标是中国，但是在"美国优先"的政策导向之下，美国对其他国家的贸易政策也趋于保守。总体来看，无论是发达经济体还是新兴和发展中经济体，其进口与出口都趋于低迷（见图2-9和图2-10）。但是，这一低迷程度要弱于2015—2016年的贸易低谷，与2012年的贸易低谷大致相当，仍不能算2008年国际金融危机以来的最差水平。

经济低迷与经济增速的分化带来双重影响：一是全球资本流动减弱，二是资本的避险倾向增强。全球资本流动放缓的趋势已经非常明显，根据联合国贸易和发展会议发布的《2019年世界投资报告》，2018年全球

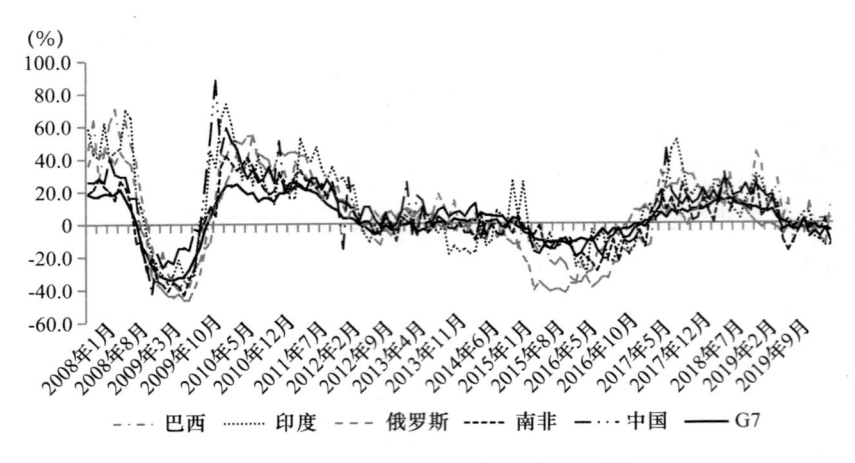

图 2-9 金砖国家与 G7 进口额月度同比增长对比

资料来源：OECD 网站。

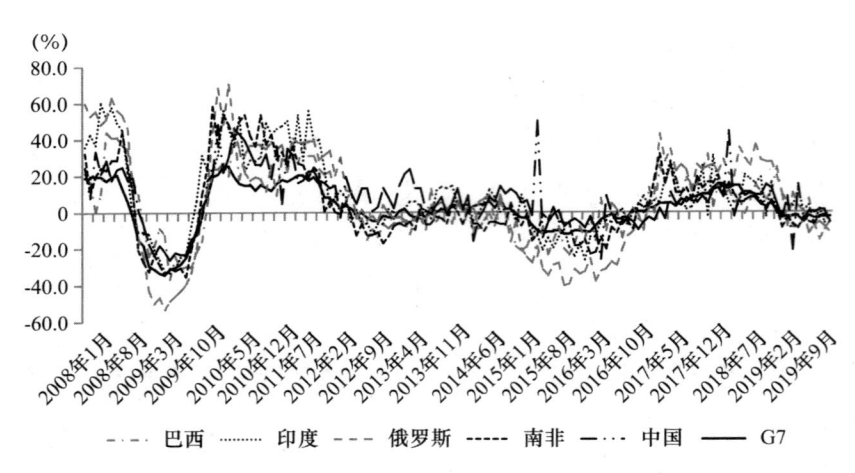

图 2-10 金砖国家与 G7 出口额月度同比增长对比

资料来源：OECD 网站。

外国直接投资（FDI）较 2017 年下降 13%，为 1.3 万亿美元。这已是全球 FDI 连续第三年下降。但是，全球资本流动的下降促使资本有了更高的避险需求，也促使许多经济体通过强化对资本流动的干预来吸引资本流入。货币扩张与资本流入存在天然的矛盾。为向经济中投放更多的货币，央行需要以种种政策压低利率，但是，在资本自由流动的环境下，低利率会促使本国资本向境外流出。因此，对许多经济体而言，货币政策不但要在经济增长和通货膨胀之间权衡，还要考虑货币政策对资本流出的影响。

在发达经济体中，最为明显的是美国的利率水平与欧元区、日本的差异。美国的基准利率在2018—2019年达到顶峰，并从2019年5月起逐步下降。日本和欧元区的基准利率则持续为负，并且欧元区的负利率更加明显（见图2-11）。利率水平的差异使得美国更具有资本吸引力，并继续成为2018年最大的外资流入经济体。联合国贸易和发展会议发布的《2019年世界投资报告》显示，其资本流入量（FDI）为2520亿美元。

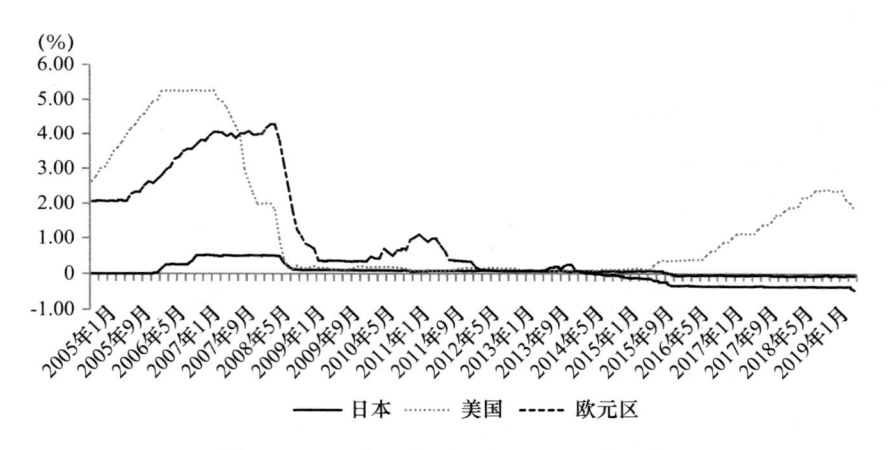

图2-11　日本、美国、欧元区的基准利率

注：利率为银行间市场隔夜拆借利率，其中欧元区为隔夜拆借利率平均指数。
资料来源：OECD网站。

但是，发达经济体对资本的吸引力仍小于新兴与发展中经济体。比如美国，虽然其资本净流入为2018年全球经济体首位，但是较2017年仍下降了25亿美元，与之相比，中国的资本净流入不但是2018年的第二名，而且较2017年有所上升[①]。新兴与发展中经济体对资本的吸引力更多地体现在其收益率上，尽管新兴与发展中经济体的经济增速也已放缓，

---

① 联合国贸易和发展会议：《世界投资报告2019》，https：//unctad.org/en/PublicationsLibrary/wir2019_overview_ch.pdf.

但是其收益率仍高于发达经济体，表现在基准利率上，即其基准利率远高于发达经济体（见图2-12）。这样，只要汇率随利率的变化不是非常灵敏，那么新兴与发展中经济体就总是较发达经济体更具有资本吸引力。2018—2019年，以金砖国家为代表的新兴与发展中经济体的利率已经趋于稳定，对资本的吸引力也趋于稳定。联合国贸易和发展会议发布的《2019年世界投资报告》显示，流入发展中国家的投资在2018年增长了2%，基本保持稳定。

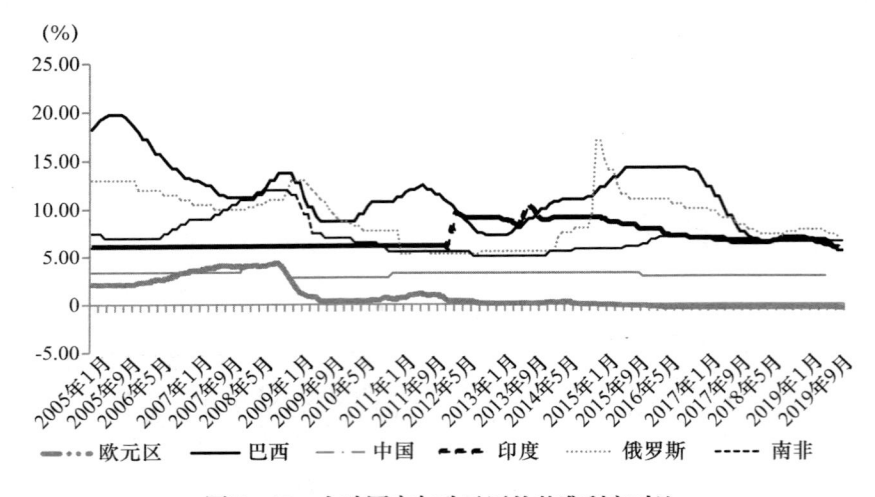

图2-12 金砖国家与欧元区的基准利率对比

注：巴西为联邦基金利率，中国为央行贴现率，印度为央行贴现率，俄罗斯为联邦再融资利率，南非为贴现率。巴西2019年7—10月数据空缺，中国和印度2019年10月数据空缺。

资料来源：OECD网站。

总体来看，我们对2018—2019年的全球经济发展趋势作出以下判断：全球经济已经度过了高涨阶段，并且长期增长乏力。但是，在各国对宏观经济的积极干预之下，全球经济的波动性已经降低。

（二）全球住房市场形势："欧强美弱"格局，政治因素影响力度增大

在全球住房市场中，北美、欧洲与东亚是主要的组成部分，这是由其巨大的体量所决定的。欧美的大都市和新加坡、中国香港地区则处于

全球住房市场的价格高端,成为全球住房市场变化的风向标。2018—2019年,美国和英国住房市场出现显著的低迷趋势,但是其他地区的住房市场则出现回暖趋势。其中,欧洲大陆整体的走势较好,对难民持保留态度或是有较大的人口基数来消化难民的国家和地区更是有着非常好的住房市场走势。这表明,2018—2019年的全球住房市场是经济与政治双重因素共同作用的结果,除传统的经济前景等经济因素之外,政治因素的影响力度正日益变强。

北美、中国香港、澳大利亚等传统热点地区的住房市场出现大幅度下挫,使得2018—2019年的全球住房市场增速呈不断下降的趋势,但是这一增速在2010年以来仍属于中间水平。按照住房市场呈现的为期3—4年的周期,2018—2019年应当处于复苏过程之中。但是全球经济的长期增长乏力也波及了住房市场,使得2018—2019年的全球住房市场仍处于周期的下降段。莱坊(Knight Frank)全球房价指数显示,从2018年第四季度开始,全球住房价格的增速便持续下降(见图2-13)。

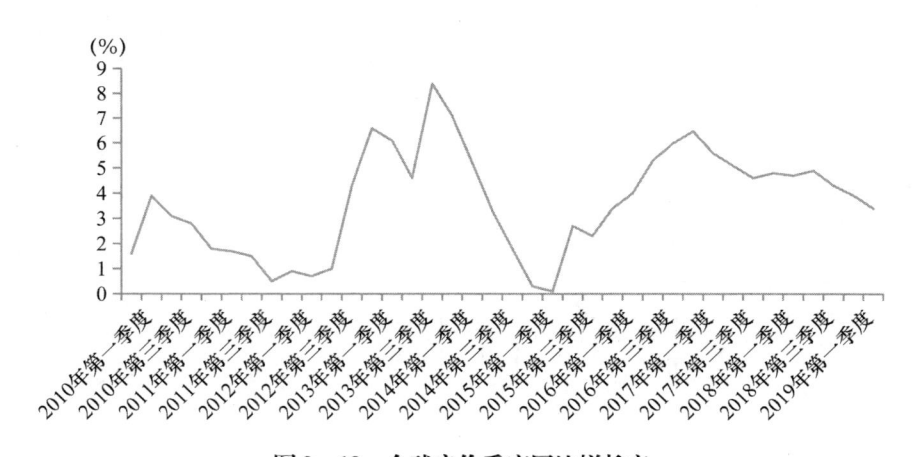

图2-13　全球房价季度同比增长率

注:全球房价取莱坊(Knight Frank)全球房价指数。
资料来源:Knight Frank Residential Research.

但是,2018—2019年的全球住房市场并非普遍低迷,许多国家和地区有着较好的住房市场价格增速。这一方面是由于之前住房市场价格增速在较长时期放缓后均出现较强劲的反弹(见图2-13),另一方面是欧洲主要经济体的住房市场已经开始复苏，亚洲的住房市场也仍然有较好的增速。

2018—2019年的全球住房市场表现出两种截然不同的走势。对于传统的住房市场热点地区，表现为较大幅度的回调；对于热点地区之外的更加广阔的地域，则表现为稳步的复苏。在传统的住房市场热点地区中，北美的住房市场由高涨转为较大幅度的回落，尤以加拿大表现得最为明显，中国香港与澳大利亚的住房市场也急剧衰落。在传统热点地区之外，中欧住房市场的复苏最为明显，德国、奥地利的住房市场均在稳步回升，亚洲处于交通要道的新加坡呈现复苏，作为欧亚连线终点之一的日本则从高位回落。值得注意的是，包括移民问题在内的政治因素对住房市场开始产生较大的影响，北欧、加拿大、澳大利亚等国家和地区的住房市场增速下挫均与移民政策有着较大的关联（见表2-2）。

表2-2　　各大洲典型国家或地区的房价变动趋势　　（单位：%）

		国家/地区	季度同比增长率		季度环比增长率
			2019年第一季度或第二季度	2018年第二季度	2019年第一季度或第二季度
美洲	北美	加拿大	0.5	14.2	1.2
		美国	3.1	5.8	2.3
		墨西哥	9.2	6.9	2.4
	南美	巴西	0.2	0.2	0.1
欧洲	北欧	瑞典	0.2	9.4	0.1
		挪威	2.1	6.9	2.9
		冰岛	2.0	23.2	0.8
	中欧	德国	5.2	4.7	2.0
		奥地利	7.3	4.9	2.9
	西欧	英国	0.9	2.8	1.4
		法国	3.2	2.8	0.8
	南欧	意大利	-0.2	-0.2	-0.5
		西班牙	3.7	3.2	0.6
		希腊	7.7	-1.8	3.5
	东欧	俄罗斯	6.9	5.5	0.5

续表

	国家/地区	季度同比增长率		季度环比增长率
		2019年第一季度或第二季度	2018年第二季度	2019年第一季度或第二季度
亚洲	东亚 中国大陆	10.9	9.6	2.0
	东亚 中国香港	2.7	21.1	6.8
	东亚 韩国	3.2	1.3	0.9
	东亚 日本	3.3	-0.2	-1.1
	中亚 土耳其	1.7	12.7	1.8
	东南亚 马来西亚	1.3	5.3	-0.9
	东南亚 印度尼西亚	1.5	3.2	0.2
	东南亚 新加坡	1.4	-2.1	2.0
	南亚 印度	0.6	7.3	0.7
大洋洲	新西兰	4.5	4.9	0
	澳大利亚	-7.4	-0.6	-0.7
非洲	南非	3.5	4.0	1.4

注：Knight Frank 2019年第二季度、第三季度报告中均未披露西班牙2019年第二季度数据，西班牙2019年第二季度数据以2019年第一季度和第三季度数据的算术平均值代替。

资料来源：Knight Frank 2018年第二季度、第三季度及2019年第二季度、第三季度全球房产价格指数研究报告。

全球住房市场呈现"欧强美弱"的格局，并且政治因素对住房市场的冲击更为显著。

对欧洲，我们主要基于经济体量，重点关注德国、英国与法国的住房市场。其中，德国的住房市场走势最强，英国则最弱。德国的住房市场从2010年起便一路上扬，2018年第三季度的年度同比增长率更是达到了8.1%，之后的增长率虽有下降，仍保持在7%以上（见图2-14）。德国的住房市场高涨，在一定程度上是移民推动的结果。传统上，德国居民大多通过租房而非购房来满足住房需求，并且对租金的上涨有着严格的管制。但是，大量涌入的移民改变了各国住房市场的状况。作为新增的住房需求，移民的租金不受租金管制制度的限制，并且对租金的管制反而会促使出租方提高租金，以弥补未来租房市场高涨而租金又因管制而不能增加的损失。租房市场的高涨形成倒逼机制，更多的德国居民倾向于购房而非租房，从而带动了住房市场的上升。此外，德国的经济虽然仍低迷，但是欧债危机已经基本结束，德国作为欧盟最重要的经济体，必然是最大的受益者，加上欧洲央行持续的货币扩张，金融机构也更乐于提供住房贷款，从而对住房市场形成进一步的推动。法国的住房市场则从2016年起复苏，在2017—2019年保持稳定的低速增长，住房市场价格的年度同比增长率维持在3%左右（见图2-15）。英国的住房市场则

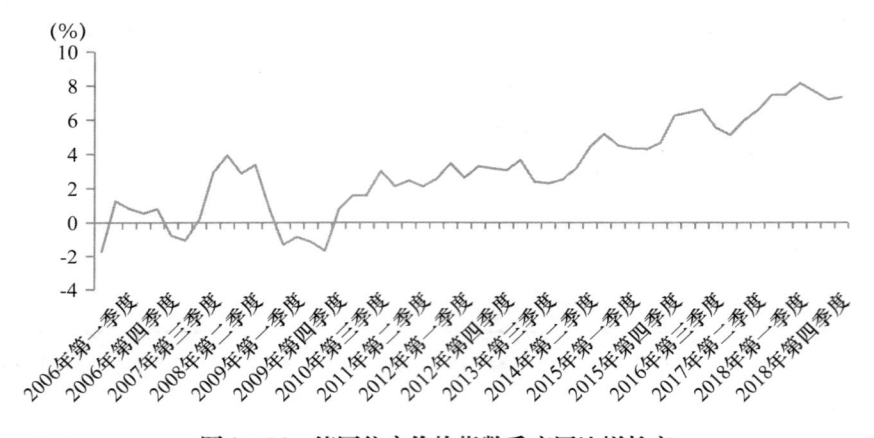

图 2-14　德国住房价格指数季度同比增长率

资料来源：http://sdw.ecb.europa.eu.

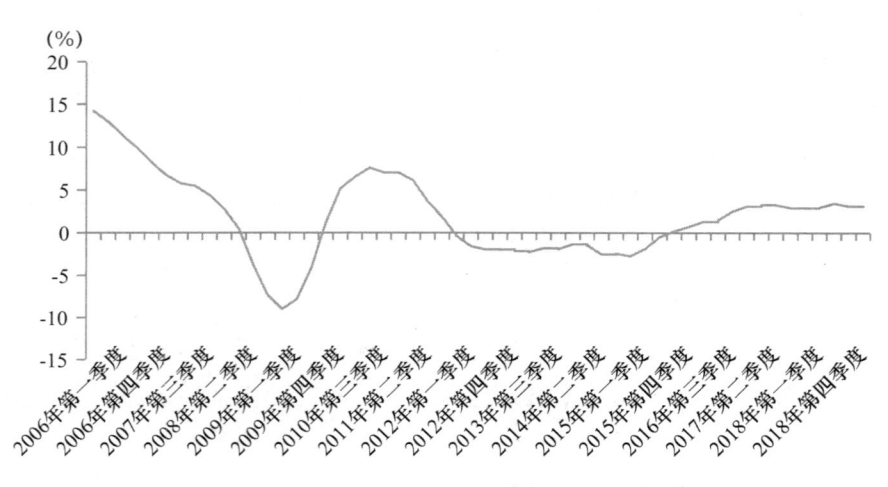

图 2-15　法国住房价格指数季度同比增长率

资料来源：http://sdw.ecb.europa.eu.

恰好相反，其住房市场价格从 2014 年第三季度起便持续下行。2018—2019 年，英国住房市场的价格增速继续下降，并在 2019 年第三季度创下新低，为 0.3%（见图 2-16）。英国与法国住房市场的反向关联与英国脱欧密切相关。在英国的脱欧进程中，大量的高净值人士重新安排其住所，以适应税收等政策的变化。作为邻国，法国便成为最大的受益者。从 2010 年起，英国住房市场增速下降阶段几乎对应着法国住房市场的上升阶段，反之亦然。加上法国大城市的新房供给严重不足，其住房市场得到进一步的推动。

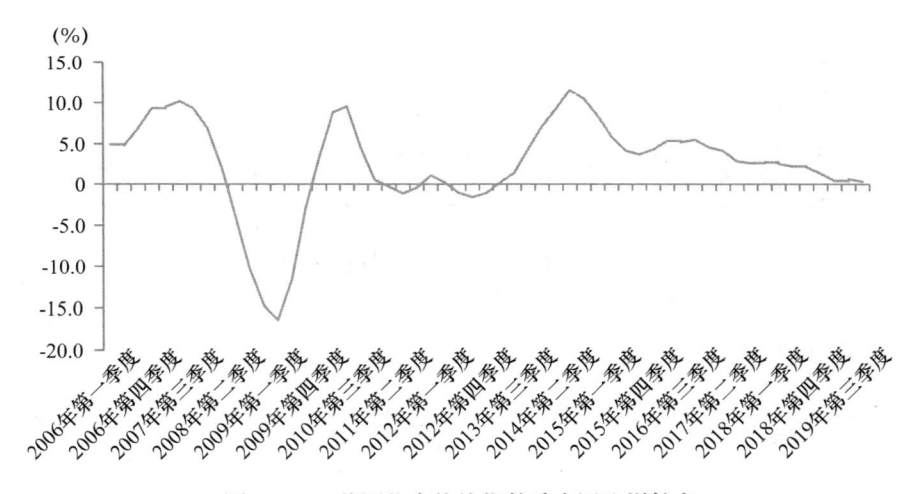

图 2-16　英国住房价格指数季度同比增长率

资料来源：https://www.nationwide.co.uk/.

对美洲，最重要的是美国和加拿大的住房市场。虽然在 2018—2019 年有着相似的走势，但是走弱的幅度与走弱的原因存在较大差异。美国的住房市场价格增速从 2018 年 4 月起出现下降趋势，之后一路下挫，从 2018 年 7.4% 的增长率降至 2019 年 8 月的 4.6%（见图 2-17）。对美国的住房市场而言，最重要的因素仍为经济因素。特朗普的"美国优先"政策使得美国呈现一定程度的孤立，并在一定程度上隔绝了移民问题的影响。但是，对美国经济发展前景的担忧仍导致美国住房市场增速出现稳步下降的趋势。加拿大的住房市场价格从 2017 年 8 月起便呈快速下降趋势，2018 年下半年虽有小幅反弹，但很快又恢复下降趋势。2019 年 7

月，加拿大的住房市场价格增速低至 0.44%，已经处于极为低迷的状态（见图 2-18）。但是，加拿大的住房市场集中在少数城市，尽管其房价水

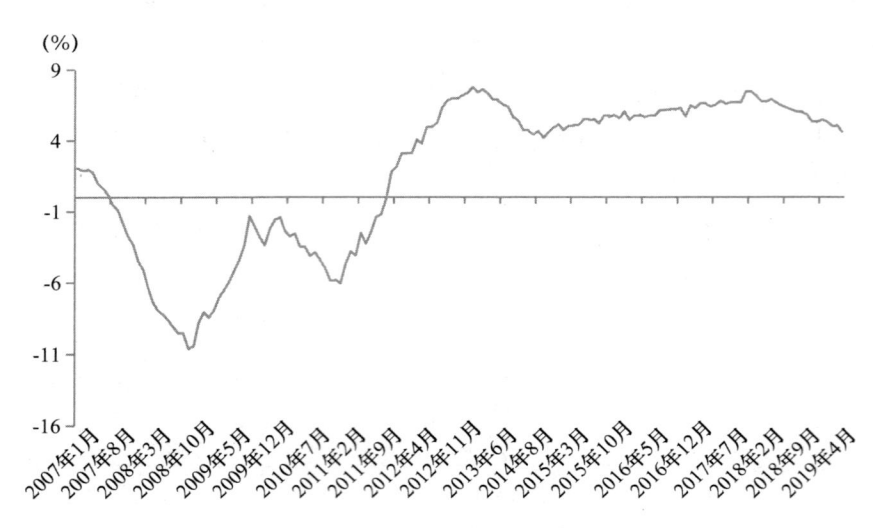

图 2-17 美国住房价格指数月度同比增长率

注：房屋购买价格指数（purchase-only index）经季节调整。

资料来源：FHFA 网站。

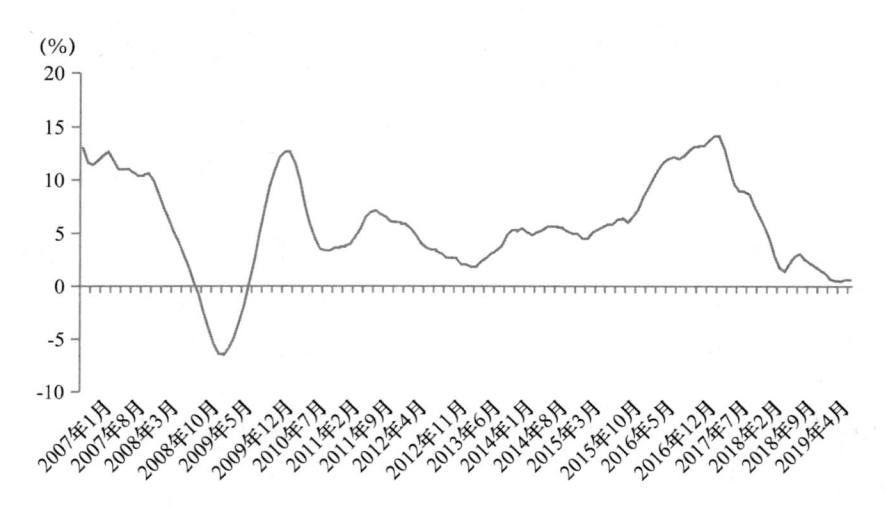

图 2-18 加拿大 11 城市综合住房价格指数月度同比增长率

资料来源：http://housepriceindex.ca/Default.aspx.

平在全球属于最高档，但是需求的变化很容易对住房价格产生巨大影响。如加拿大对住房市场的调控政策减弱，并鼓励移民购房，则加拿大的住房市场仍有反弹的潜力。

从亚洲的住房市场可以明显地看出外来政治冲击的影响。对于政治冲击较弱的经济体，如印度和日本，可以看出与经济前景较为一致的房价走势；对于外来政治冲击较强的地区，如中国香港，可以发现住房市场已经受到巨大的冲击。

印度的住房市场价格增速呈较明显的下降趋势，并且其周期性逐渐减弱。从2011年第三季度到2016年第一季度，印度的住房市场出现两年左右的短周期。但是，这一短周期在2016年之后趋于消失，并且在2018—2019年几乎完全表现为趋势性而非波动性（见图2-19）。据此，可认为印度的住房市场正走向低迷，表2-2所示的高增长率只是印度住房市场在之前高速增长的余波。日本住房市场则始终处于剧烈的波动当中，其振荡的幅度与频度在全球范围内也是非常高的。日本的住房市场存在2—3年的短周期，并且在2013年之后显著缩短。2019年，大致到达此轮短周期的谷底（见图2-20）。总的来看，印度与日本的住房市场虽有波动，但长期仍然主要受经济趋势的影响，存在较强的趋势性。中国香港的住房市场价格增速则在2018—2019年出现背离趋势的大幅下降，

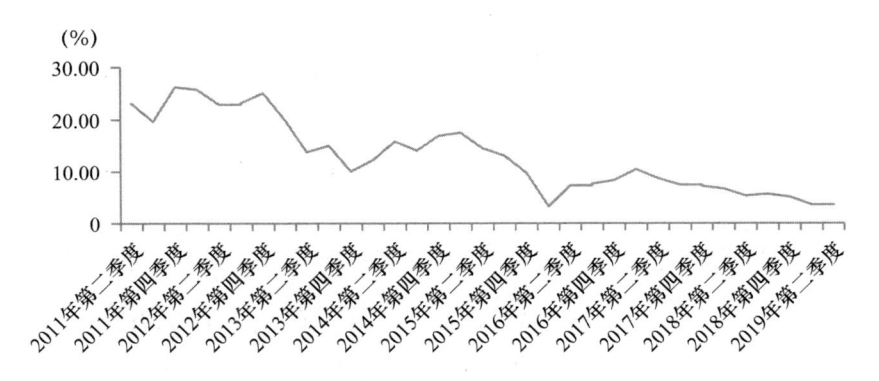

图2-19 印度住房价格指数季度同比增长率

注：2019年第一季度为初步统计数。

资料来源：印度统计局网站 https://dbie.rbi.org.in/.

继续保持着与之前相似的波动性。但是，尤其在进入 2019 年之后，中国香港的住房市场并未沿着短周期进入上升阶段，而是继续下降（见图 2 - 21）。其原因，便是众所周知的由境外挑动的暴力破坏活动。

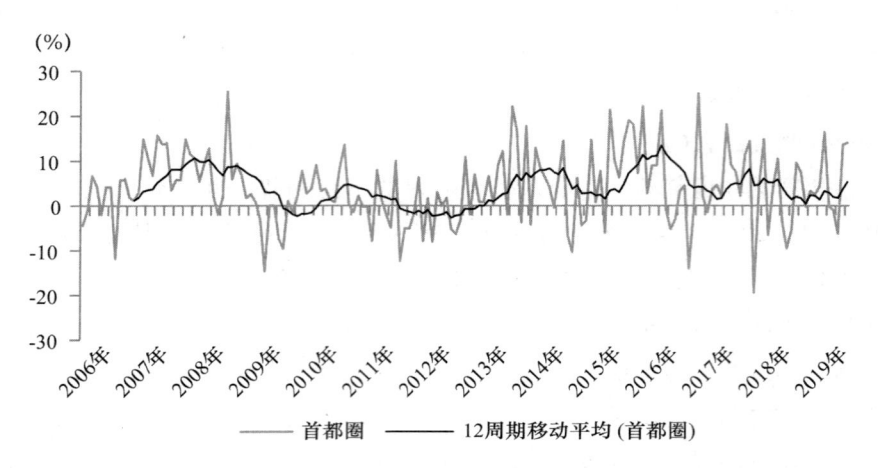

图 2 - 20　日本首都圈新建住宅每平方米单价同比增长率

注：首都圈包括东京都、神奈川县、埼玉县和千叶县。
资料来源：日本土地综合研究所网站，http://www.lij.jp/.

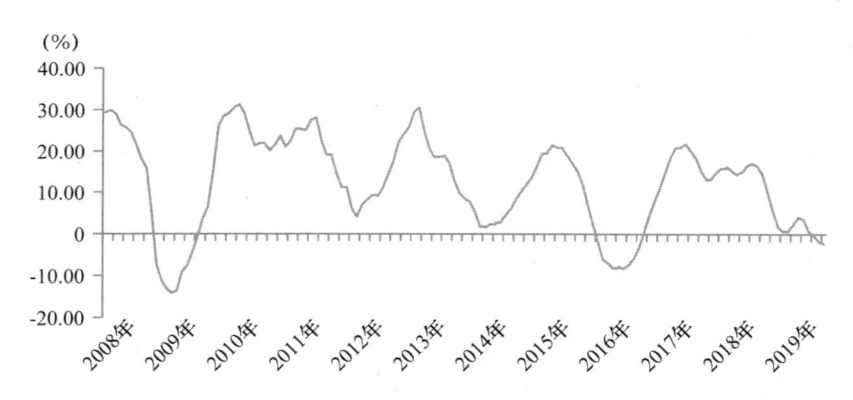

图 2 - 21　中国香港私人住宅售价指数月度同比增长率

注：指数的基期为 1999 = 100。2019 年 7—9 月为临时数字。
资料来源：根据差饷物业估价署网站（http://www.rvd.gov.hk/）数据计算。

总体来看，2018—2019 年的全球住房市场呈现出"欧强美弱"的格局，即欧洲大陆的住房市场整体向好，英国和美国住房市场则逐渐趋弱。

这一格局的经济基础,是英国和美国被看衰的经济前景和欧元区在欧债危机结束之后将逐渐恢复正常的经济走势。但是,政治因素对全球住房市场的影响力已经不容忽视。一是移民问题。移民创造了新的住房需求,既包括移民本身的住房需求,也包括原有居民因移民涌入而迁居他处所带来的住房需求。移民也使得为稳定居住居民所设计的房价控制制度失效,从而让住房市场失去了制度制约。二是脱欧问题。这一问题是原有的区域一体化组织剥离、解体或重组的突出表现,与之相应的是一国住房市场需求向邻国的急剧流失。三是部分国家以人权等政治工具对外干涉,一般而言,局部地区的住房市场总会因此承受巨大的冲击。

(三) 中国住房市场的全球定位:对少数城市产生较大影响,并且受益范围逐渐扩大

2018—2019 年,中国对全球住房市场的影响仍体现在需求端,并集中在少数城市。

供给方面,中国对全球住房市场的影响非常有限。房地产业的对外投资在中国对外投资中的比重并不高。2018 年,中国房地产业的对外投资并购为 3.5 亿美元,仅占全部对外投资并购的 0.5%,较 2017 年下降 70%;对外投资流量为 30.7 亿美元,仅占全部对外投资流量的 2.1%,较 2017 年下降 55%。受对外投资流量萎缩的影响,2018 年的房地产业对外投资存量为 573.4 亿美元,占全部对外投资存量的 2.9%,仅较 2017 年增长 7%(见表 2 - 3)。可以认为,中国房地产业的资本输出较为有限,而且逐渐萎缩。考虑到中国房地产业的对外投资主要在商业房地产,所以对全球住房市场的影响是非常小的。

表 2 - 3   2018 年中国房地产业对外投资与全部对外投资比较

(单位:亿美元,%)

	房地产业	全部行业	房地产业所占比重
对外投资并购	3.5	742.3	0.5
对外直接投资流量	30.7	1430.4	2.1
对外直接投资存量	573.4	19822.7	2.9

资料来源:《2018 年度中国直接对外投资统计公报》。

需求方面，中国对特定城市的住房市场仍有显著影响。这一影响主要来自高净值人群。中国的高净值人群在海外置业呈现出两个明显的特征：一是社区聚集，甚至形成华人区；二是与教育相关，即使是自住，也会以子女教育为导向。与之相应，高等教育发达的城市便成为置业的重点。并且，由于中国学生所受的外语教育以英语为主，所以移民的去向主要是英语国家。胡润研究院发布的白皮书显示，教育质量是高净值人群移民的主要原因，并且美国、加拿大、澳大利亚、英国和爱尔兰占据移民目的地的前五名①。中国高净值人群的增长会给这些国家的高等教育发达城市带来持续增长的住房需求，并且住房也倾向于中高档。但是，社区聚集与注重教育的特点，使得从中国高净值人群受益的城市只局限在洛杉矶、纽约、波士顿乃至温哥华等少数城市的范围之内。

中国对全球住房市场的另一种影响途径是跨国城市圈内的示范效应。在《全球城市竞争力报告（2017—2018）》中，已经观察到跨国城市群的存在，并且中国、日本和韩国的高房价城市构成了典型的跨国城市群。跨国资本流动的障碍，使得三个国家之间的城市并未表现出虹吸效应，而是在一定程度上相互促进，并且三个国家的住房市场价格在2018—2019年均表现出好与相对较好的走势（见表2-2）。可以认为同一跨国城市圈内的大型城市之间会存在示范效应，一国大型城市的良好走势也会对相邻国家的大型城市产生带动作用。据此，我们认为中国住房市场在短期内会对跨国城市圈内的住房市场起到促进作用，长期来看可能通过"一带一路"倡议对欧洲甚至沿线发展中经济体的住房市场起到一定的拉动作用。

相对而言，海外住房市场对中国住房市场的影响极为有限。除跨国城市群内住房价格的相互示范之外，几乎不会通过供给和需求渠道产生影响。供给方面，2018年，中国房地产开发企业到位资金中的外资仅为108亿元，较2017年下降35.8%，仅占全部房地产开发企业到位资金的0.07%，其直接影响几乎可以忽略不计②。需求方面，中国对海外移民和

---

① 《2018汇加投资移民白皮书》，2018年11月20日，胡润百富，http：//www.hurun.net/CN/Research/Details? num=5EFB5FAF7475.

② 《2018年1—12月全国房地产开发投资和销售情况》，2019年1月21日，国家统计局网站，http：//www.stats.gov.cn/tjsj/zxfb/201901/t20190121_1645782.html.

外籍人员购房的限制仍然持续，对中国国内住房市场的影响也很弱。

二 2019—2020 年全球经济与住房市场形势预测

（一）2019—2020 年全球经济形势预测：大幅下挫，回升乏力

与前一年度相比，2019—2020 年的全球经济有着更多的不确定性。各类经济前景的预测指标之间存在差异，使得各个机构对 2019—2020 年经济前景的预测也存在较大差异。但是，对于新冠肺炎疫情的影响，各个机构普遍持悲观态度。2020 年 6 月，国际货币基金组织在《世界经济展望》报告中将 2020 年的全球经济预期增速下调至 -4.9%，经济下滑程度已经大幅低于 2008 年国际金融危机导致的经济低谷（见表 2-1）。考虑到国际货币基金组织等国际金融机构所具有的全球影响力，这一悲观预期对全球经济会产生进一步的抑制作用。所以，预测 2019—2020 年全球经济将大幅下挫，并且回升乏力。

疫情带来的长期冲击无疑是 2020 年全球经济与住房市场的最重要影响因素。由于疫情长期化，全球经济的周期与趋势都发生显著变化。从周期来看，2008 年国际金融危机也未对经济周期的时间跨度产生明显影响，只是改变了经济周期的波动幅度。因此，可以预期疫情冲击的影响也主要体现在波动幅度，而非时间跨度上，即从 2020 年开始的四年中，经济周期会出现明显的低谷，并且除非出现预期之外的正向冲击，否则之后的全球经济会在更低水平上小幅波动。从趋势来看，全球经济增速已经持续放缓，在疫情长期化这一冲击的叠加之下，经济低迷的趋势进一步强化。

2008 年国际金融危机以来，"黑天鹅"事件几乎每年都有发生，这一方面是由于全球政治经济已经处于百年未有之大变局，另一方面也反映出全球经济缺乏复苏的稳固基础。正是由于复苏缺乏基础，所以尽管经济主体的信心在经济指标好于预期时会得到提升，但是一旦预期之外的负面冲击存在，就会确证全球经济缺乏复苏基础的事实，从而对经济主体的信心形成更大的打击。换言之，"黑天鹅"事件的频繁出现正是全球经济缺乏复苏基础的表现。

2019—2020 年，各个经济体的经济增速普遍出现大幅下挫趋势。此时，经济体之间的分化暂时被经济增速的普遍下挫掩盖。但是，经济体

之间的分化仍在继续。这一方面是由于各国的经济下滑幅度不同，基于新冠肺炎疫情对不同行业影响的差异以及各国在新冠肺炎疫情之下加剧的贸易保护主义，各国受新冠肺炎疫情的冲击并不相同。贸易保护主义会带来更严重的贸易冲突，虽然在2020年仍主要体现为中美之间的贸易战，但是，中美的贸易战势均力敌，在短时间内不可能结束，势必将更多的经济体卷入贸易战之中，加之从贸易周期来看，2019—2020年处于周期的低谷段，所以2020年的全球贸易增速可能仍然会维持在非常低的水平，甚至出现萎缩。另一方面，各经济体在新冠肺炎疫情之后的经济前景预期有着相似的下挫，由于各经济体在新冠肺炎疫情之前的经济前景预期差别较大，所以各经济体在经济前景预期上的反差有着较大差别。援引经合组织商业趋势与消费者意见调查（Business Tendency and Consumer Opinion Surveys，MEI）的数据，并以信心指标（Confidence Indicators）来衡量各个经济体的未来经济前景预期。可以发现信心指标在2020年上半年出现普遍的下降。无论是金砖经济体还是主要发达经济体，信心指标都急剧下降并达到负值。其中，主要金砖国家的信心指标一度超过-40%（见图2-22），主要发达经济体，如美国和欧元区的信心指标

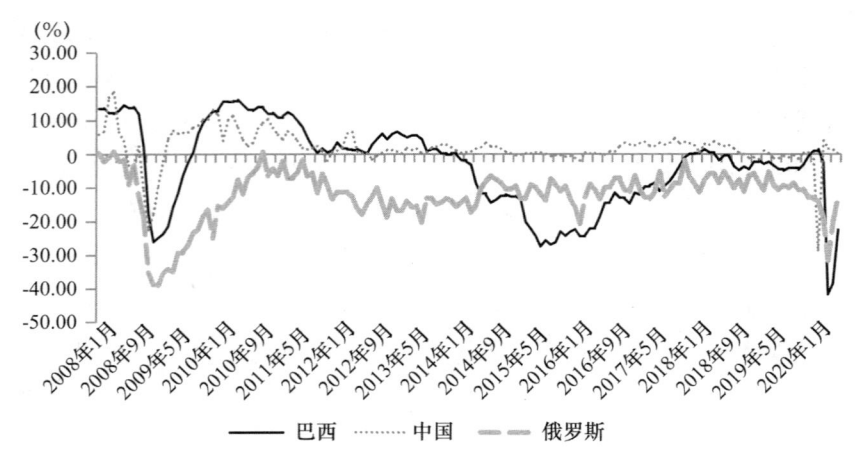

图2-22 巴西、中国和俄罗斯的信心指标

注：采用制造业的工业信心指标，按OECD方法计算，经季节调整。中国2019年10月数据空缺。

资料来源：OECD网站。

也一度超过 -30%（见图 2-23）。这些悲观的预期叠加到本已低迷的全球经济上，使得全球经济进一步趋于低迷。

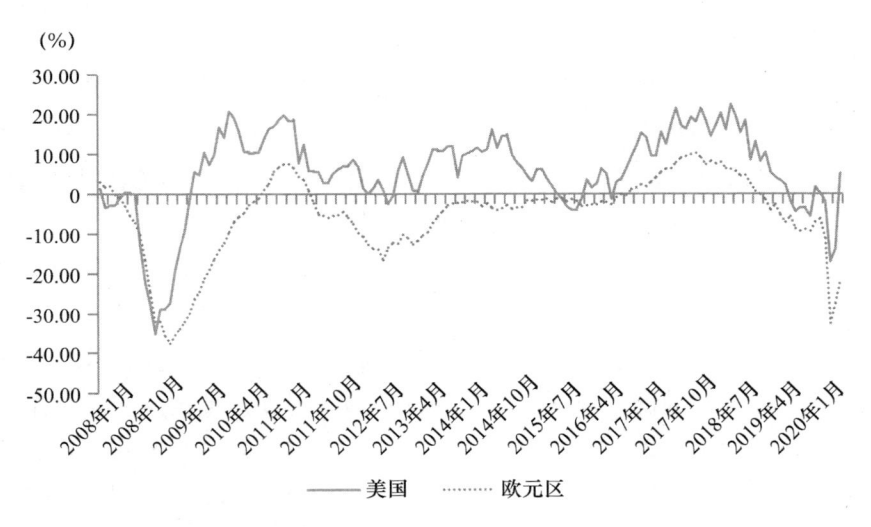

图 2-23 美国与欧元区的信心指标

注：采用制造业的工业信心指标，按 OECD 方法计算，经季节调整。
资料来源：OECD 网站。

低迷的经济会促使主要经济体进行政策扩张。宏观政策方面，发达经济体更有动力在 2019—2020 年继续放松货币政策，但是，新兴经济体的货币政策放松强度会相对较弱。一般而言，货币政策大致上遵守泰勒规则，即与经济增速和通货膨胀相关。发达经济体的经济增速已经普遍放缓，物价指数则已经度过了通货膨胀周期的峰值并在 2018—2019 年出现通缩压力，这些都促使主要发达经济体进行进一步的货币扩张。新冠肺炎疫情暴发之后，全球发达经济体的货币扩张成为现实，主要的问题转为货币政策扩张的幅度究竟会有多大，以及财政政策扩张跟进的幅度。随着新冠肺炎疫情在全球范围内的长期化，可以预期全球经济体的财政与货币政策在较长时间内是高度宽松的。

总的来看，经济周期及经济的长期趋势会使得 2019—2020 年的全球经济增速放缓，而经济增速的放缓会促使发达经济体放松货币政策，从而引发新一轮的货币扩张竞争。货币扩张竞争会进一步导致经济增速的分化，从而使得全球经济在普遍低迷的基础上更加分化。新冠肺炎疫情的暴发则进一步促成了全球经济的低迷，使得全球经济增速出现普遍而大幅度的下降。

（二）2019—2020年全球住房市场预测：与经济走势相反，政策扩张力度为主要影响因素

新冠肺炎疫情对全球经济的冲击也扩散到全球住房市场。但是，住房市场却迎来强劲发展。在各大房地产中介所发布的2020年第一季度全球住房市场价格统计中，均显示疫情初期的住房市场价格呈现较快的增速。

住房市场与经济形势表现的不一致性，可以视作主要经济体货币政策扩张的结果。因此，全球住房市场发展的布局在短期内主要由政策扩张力度和与之相关的避险需求来决定。2019—2020年，全球住房市场可能会出现发达经济体强劲、新兴经济体较弱、发展中经济体低迷的格局。

北美的住房市场会有更显著的增长趋势，并且主要体现在美国。"美国优先"是特朗普政府的主要政策口号，为保证2020年总统大选的成功，特朗普政府会以各种方式维持美国经济的增速及金融市场的稳定，住房市场则会成为经济增长与金融市场稳定的主要受益者。虽然美国住房市场已经出现持续下降的趋势，但是为应对新冠肺炎疫情而进行的大规模货币扩张将成为住房市场的有力强心剂。并且在新冠肺炎疫情长期化，经济重启困难重重的背景之下，扩张的货币主要流入金融领域，与金融市场关系密切的住房市场会得到巨大的推动。因此，美国住房市场在2019—2020年会出现显著的增长。与之相对，加拿大的住房市场则可能成为"美国优先"政策的直接牺牲品。尽管加拿大政府也弱化了对住房市场的干预，但是由于其住房市场集中在少数城市，对各国政策竞争非常敏感，也更容易受"美国优先"政策的冲击，虽然也在进行政策扩张，但是对住房市场的提振作用相对有限。2020年5月，加拿大的住房销售量有所减少，住房市场初步显现出放缓迹象。

欧洲大陆的住房市场则可能在整体上有更好的走势。从经济因素上看，欧洲大陆仍在全球经济中处于核心地位。欧债危机的结束，使得产业链中各个国家与地区的经济前景随之好转。尽管全球经济仍然低迷，但是对住房的购买力已经恢复，发达经济体不断下降的失业率更是为住房市场提供了中坚的购买人群。并且随着欧债危机的结束，中国的高净值人群也开始增加欧洲的置业，进一步提升了局部城市的住房市场需求。从政治因素上看，难民问题在短期内难以彻底解决，新增住房需求仍会持续增长，且新的住房市场管控制度难以在短期内形成。值得注意的是，移民问题的影响在各国并不相同。在人口基数较小且对移民持开放态度的北欧国家，住房价格出现非常明显的下挫；但是在人口基数较大或是对移民持拒绝态度的中欧国家，住房价格则出现非常明显的上升。这可能是因为难民问题引起的对更"安全"的国家或中高端社区的偏好。所以，2019—2020年的欧洲住房市场在整体上会有较好的表现，尤其是中欧、南欧的住房市场可能会有较为突出的表现。

2019—2020年的亚洲住房市场会发展较弱。其主要原因是印度等国家的住房市场已经形成了长期向下的发展趋势，这一趋势不可能在短期内被打破。而日本等国家的住房市场又波动剧烈，虽然从住房市场周期来看处于反弹阶段，但是剧烈的波动性使得反弹的效果并不稳定。中国香港的住房市场则因外来的政治干预而大幅下挫，虽然在街头暴力结束之后或有可能反弹，但是考虑到住房问题是此次暴乱的触发因素之一，之后必然会带来政府对住房市场的较强平抑，所以反弹的基础并不稳固。新冠肺炎疫情的暴发及长期化，则进一步对亚洲住房市场产生抑制作用。

（三）2019—2020年中国住房市场与全球住房市场的互动：仍集中在高端城市，但影响范围分散且趋弱

2019—2020年，中国对全球住房市场的影响仍然主要体现在示范效应和海外置业两方面，但是范围会更分散并且力度也趋弱。

示范效应的趋弱源于中国住房市场的趋稳。在同一跨国城市群中，中国、日本、韩国的住房市场仿佛绷紧的网，网上任意一端的移动都会带来网上其他点的移动。由于中国的住房市场已经趋稳，所以对周边经济体房价的示范效应也在减弱。同时，随着中国宏观经济增速放缓，相关产业链的其他部分也会受到影响，从而向亚洲其他地区传导，对周边经济体住房市场的推动作用也随之弱化。

对高端城市的影响仍旧是高净值人群移民的结果，但是结构会有微调。一方面，原有的高净值人群已经基本完成海外置业，新的海外置业人群在财富水平上相对较低，相对于住房价格已经大幅攀升的旧有移民目标城市而言，新的海外置业人群对房价较低的新兴移民目标城市会有更大的偏好，这会在一定程度上分散海外置业的影响范围。另一方面，原有受益于中国海外置业的城市会继续受益于新增的海外置业需求。由于全球主要的高等教育发达城市布局基本不会有变化，虽然高净值人群的选择范围可能变得更广，但是社区聚集效应的存在使得新兴的移民目标城市很难在短期内吸引大量的高净值移民，所以受益于中国需求的城市大体不变，只是在次序上略有微调。

新冠肺炎疫情对高净值人群移民会有较大冲击。虽然人们尚不认为疫情将长期存在，海外置业的基本布局不会发生大的改变，但是对于人员流动的限制将在短期内抑制中国的海外置业需求，这也使得中国住房市场对全球住房市场的影响进一步减弱。

第 三 章

中国宏观经济报告

——精准调控，努力实现社会经济发展预定目标

汪红驹　冯　明

当前及今后一段时期中国经济面临复杂局面，面对不断回落的全球经济以及不确定、不稳定因素增多的外部环境，为做好"六稳"工作、落实"六保"任务，应多措并举，打赢新冠肺炎疫情防控阻击战，加大改革开放力度，推进创新发展，加大逆周期调节力度，增加有效需求，有效应对价格结构性上涨，完善现代金融体系建设，切实防范化解财政金融风险，推动经济高质量发展，实现小康社会目标。

一　全球经济增长下行风险加大

（一）疫情或将转向常态化，全球经济政治环境面临持续冲击

若新冠肺炎疫情在 2020 年夏天能获得有效控制且在秋冬季节未再二次暴发，预计全球经济将呈现对勾形走势，即在疫情冲击下经济增长出现断崖式下跌，随着疫情逐渐控制经济活动缓慢复苏。然而国际医学界预测认为疫情或将在 2020 年秋冬季节二次大规模暴发，甚至可能和人类长期共存。在有效疫苗大规模投入使用之前，疫情防控或将走向常态化，导致对经济冲击长期化，并对全球政治环境和社会稳定造成持续威胁。一是全球经济或将走向艰难的"W"形复苏。由于各国政府需在保护公众生命健康和减轻社会经济损失之间进行平衡，若疫情浪潮式重来，重启经济和严防疫情政策之间的交替变换将致使经济呈现艰难的"W"形

复苏。二是疫情持续将导致投资和就业更加难以恢复。国际学术界认为这次复苏可能存在所谓的"九成现象",即大疫过后经济只能恢复到九成左右。随着企业破产倒闭,一些投资将永久消失。由于对前景悲观企业投资将更为谨慎,造成投资难以恢复。长时间失业将对人力资本造成侵蚀,致使失业者陷入贫困且重返就业岗位难度加大。三是疫情持续将激化社会矛盾,对社会和政治稳定造成冲击。由于疫情对不同群体的影响并不均衡,中等及以下收入阶层失业骤增、收入骤降,收入分配格局恶化,将激化诸如种族主义矛盾等潜在社会矛盾,冲击社会和政治稳定。此外,全球地缘政治冲突对合作抗疫、恢复经济形成负面影响。

(二) 新冠肺炎疫情持续大流行引发全球经济持续萎缩,全球贸易和跨国投资大幅下降

新冠肺炎疫情全球加速蔓延,伴生的经济大封锁使全球经济陷入20世纪以来范围最广、第二次世界大战以来程度最深的大衰退。IMF和世界银行分别预测2020年全球经济将萎缩4.9%和5.2%。全球经济超预期衰退拖累人均收入,世界银行预计2020年全球人均收入将下降3.6%,可能有数千万人因此陷入极端贫困。

2020年全球贸易额大幅下降,第一季度同比下降约3%,WTO预计第二季度将同比下降18.5%,悲观情形下预计全年将下降32%。疫情冲击之下,2020年全球外商直接投资额预计将同比减少40%,首次降至1万亿美元以下,创15年来新低。

贸易紧张局势、贸易政策的无常变化以及各国货币政策调整,使得国际金融市场大幅波动,金融市场波动性风险上升。一是世界经济下行和各国货币政策宽松的态势导致国际金融市场再次进入超低利率环境,主要发达经济体尤其是欧元区和日本负利率使得债务迅速增加,美国长短期利率倒挂显现。二是面对短期经济下行风险,国际金融市场对长期安全资产的需求上升,新兴市场跨境资金净流入减少,新兴市场货币对美元贬值。三是风险偏好可能频繁转向。超低的利率环境、全球经济的整体性低迷、主要经济体贸易政策行为的不确定性以及其他风险和不确定性的交织,可能带来的结果是投资者风险偏好在上升和下降之间的频

繁变化，以及资产偏好在安全资产和高收益资产之间的频繁变化。这会导致整个国际金融市场特别是新兴市场的波动性和风险急剧增加。

二 疫情防控常态化，中国经济面临复杂局面

中国经济面临复杂局面，新冠肺炎疫情加大经济下行压力，外需萎缩冲击国内生产投资和就业，CPI 和 PPI 走势持续分化，财政收支平衡难度加大，金融市场信用分化等问题不容忽视。

（一）新冠肺炎疫情产生短期冲击，不改中国经济长期增长态势

2019 年中国 GDP 累计增长 6.1%，继续保持在 6.0%—6.5% 的目标区间，但下行压力持续加大。按照可比价格计算，2019 年第一季度经济同比增长 6.4%，第二季度增长 6.2%，第三季度和第四季度保持 6.0%，自 2018 年年初以来连续下行。叠加新冠肺炎疫情对各方面需求和供给、生产和就业的短期影响，中国 2020 年第一季度经济增长 -6.8%，但中国经济韧性强，潜力大，回旋余地大，在有效防控疫情的前提下，通过合理有序、分类管理的复产复工，可以将损失降到最小，度过困难时期。疫情冲击属于暂时的意外冲击，对生产要素供给和生产率不会产生长期影响，不会改变中国经济基本面。相反，通过这次危机，全社会都清楚地看到不足之处，达成了改革共识，这将推动中国全方位的经济改革向更深层次发展。从全球疫情防控和经济发展数据看，中国第二季度疫情防控和经济增长已经为全球树立了典范。

（二）全球疫情对中国经济可能存在长期负面影响

根据 Coronavirus Resource Center 发布的数据，截至 2020 年 7 月中旬，全球累计确诊新冠肺炎患者已超过 1300 万人。一是美国部分地区急于解封复工复产，加上一些地区集会不断，使得新增病例再次爆发性增长。二是巴西、墨西哥等南美洲国家以及印度等发展中国家新增确诊人数加快增长。国外疫情再次加速蔓延，表明新增病例的流行病曲线并未到达顶点，很大可能将远超原有预期。2020 年第二季度中国经济增长好于发达国家，但下半年全球疫情发展以及经济衰退将给中国经济带来严峻的

挑战。一是全球疫情仍在加速恶化，从中期看，中国商品出口受国际经济衰退和国际大封锁影响，发达国家和新兴市场国家对中国传统劳动密集型产品的需求萎缩，与疫情防控相关医疗物资出口的短期增长不可能完全冲销一般商品出口的中长期下行压力。2020 年第二季度中国焦炭、与人际交往相关的卷烟，劳动密集产品如鞋帽、服装、箱包以及钢材、集装箱、洗衣机等商品出口大幅下降，本质上反映了国际需求萎缩对中国出口的负面影响。二是全球疫情加剧了阶段性逆全球化和去中国化，美国政府可能借疫情甩锅中国，加大对中国技术封锁力度，不利于中国高科技企业发展。三是由于发展中国家人口众多，医疗资源相对短缺，疫情在发展中国家加速蔓延可能产生人道灾难和难以预估的后果，并有可能使新冠肺炎成为长期的世界性流行病，迫使中国常态化疫情防控演变为超预期的长期防控，改变生产和生活方式。

（三）固定资产投资增速持续下滑，投资信心不足

2019 年中国固定资产投资增速持续下滑的态势尚没有得到根本扭转。2019 年全国固定资产投资完成额同比增长 5.4%，增速相比上年年末降低 0.5 个百分点。2019 年前三季度固定资产投资价格指数平均大约上涨 3.0%，扣除价格因素后的真实固定资产投资增速大约为 2.4%。

分产业看，第一产业固定资产投资增速仅为 0.6%；第二产业增长 3.2%，比去年同期降低 3 个百分点；第三产业固定资产投资回落至 6.5%。三大类投资中，基础设施建设领域投资增速保持低位平稳态势，制造业投资增速大幅回落，房地产开发投资基本保持 9.9% 左右的较高增速。

2020 年仍面临投资信心不足。从各投资主体看，2019 年国有及国有控股企业、港澳台商投资企业、外商投资企业、个体经营和民间投资累计同比增速分别为 6.8%、7.5%、-0.7%、0.4% 和 4.7%（见图 3-1）。虽然港澳台投资从过去两年的负增长有所恢复，但外商投资企业投资信心受出口需求不足打击，个体经营和民间投资仍受需求不足和融资来源约束。在疫情冲击下，2020 年仍面临出口需求萎缩，汽车消费低迷，房地产销售面积增速放缓，这些因素会制约相关的投资需求，制造业投资增速仍有下行压力。新冠肺炎疫情期间交通、旅游、娱乐、餐饮等服

务业运营基本停顿，中小企业困难加剧。部分劳动密集型加工制造行业受疫情影响不能开工，产业链断裂，影响下游行业生产。2020年第一季度的生产经营困难也降低企业职工收入和消费需求；基建项目延迟开工，各个方面都可能造成相关和后续项目可融资金规模收缩，致使相关投资项目难以开工或停滞。

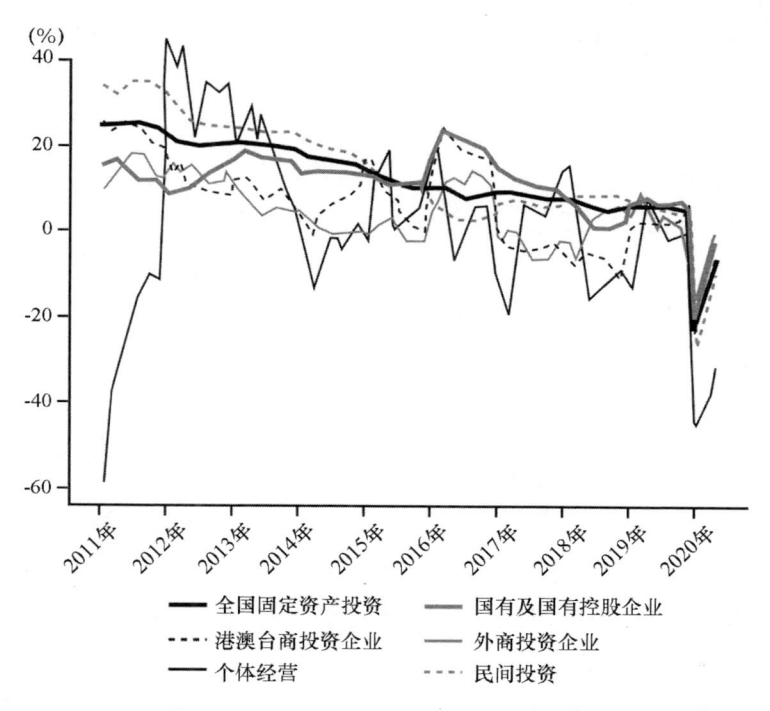

图3-1 各投资主体制造业、基建和房地产开发投资累计同比增速

（四）一般物价涨幅显著回落，工业品面临结构性通缩风险

2019年物价形势的典型特征是CPI与PPI分化背离（见图3-2）。一方面，在猪肉供给冲击下，猪肉价格大涨拉动食品价格和CPI持续攀升，民生福利受影响；另一方面，国内外需求萎缩导致PPI持续走低，生产领域通货紧缩的风险上升。2020年1月疫情发生后，全国大部分地区采取了临时的网格化管控措施，暂时的管制经济抬高了流通成本，小范围的生活必需品和食品供应受一定影响，消费物价指数可能在短期内仍处于高位。

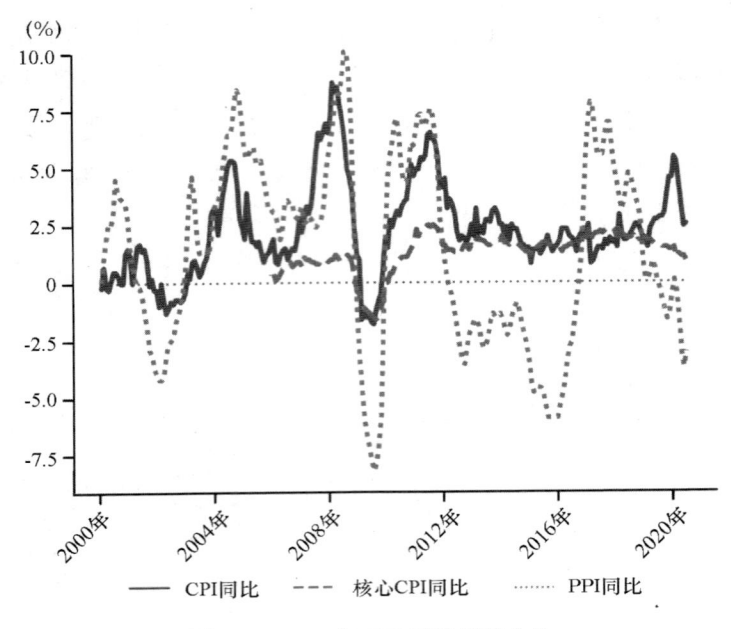

图 3-2　CPI 与 PPI 同比增长分化

中国经济不会发生大范围的通货膨胀。一方面，2020 年下半年，受水灾影响，需要警惕食品安全问题，食品价格可能上涨；另一方面，2020 年中国面临经济增长速度下移和新冠肺炎疫情双重冲击，消费和投资增速相比以往均大幅下降，总需求相对于生产能力而言处于不足的状态，加之狭义货币供给（M1）增速低位徘徊，广义货币供给（M2）明显放缓，宏观经济条件不支持普遍性的物价上涨。2020 年中国经济增长的下行压力显著加大，并可能对美国、欧洲等国外市场产生溢出效应，这些因素决定了物价总水平不具备大幅上涨的基础，不易出现全局性的通货膨胀。相反，新冠肺炎疫情、中美第一阶段贸易协议执行难度加大、贸易纠纷增多、英国"脱欧"、欧元区经济增长放缓等事件加大生产领域通货紧缩的风险。如果生产部门长期紧缩，企业盈利能力下降，未来其资产负债表可能受损，通过"金融加速器"机制引发债务紧缩；另外受国际油价大幅下跌影响，进口价格指数下跌，通过购进原材料价格指数传递至 PPI，生产部门的物价负增长仍将继续一段时间，生产部门企业盈利和财政税收收入压力加大。

(五)财政政策加力增效,财政收支平衡仍面临较大压力

2019 年,受工业增加值增速回落、PPI 增速放缓、进口萎缩、汽车销售不畅、房地产销售增速放缓等因素影响,加上减税降费力度加大,全国一般公共预算收入和税收收入同比增速放缓,非税收入同比大幅增长;政府性基金预算收入同比增长也出现放缓。另外,全国一般公共预算支出同比增长仍保持较快,政府性基金预算支出同比增长 20% 以上。2019 年 1—9 月累计一般公共预算和政府性基金预算收支差额合计达到 3.65 万亿元,占 GDP 比重 5.2%。

为支持疫情防控,应对经济增长下行压力,2020 年我国积极财政政策需要继续落实减税降费、聚力增效的要求,财政仍面临减收增支的局面,需要扩大地方债券发行,有力促进宏观经济稳定,化解潜在风险,优化经济结构。虽然目前专项债并未计入财政赤字口径,但财政减收增支的直接后果是一般公共预算和政府性基金预算收支逆差扩大,地方政府债务负担加重。减税降费等收入端的财政政策具有较长时滞,未来一段时期经济增长仍存在下行压力,财政收入仍可能保持较低增速。

2020 年第一季度经济增长大幅放缓,税收收入增长受很大冲击。在财政收入增速放缓的同时,疫情防控支出增加,逆周期调控要求保证积极财政政策的力度,收支两方面因素叠加给财政收支平衡造成了不小的压力。一是部分地方政府公共支出方面出现了困难,需要上级财政调度才能保障。二是个别省级政府在财政收支压力之下,向基层转移支付的能力受到制约。三是基础设施投资项目资金来源中来自财政的部分难以得到保障,导致财政资金的杠杆效应难以有效发挥,基建投资增速持续在低位徘徊。

(六)市场流动性较为充裕,金融机构对存量不良资产处置力度加大

2019 年社会融资规模和货币供应增速扭转了自 2017 年下半年开始快速持续下降态势,同比增速保持相对平稳。2019 年年末社会融资规模同比增长 10.7%;M2 同比增长 8.7%;M1 同比增长 4.4%,比 2018 年年底回升 3 个百分点。值得注意的是,2019 年年末本外币贷款余额同比增速 11.9%,比 2018 年年末下降了 1 个百分点。自 2019 年 8 月 16 日贷款

市场利率并轨改革启动以来，贷款市场报价利率（LPR）出现一定幅度下调。人民币兑美元汇率破七后回稳，有助于稳定市场预期。金融市场信用分化明显，在政策利率基本稳定、高等级信用债利差下行的同时，中低等级信用债利差仍有所扩大，主要原因在于中小银行和影子银行信用收缩、传统行业和中小民营企业转型升级较为艰难。疫情发生后，社会融资总量、贷款和货币（M2）增速回升，但是中小企业信用风险增大，仍需要金融政策精准扶持。

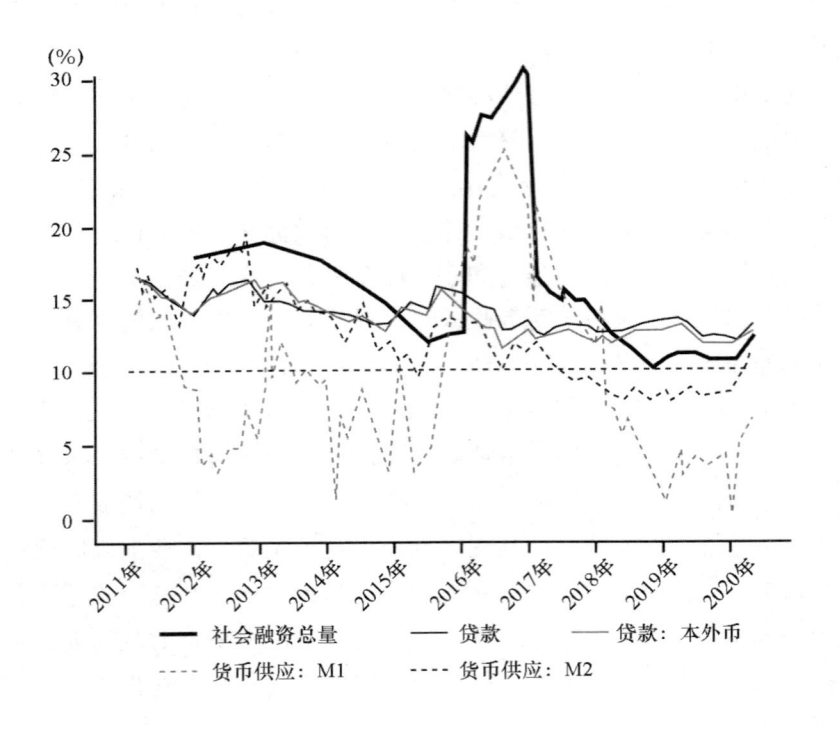

图3-3 社会融资总量、贷款和货币供应同比增速

三 释放改革和创新红利，推动经济高质量发展

综合来看，当前我国经济面临复杂局面，2020年年初的新冠肺炎疫情加大第一季度经济下行压力是暂时冲击，我国经济稳中向好、长期向

好的基本趋势没有改变。疫情防控常态化管制导致经济循环不畅，有效需求不足，但经济运行的主要矛盾仍是结构性因素和周期性因素叠加导致经济下行压力加大。应综合各方面的政策措施，打赢疫情防控阻击战，充分释放改革和创新红利，推动经济高质量发展，实现预定的社会经济发展目标。

第一，以防控疫情为首要任务，兼顾恢复生产。一是把防控疫情、挽救生命作为第一要务。因疫情严重，疫情的未来发展和防控成效是决定经济发展的关键。二是在不影响疫情防控的前提下，合理有序、分区分类复工复产。三是完善应急机制，补齐我国医疗卫生事业的短板，提高应急事件信息公开程度和决策能力。

第二，综合施策，有效应对食品价格结构性上涨。在确保疫情有效防控的前提下，保证生活必需品和食品生产、流通环节畅通无阻；加强相关产品生产、库存信息公开，避免信息不畅导致恐慌情绪。对猪肉等重点民生物资加强逆周期调节，以财政政策为主，综合施策。同时加强对牛、羊、禽类养殖、海产品、水产品价格走势的关注和供给端的政策支持。保持流动性合理充裕，保持人民币汇率稳定，保证粮食生产安全，就能保证消费物价总体平稳。

第三，加大逆周期调节和去产能力度，增加有效需求，防止生产领域通缩机制蔓延，保持就业在合理水平。2020年应继续实施积极的财政政策和稳健的货币政策，积极的财政政策要加力增效，适当提高赤字率，增加债券发行，稳健的货币政策要松紧适度，保持流动性合理充裕，适度引导市场利率下行。继续处置僵尸企业，防止生产领域通缩机制蔓延。

第四，深化改革激发各方面活力，调动各方面的积极性，更多依靠改革红利稳定经济增长。经济体制改革的核心问题是处理好政府和市场的关系，使市场在资源配置中起决定性作用和更好发挥政府作用。要大幅度减少政府对资源的直接配置，推动资源配置依据市场规则、市场价格、市场竞争实现效益最大化和效率最优化。当前，要着力通过深化国资国企、财税体制、金融体制、土地制度等重点领域改革，激发各方面的活力，调动各方面的积极性，更多依靠改革红利稳定经济增长。

第五，进一步扩大高水平对外开放，促进国内经济与国际经济在更高水平公平竞争。扩大自由贸易试验区试点改革，加快外贸转型升级基地、贸易促进平台等建设，扩大金融开放，扩大外资金融机构业务范围，优化外汇管理、促进跨境贸易投资便利化；同时，注重防范跨境资本流动风险，保持金融稳定。深化规则制度型开放，完善对外开放的体制机制。落实中美第一阶段贸易协议，加强知识产权保护制度建设。综合评估项目风险，并在合作共赢的原则下继续推进"一带一路"倡议；推动早日达成区域全面经济伙伴关系协定，拓展国际合作空间和国际市场。按照互惠互利原则，继续降低相关贸易伙伴的进口关税税率，满足国内多元化消费需求，倒逼国内产业升级、产品提质。维护多边贸易体系，积极参与完善基于规则的国际治理体系。

第六，加快实施创新驱动发展战略，推进实体经济与制造业高质量发展。中美经贸摩擦趋向恶化的前景要求我们进一步凝心聚力，加快实施创新驱动发展战略。首先，加大政府对基础研究和应用基础研究支持力度，抓紧布局国家实验室，重组国家重点实验室体系，完善重大科技项目组织管理。其次，要有效发挥企业的创新主体作用以及企业在关键核心技术创新方面的主力军作用，在创新资金运营机制和监管方式方面探索新模式。再次，推动创新和对外开放的双赢。最后，构建企业创新链协同体系。

第七，完善现代金融体系建设，促进经济高质量发展，建设金融强国。落实中美第一阶段贸易协议，促进金融开放。深化金融法治、金融结构、金融监管等方面的改革，激励金融工具创新、金融技术创新和金融组织创新。同时提升风险管理能力，使金融风险与金融发展相匹配，守住不发生系统性风险的底线。加快美国中概股回归香港、上海和深圳股票市场上市，完善壮大科创板股票市场，促进金融服务于实体经济和科技创新，培育现代金融与实体经济和人力资源协同发展的产业体系。

第三部分　市场主体报告

第四章

中国住房企业发展报告

——2019—2020 住房企业形势分析与预测

刘尚超　刘　伟

一　2019—2020 年中国住房企业发展现状分析

2019—2020 年，中国房地产企业数量约为 9.7 万家，其增长趋势进一步放缓；房企平均规模继续保持缓慢增长的趋势；从市场结构看，全国住房企业集中度持续加速提升。房企融资方面，融资规模增长继续放缓，房企融资渠道全面受限；近年增长较快的海外债券融资受到政策限制的同时成本也上升较快。房企土地购置行为更趋理性，地价继续保持稳定较慢的增长趋势，土地溢价率在低位波动。房企开发和销售方面，商品房新开工面积增速平稳，竣工面积进入缩减区间；项目合作开发模式日益成熟，商品房开发权益金额占流量金额比重下降明显；商品房销售面积累计同比增速持续下滑。此外，房地产企业收购、并购交易持续活跃，这也与全国房地产行业集中度加速提升的趋势相一致。

（一）市场环境

1. 房企数量缓慢增长，预计将达到 10 万家左右的峰值

2000 年以来，中国房地产开发企业数量和从业人数变化规律基本一致，基本保持了稳定的增长趋势，且增长速度逐步放缓。2018 年根据全国工商局的统计，注册登记的房地产开发企业共 9.7 万个。由于多数注册

的房地产开发企业为单一项目或项目较少的中小型房企，随着越来越多中小房企逐渐退出房地产市场，预计中国房地产开发企业数量将在10万家左右的水平达到峰值。从房地产开发企业的性质来看，中国房企数量的增长主要来自内资房企数量的增加，占比极少的国有房企、集体房企、港澳台投资房企和外资房企的数量均有不同程度的下降。从业人数方面，2018年中国房地产开发企业从业总人数尚未公布，2017年则已达到283万人，虽然增长趋势仍较为平缓，但相比于2015年和2016年的增长速度略有提升（见图4-1）。

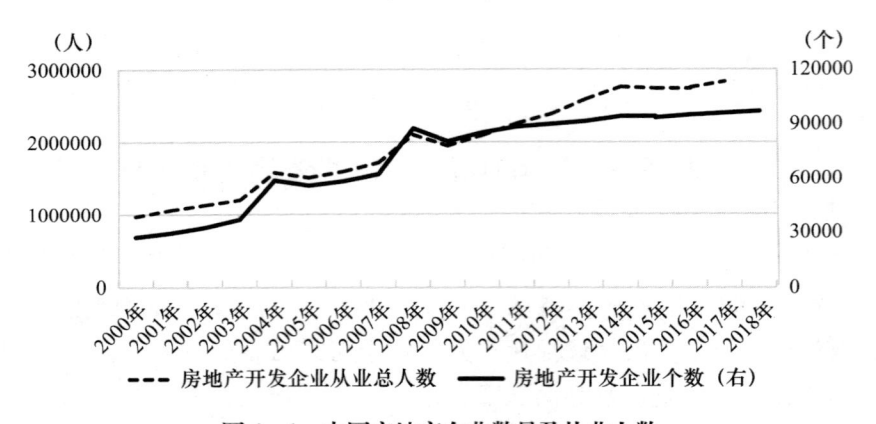

图4-1 中国房地产企业数量及从业人数

资料来源：国家统计局。

2. 房企规模：房企平均销售额继续提升，大型房企规模扩张速度较快

2017—2018年中国房地产企业平均销售额稳步提升，2018年房企平均年销售额已达到1.5亿元（见图4-2）。2017年后中国房企平均销售面积逐渐趋稳，维持在1.8万平方米左右。无论从销售面积还是销售额来看，中国房地产业都以住宅商品房开发为主；办公楼、商业营业用房等其他非住宅类产品的销售面积和销售总额在2018年都仅占15%左右，且这一比例长期稳定。因此如果忽略非住宅销售额和非住宅房地产开发商在全国市场中的较小比重，根据中国123.2平方米的户均居住面积进行粗略估算，中国商品房开发企业2018年开发的住宅套数仅为143（17700/123.2）套。因

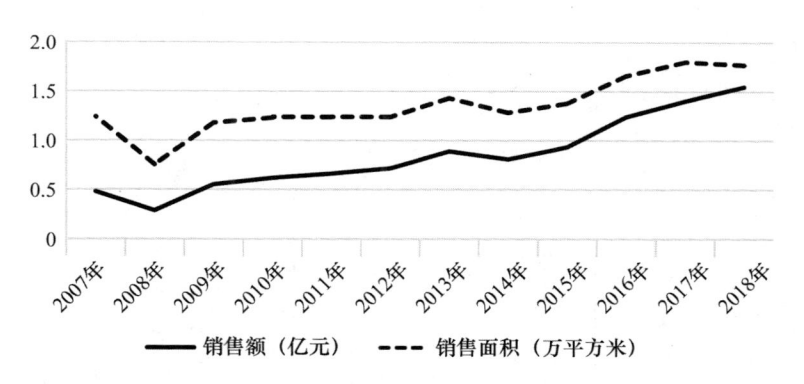

图 4-2 中国房地产企业平均销售额及销售面积

资料来源：国家统计局。

此可以大致判断中国房企尤其是住宅开发商的平均规模虽然有小幅扩大，但仍然较小，大多都仍以运营个别小型开发项目为主。

从中国上市房企的员工数量来看，在 2019 年 11 月沪深上市的 139 家房地产公司中，共有 17 家房企员工人数在万人以上；上市房企的员工人数一般远高于全国房企 35 人的平均规模，且大多数上市房企（共 43 家）的员工规模处于 1001—5000 人的区间之内（见图 4-3）。此外，大型房企的规模扩张速度明显较快。上市房企的员工规模与其增长率显著正相关，万科、保利、绿地、金地等大型房企员工规模的增长率显著高于中小型房企。

3. 市场结构：全国房地产市场集中度持续提升，由龙头房企主导的全国统一的房地产市场逐渐显现

由中国房地产市场销售额和销售面积集中度（图 4-4 和图 4-5）可见：（1）2019 年 1—9 月中国房地产市场销售额集中度继续快速提升，同期销售面积集中度略有下降。前四强房企的销售额占全国商品房销售总额的 16.9%，销售面积占全国商品房销售总面积的 11.2%。（2）无论是销售额还是销售面积，CR10 的增幅均远大于 CR4 的增幅。在产业集中度提升的同时，处于前几位的龙头企业绩效增长最快，房企之间绩效的分化不仅仅表现在大型房企和中小型房企之间的差别，更体现在龙头房企与一般大型房企的差别上。因此不难判断，由少数龙头房企主导的全国统一的房地产市场正在逐渐显现，过去区域隔离的房地产市场正在被龙

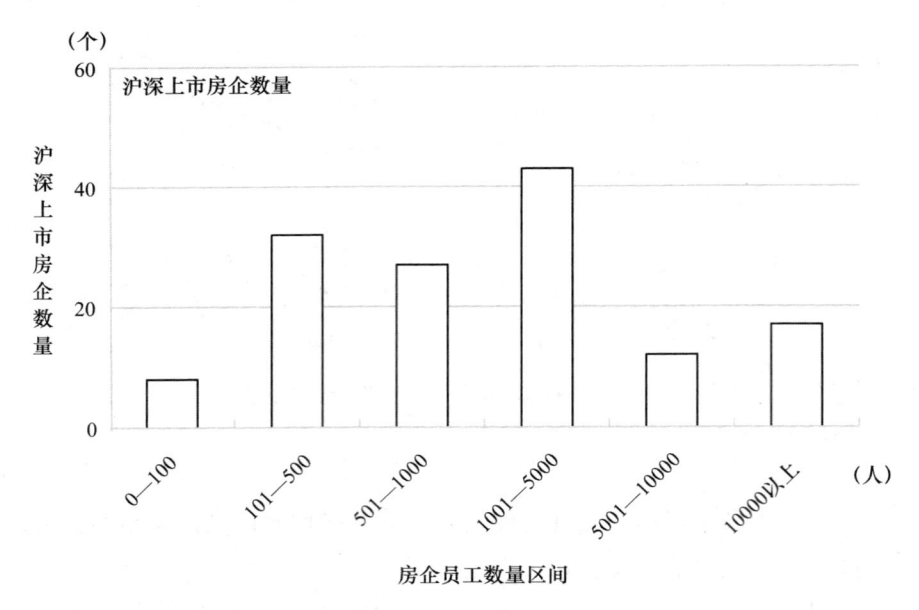

図 4−3 中国上市房地产企业员工数分布

资料来源：Wind 资讯。

头房企的跨区域多城市布局行为改变。(3) 即便中国房地产市场集中度经历了多年的持续提升，其仍然处于较低水平。按照产业经济学的划分标准，CR4 指数在 25% 以下的均为竞争型市场，而中国房地产业的集中

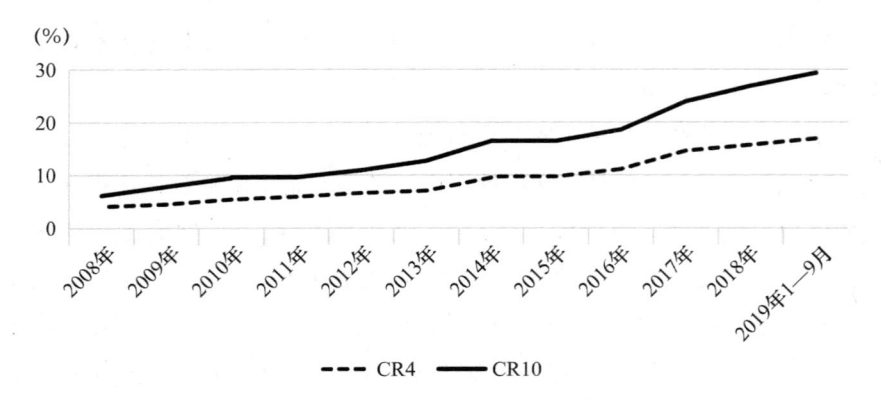

图 4−4 中国房地产市场销售额集中度

注：CR4 指销售额前四强房企的销售额之和占全国商品房销售总额的比重，CR10 同理。

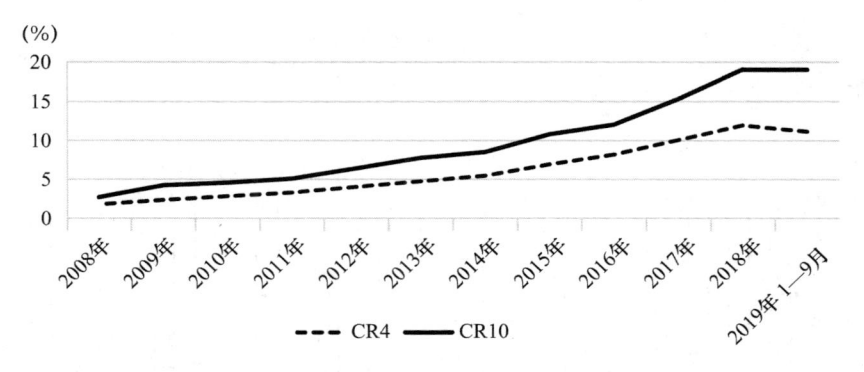

图 4-5 中国房地产市场销售面积集中度

资料来源：国家统计局、CREIS 中指数据。

度则远低于此。因此毫无疑问，从全国整体来看，房地产市场目前仍属于集中度极低的竞争型结构。

(二) 房企融资和购地

1. 融资规模增长放缓，融资渠道全面受限

由于房企在项目开发前期需要支付大量的土地购置和建安成本，中国房企资金需求规模庞大。由图 4-6 可以看出自 2000 年以来中国房地产开发企业累计资金来源总额基本保持了持续增长的趋势，这一趋势同样

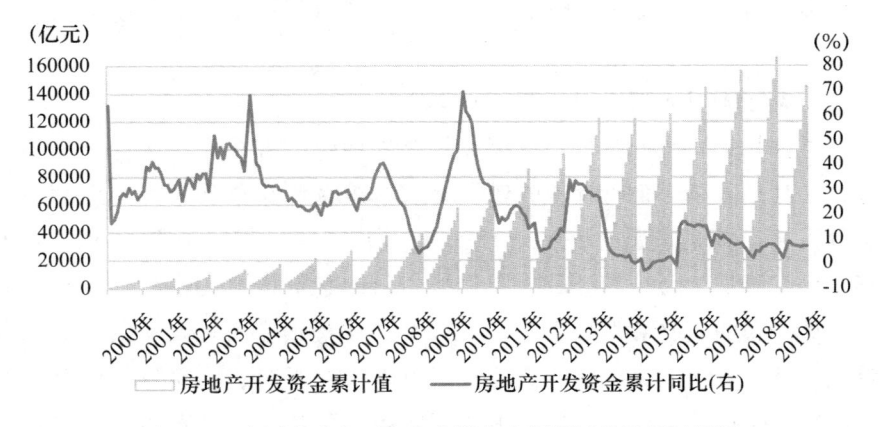

图 4-6 中国房地产开发企业资金来源累计值及累计同比

资料来源：国家统计局。

延续到了 2019 年。中国房企融资规模增速自 2016 年出现较大上涨后便开始逐步下降，至 2019 年 10 月已降至 7% 左右。

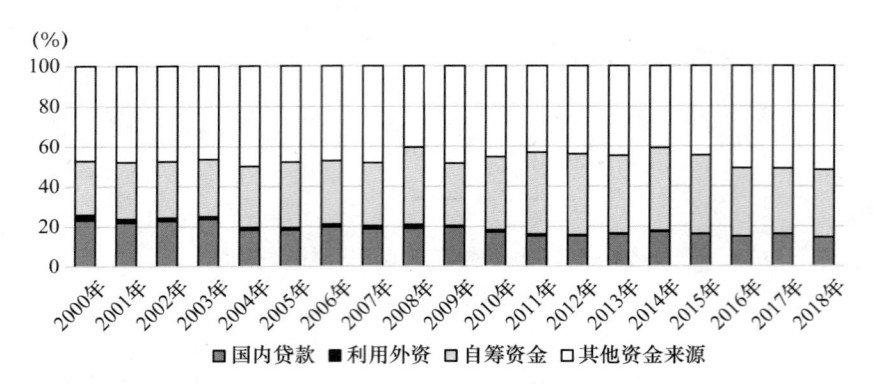

图 4-7 中国房地产开发企业资金来源占比

资料来源：国家统计局。

由图 4-7 不难发现中国房地产开发企业各项资金来源占比较为稳定。房企通过其他资金来源获取的融资额占比最大。而其他资金之中占比最大的部分是房地产开发企业的订金及预收款，其次是个人按揭贷款等其他资金来源。受调控政策的影响，2014 年以来房地产开发企业获得的国内贷款占比逐步减小。2018 年以来房企各方面融资渠道均受到限制，因此整体来看房企只能更加依赖订金以及预收款的资金渠道。

2. 增长较快的海外债券融资成本上升

过去几年间通过发行企业债券等海外融资的方式已逐渐成为中国房企，尤其是大型房企所青睐的融资方式。2018 年中国房地产企业利用外资仅占所有资金来源的不足 0.1%，且利用外资额相比于 2017 年下降了 35.7%。但是庞大的资金需求和其他受限的融资渠道使得海外融资仍然是大型房企的主要融资渠道之一。2019 年中国房企海外发布的美元融资计划已超过 650 亿美元，同比增长接近 50%。此外，房企海外融资成本也出现了明显分化。以万科、中海、保利、龙湖等为代表的龙头房企由于具有稳定的经营状况和较好的信用评级，境外发债融资成本优势明显，其发债成本仅为 3%—4% 的年息率。而其他部分规模较小的房企则要支付高达10%的债券年息率，即便如此高昂的成本也没有阻碍这些房企海外发债融资的热情。然而由于政策收紧，房企海外发债融资额度和资金用途都受到了严格约束。2019年7月12日，国家发展改革委发布《关于对房地产企业发行外债申请备案登记有关要求的通知》，对海外发债的房企提出"只能用于置换未来一年内到期的中长期境外债务""在外债备案登记申请材料中要列明拟置换境外债务的详细信息，包括债务规模、期限情况、经我委备案登记情况等，并提交《企业发行外债真实性承诺函》"等要求。

3. 地价平稳增长，土地溢价率低位波动

从图4-8可以看出，全国主要城市平均地价基本保持稳定的增长趋势。这一趋势同样延续至2019年的前三季度，但是平均地价和居住用途地价增速都出现了逐渐放缓的趋势。

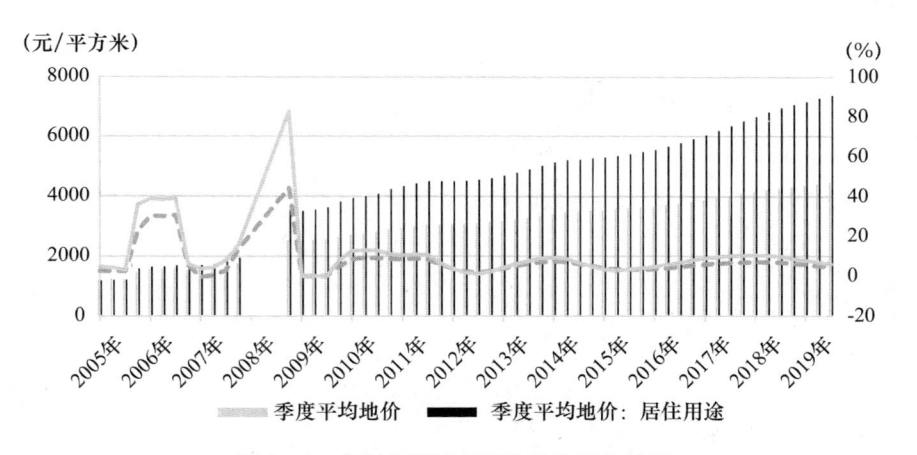

图4-8 中国主要城市平均地价增长情况

资料来源：Wind资讯。

土地出让成交溢价率也能反映出房企土地竞购的激烈程度和房企的开发成本。受到房地产市场宏观政策调控、房企资金链趋紧、市场预期下滑等因素的影响，2019年以来40个大中城市土地成交溢价率小幅上升后迅速回落至2018年下半年的低位。在房企拿地态度普遍变得更为谨慎理性的同时，拿地规模以及成本也出现了剧烈分化。部分房企拿地规模明显收缩，而龙头房企、央企以及新上市企业则表现出了较为果断的拿

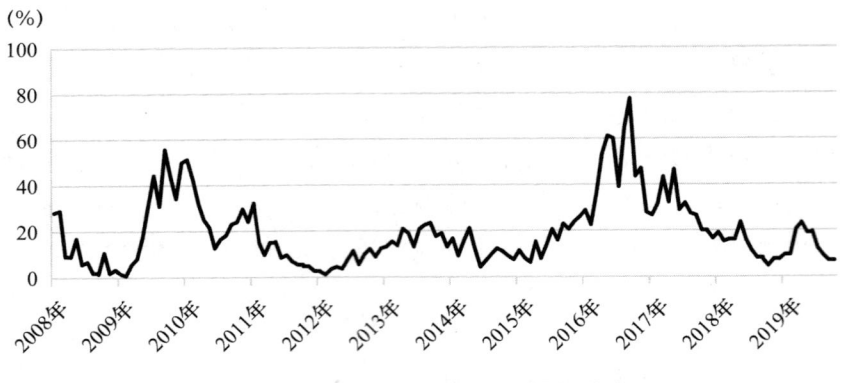

图 4-9　40 个大中城市土地成交溢价率

资料来源：Wind 资讯。

地行为；同时规模较大、资金成本较低的房企则表现出更加明显的拿地成本优势。

（三）房企开发和销售

1. 商品房新开工面积持续平稳增加，竣工面积继续快速下滑

2019 年以来中国商品房新开工面积和竣工面积的增长率与 2018 年同

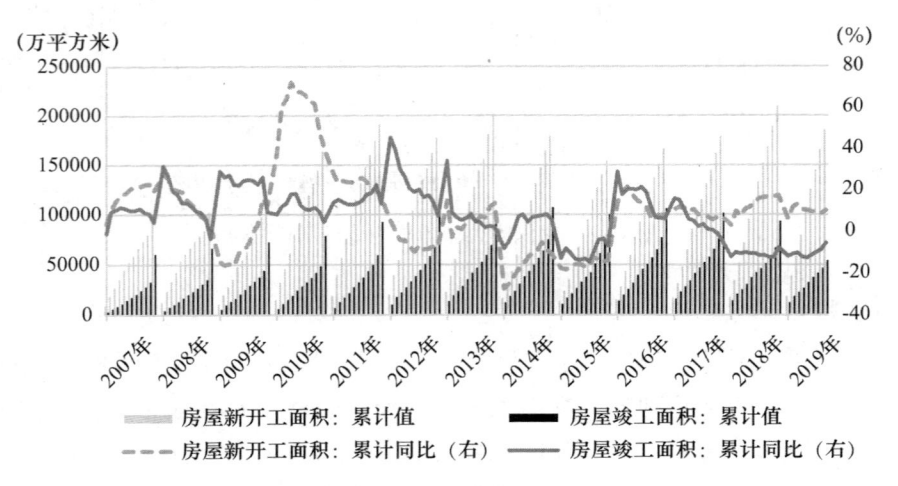

图 4-10　中国商品房年度累计新开工与竣工面积及增速

资料来源：Wind 资讯。

期水平基本一致，新开工面积继续保持低速增长，而竣工面积则出现较大幅度的持续下滑。2019 年 1—9 月中国商品房新开工面积超过 16.5 亿平方米，远大于同期的商品房竣工面积 4.6 亿平方米。随着全国商品房新开工面积的增长和竣工面积的减少，二者形成的剪刀差已经不断增大，这也从侧面印证了房地产行业整体开发周期延长的现实。

2. 合作开发项目模式日渐成熟，商品房开发权益金额占流量金额比重大幅下滑

2016 年以来，房企之间合作开发项目的模式已日渐成熟，且逐步成为房企扩大规模、增强品牌影响力的主要途径之一。由表 4-1 权益销售金额 Top100 房地产开发企业权益销售占比分布可以看出，没有合作开发项目的大型房企逐步减少，至 2018 年 Top100 房企中仅有 14 家；与此同时权益销售金额占比在 90% 以下的房企数量急剧增加，2018 年达到 62 家。随着有合作开发项目的房企数量不断增多，多数企业权益销售金额占总流量销售金额的比重也出现了一定幅度的提升。

表 4-1　权益销售金额 Top100 房地产开发企业权益销售占比分布

	Top100 榜单中企业数量（个）			企业特点
	2016 年	2017 年	2018 年	
权益销售占比 100%	25	28	14	没有合作开发项目
权益销售占比 90%—100%	44	31	24	以从事传统房地产开发为主，仅有个别合作开发项目
权益销售占比 70%—90%	23	33	48	规模较大或区域型龙头房企，具有少数合作项目
权益销售占比 <70%	8	8	14	以轻资产的方式倚重合作开发运营

注：权益销售金额即按项目参股比例计算出的销售金额，权益销售金额 = 合约销售额 × 权益份额；总流量销售金额即房企参股项目的总销售金额。

资料来源：克而瑞研究中心。

3. 商品房销售面积同比增速持续下滑

自 2016 年中国商品房销售面积出现井喷式上涨后，其增长速度持续

下滑，从 2019 年开始则进入了下降区间，直至 2019 年 10 月同比增长率略微回升至 0.1%（见图 4-11）。虽然中国商品房销售额仍处于逐渐减缓的增长趋势之中，但销售面积的缩减已经预示着中国房地产市场整体的下调趋势。而这一趋势也与宏观调控、市场需求方观望情绪逐渐转浓的趋势、市场结构的变化等因素协同作用的预期结果相一致。

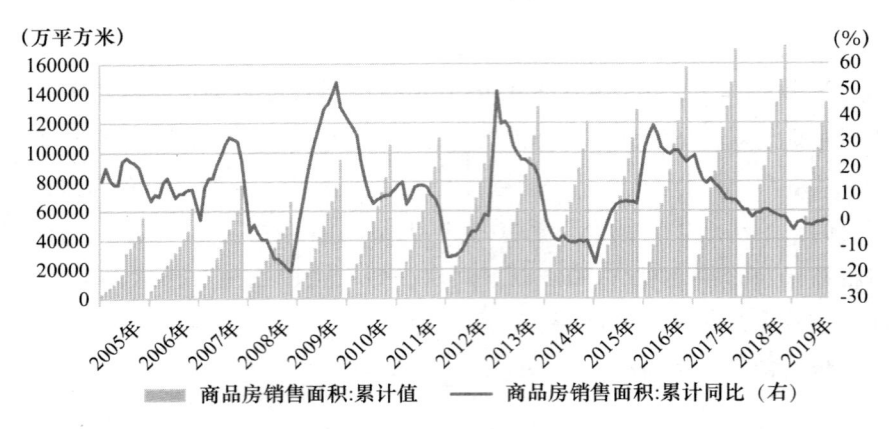

图 4-11　中国商品房月度销售面积累计值与累计同比增长率

资料来源：Wind 资讯。

4. 房地产企业收购并购交易持续活跃

虽然 Wind 资讯数据显示 2019 年 1—11 月沪深 A 股及新三板做市房地产并购交易事件数量及价值总额出现了较大幅度的下降，但是根据《证券日报》报道，截至 2019 年 11 月 28 日，2019 年境内上市房企并购事件 227 宗，涉及金额 2206 亿元。而这些数据并未包括在港上市的龙头房企如融创等。2019 年同样不乏规模较大的房企收购案例，如融创中国 2019 年 1 月发布公告称，公司的间接全资附属公司融创西南集团将收购云南城投集团持有的环球世纪及时代环球各 51% 股权，所涉交易价格约为 152.69 亿元。

房地产市场收购、并购交易的持续活跃也从侧面印证了市场集中度持续快速提升的现实。对于收购方房企来说，一方面可以通过收购、并购迅速扩大企业规模，提升市场份额以便更高效率地获取规模经济收益；另一方面在土地供应量有限、土地出让政策逐渐严苛的环境下，对其他

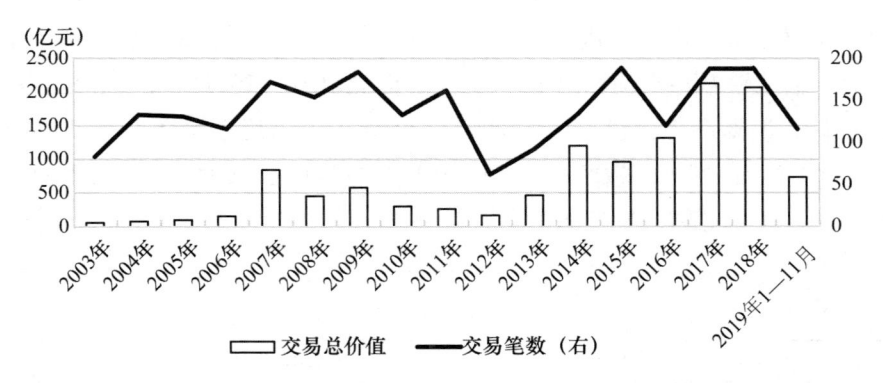

图 4-12　沪深 A 股及新三板做市房地产并购交易事件数量及价值总额

资料来源：Wind 资讯。

企业或项目进行收购、并购可以直接以较低成本获取土地储备，保持未来的增长速度。此外，对于无法完成预计年度目标的房企来说，寻求外部收购、并购资源也不失为快速提升业绩的良策。对于被收购的中小型房企来说，通过产权交易的方式实现资源重组也有利于其更好地在严酷的市场环境中继续生存发展。相比于购地融资，房企用于收购、并购的融资渠道则相对受限较小，这也是收购、并购交易持续活跃的重要外部因素。

二　2019—2020 年中国房地产企业发展存在的问题

（一）资金链压力是目前所有房企面临的主要难题

从表 4-2 中可见，沪深上市房企的资产负债率出现了明显的上升，至 2018 年沪深上市房企的平均资产负债率已经高达 79.78%。不仅上市房企资产负债率的均值呈上升的态势，资产负债率偏高的企业数量更是持续增多。究其原因，一方面是由于部分房企实施轻资产开发策略，采取合作开发等模式避免前期对于资产的巨大投入，因此资产规模有所下降；另一方面是由于多数房企致力于扩大规模，具有大量的融资需求，而在权益融资渠道不畅的条件下，债务融资成为房企主要的融资方式。然而近年来在银行、证券、保险、信托等金融领域出台的针对房地产行业的监管政策都收紧了房企融资的渠道，房企居高不下的债务成本也进一步增加了其资金链的压力。2015—2016 年，中国大量房企进行了集中发债，且大多数地产债期限为 3—5 年，因此 2018—2021 年是房企偿债的高峰期。根据渤海证券分析师测算，2019 年中国房企债务余额将达到 2116.51 亿元。在大多数房企借新债还旧债的同时，巨大的偿债和利息支出压力更使得高财务杠杆的房企风险激增。

表 4–2　　　　　　　　沪深上市房企核心财务指标

	2018 年	2017 年	2016 年	2015 年	2014 年	2013 年	2012 年	2011 年
资本结构								
资产负债率（%）	79.78	78.49	76.86	76.29	74.52	74.38	72.81	71.45
流动比率	1.44	1.53	1.64	1.63	1.60	1.61	1.59	1.62
速动比率	0.52	0.54	0.55	0.46	0.41	0.41	0.43	0.40
资产管理效率								
总资产周转率（次）	0.22	0.23	0.28	0.28	0.26	0.27	0.26	0.26
固定资产周转率（次）	13.78	13.48	15.45	14.09	11.40	11.11	9.46	8.55
应收账款周转率（次）	14.80	17.05	22.29	21.72	17.94	19.42	20.71	20.55
存货周转率（次）	0.28	0.30	0.35	0.32	0.27	0.28	0.25	0.25

资料来源：Wind 资讯。

此外，2016 年后逐年恶化的流动比率、速冻比率、应收账款周转率、存货周转率等指标都印证了房企面临着逐年攀升的资金链压力。随着市场集中度的持续提升，扩大企业规模成了房企生存和发展的唯一途径，而在巨大的资金需求面前，多数房企仍处于融资渠道全面受限、周转率缓慢的窘境。即便对于高歌猛进的龙头房企来说，融资难、融资贵的行业现状也是其发展的主要掣肘因素之一。

（二）市场集中度的提升与中小型房企的生存困境互为因果

2012 年以来房地产业集中度持续上升，平均利润率不断下滑，大量中小房企被迫转型或退出市场，行业兼并收购数额成倍增长。在住房商品化起步的"黄金时代"，住房产业高利润率、低门槛和区域性经营的特征催生了大量中小型房企。但进入"白银时代"后，住宅供求逐渐平衡，住房市场逐渐由增量市场向存量市场转变，行业平均利润随之下降。在市场由"蓝海"转入"红海"后，规模小、效率差的房企受到竞争压力逐渐被淘汰，而在融资、拿地、开发、销售、品牌等方面占据优势的房企巨头则进一步扩展发展，鲸吞市场份额。

因此，中国房地产市场集中度不断提升和中小型房企面临的生存困境互为因果关系。一方面正是中小房企无力维持经营退出市场致使了市场集中度的提升；另一方面市场集中度的提升使得中小型房企面临更加弱势的局面，在融资、拿地、开发、销售、品牌等方面具有全方位劣势。因此，处于全面劣势的中小型房企面临着难以逃离的恶性循环。

房地产市场集中度的提升是其产业发展的必然进程，也有利于发挥规模效应、提升行业整体的资源利用效率。但如果大量中小型房企过快地被淘汰，就可能引发劳动力失业、垄断寡头势力过大、住房产品同质化、偏远市场商品房供给不足等严峻的社会问题。尤其对于中国庞大的房地产市场规模来说，任何微小的问题在巨大基数的放大下都有可能造成难以估量的影响。

（三）社会责任意识有待提升，财务透明度值得关注

随着我国房地产市场逐渐发展成熟、企业运营逐步完善，多数房地产企业都具有了履行社会责任的担当意识以及具体的行动目标。此外，为促进实现住有所居目标，尽到企业的社会责任，多数房企都主动积极参与保障性住房工程建设项目，保障房建设目标也连续多年超额完成。众多标杆房企及其高管同时也积极投身慈善事业，房地产企业已毫无争议地成为慈善榜上的中流砥柱。然而根据《中国房地产企业社会责任实践报告》的统计，仍有少数规模较大的房企没有以任何形式公开发布企业的社会责任报告。而对于发布社会责任报告的房企来说，也不同程度地存在信息披露内容不够完整、社会责任工作覆盖不够全面等问题。房企社会责任的专业化和制度化仍有待继续提升。

此外，上市房企的财务问题也值得关注。2019年以来，随着上市房企年报的陆续公布，已经有嘉凯城、新城控股、泰禾集团、光明地产等多家上市房企收到交易所年报问询函。问询函主要涉及的问题包括经营活动与企业现金流净额不匹配、关联交易金额过高、存货资产转入投资性房地产科目、利息资本化比例过高等方面。由于多数房企面临业绩下滑、现金流趋紧的困境，上市房企粉饰财务数据的动机自然变得更加强烈，因此需要对房地产企业，尤其是上市房企的财务透明度和信息披露行为进一步加强监督管理。

三 中国住房企业2020—2021年发展展望

（一）2020年上半年中国住房企业发展回顾

受到新冠肺炎疫情冲击影响，住房企业销售总额出现下滑。2020年1—5月全国住宅商品房销售额为41249.79亿元，同比下降8.4%；住宅商品房销售面积为42941.34万平方米，同比下降11.8%；由此也可以看出住宅商品房均价有一定程度的上涨；住宅商品房待售面积达到24368万平方米，同比增长1.9%。相对而言大中型重点房企的销售下滑程度较小。从单月销售业绩来看，房企正在逐步走出疫情的影响，销售额同比和环比增速回正且均有提升。

从住房企业的开发节奏来看，2020年1—5月全国住宅商品房开发投资总额为33764.97亿元，同比小幅下滑0.4%；住宅商品房新开工面积50887.63万平方米，同比下滑13.9%；住宅商品房竣工面积为16775.43万平方米，同比下滑10.9%；住宅商品房施工面积为536765.19万平方米，同比增长3.5%。住宅商品房竣工面积的大幅下滑以及施工面积的增长主要是疫情对工期的负面影响所导致，受劳动力流动管控和施工管控措施的影响，房地产开发项目难以按期完工。而这也导致了房企项目的积压，使得房企通过主动减少新开工项目来调节开发节奏、避免现金流过多地沉淀在在建开发项目之中。

由此可见，疫情一方面使得房企的销售受阻，回款不畅；另一方面使得房企的开发运营成本提升，减缓了住宅商品房的开发节奏，拖延了项目完成进度。但是相比于其他行业，疫情对于房地产行业的影响较为有限，住房企业的开发和销售热度有进一步回暖的趋势，包括开发商在内的各方对于整体的市场预期也较为平稳。

（二）2020 年下半年至 2021 年住房企业发展展望

开发供给进一步缩减。预计疫情对于房地产市场供需的影响仍将持续，且在对房地产业清晰的定位和严格的调控政策下，无论是决策部门、购房者还是房地产企业对市场的预期都开始回归理性。因此，从商品房竣工面积开始缩减、商品房销售面积增长放缓等现象不难推断，住房的开发供给随着房地产市场的降温也已逐渐趋冷。预计未来短期内新开工面积增幅将继续下降，竣工面积持续缩减，施工面积将略有增加。随着新开工面积与竣工面积剪刀差的扩大，中国房地产市场库存过量的风险也会逐渐累积。市场销售方面，预计商品房销售面积将继续出现小幅下降。

此外，房地产市场的区域分化将进一步明显。劳动人口净流入较多的一线城市、二线城市商品房新开工面积、施工面积、竣工面积以及商品房开发投资额都将继续保持增长态势；劳动人口净流入较少甚至净流出的三线城市、四线城市预计会出现商品房新开工面积、施工面积、竣工面积以及商品房开发投资额的显著下滑。房企到位资金仍将保持偏紧的趋势。在资金来源中，预计订金预付款与抵押贷款增速将下滑，其他资金来源增加。房地产开发企业资产负债表进一步恶化。购地面积将继续在低位徘徊，在三线城市、四线城市尤为如此。

行业集中度持续加速提升。本书认为，短期内由于需求减少、资金链压力难以缓解，中国的房地产市场集中度将加速提升，最终会形成寡头垄断的格局并保持相对稳定。该推论的依据主要有以下三点：（1）短期内集中度快速上升的趋势不会改变。自 2008 年以来中国房地产市场集中度一直保持上升态势，且有加速上升的迹象。即便如此，中国房地产市场集中度仍处于较低水平，2019 年 CR4 和 CR10 指数分别只有 16.9% 和 29.4%。对房地产宏观调控的政策短期内不会改变，因此未来也将有越来越多的中小型房企退出市场。甚至业界有说法称房企规模达到千亿以上才能拿到房地产市场下半场的入场券。（2）从区域市场的集中度看，已经有个别城市如北京的 CR10 指数达到了 50% 且仍在快速提升。在房地产市场发展的第一阶段区域市场分隔的格局下，区域市场的集中度与全国市场集中度并无相关关系，然而随着区域市场的融合，未来区域市场的集中度也将会出现提升，北京等规模较大的一线城市、二线城市的集中度提升趋势已经显现。(3) 从与房地产性质相似的产业发展经验来看，中国房地产市场形成寡头垄断的格局是必然结果。虽然中国影视娱乐业的规模远小于房地产业，但其行业特征和发展历程都和房地产业极为相似，且两者本身就关系密切，如万达等房企早已布局了影视娱乐产业。具体来看，影视娱乐业和房地产业都具有较强的规模效应、较低的技术壁垒、市场信息的不对称、较强的品牌效应（明星、娱乐公司）和造富效应以及较短的发展历程，等等；唯一的不同是影视娱乐业不存在区域市场分隔的现象，而未来中国房地产市场的区域壁垒也将消失。

多数房企面临转型的困境。如前文提到，随着中国住宅开发供需规模的下降，房地产市场逐步由单纯的住宅开发销售的模式过渡到以运营和服务为主体的全产品线和全价值链的"后开发时代"。房地产业态的改变、土地和资金等开发成本的提升使得房企的转型发展迫在眉睫。未来随着行业集中度的加剧提升，多数大型房企将利用市场份额的优势更多地获取品牌溢价。而对于在洗牌中幸存下来的中小型房企来说，转型发展独具特色的房地产产品或房地产周边行业无疑将是其避开大型房企获取生存空间的有效路径。

然而目前中国房企的转型进程并不顺利。万科提出的"城市配套服务商"的转型目标以及布局住宅地产、消费体验地产和产业地产三大业务的具体定位并没有为其带来业绩的增长点；恒大的米面油多元化已基本失败，而其重金投入的新能源汽车目前也似乎进展缓慢。虽然也有众多房企纷纷效仿跟风转型，但大多新投入的业务并没有产生实际收益，甚至转型还停留在理念和口号之中。预计在未来的一年内，转型发展仍然将是大多数房企重要的发展目标，也是其尽快适应新业态、在"后开发时代"生存发展的必要措施。然而究竟向何处转型、如何转型则是每个房企所面临的重大难题。转型的困境归根结底在于中国的房企在过去的房地产"黄金时代"积累的大多是项目开发的经验，资金的管理和周转的速率是其强项，但这些优势往往不适用于房地产服务业或者其他行业，因此盲目地多元化必然导致房企深陷泥潭。能将房企自身的竞争优势与潜在进入产业的特性相结合则应是房企成功转型的关键。

四 促进住房企业保持平稳健康发展的对策建议

（一）注重产品质量，实施稳健经营，把握开发节奏

本报告已多次提出，房企的市场集中度提升速率与市场规模的变化成负相关，即房地产市场规模增速较慢甚至萎缩时，行业集中度会加速提升。其原因在于大型龙头房企的规模优势（土地储备、融资成本、产品质量以及品牌优势等）更加明显，中小房企的全产业链竞争力薄弱，业务分布较为集中，项目较少，盈利模式较为单一，将会被加速淘汰出局。因此不难判断，新冠肺炎疫情将使得2020—2021年的房地产市场集中度加速提升，龙头房企和大型房企将加速鲸吞市场份额。

在此情况下，作为龙头房企和大型房企来说，应摒弃过去野蛮扩张的增长策略，保持稳健的开发经营节奏，适当调整和控制盲目多元化的行为，进一步发掘并利用企业的竞争优势，从产品数量导向转变为产品质量导向和服务导向，从而在快速变化的市场中保持领先优势；对于中小型房企来说，促进销售和资金回笼是在市场行情不利时的第一要务，应着力采取多种产品包装和销售手段找准目标客户，加快项目去化进程，合理控制开发节奏，同时也可以通过采取合作开发、代建等新兴的轻资产模式控制风险。

此外，随着市场发展的逐步成熟和行业集中度的迅速提高，中国房地产市场将逐渐由增量竞争转变为存量竞争。因此，房地产开发企业需要将企业战略从单纯地扩大规模向高品质、高溢价的企业战略转变。通过高周转攻城略地并不能成为房企长期可持续的发展战略，其原因一方面是市场增量逐渐减少，逐渐变窄的市场空间使得高周转的纯扩张策略必将以高负债和高风险收尾；另一方面前文已经提到，高周转和高品质两者难以兼得，而过快的开发节奏必然导致产品的质量问题。

在政策制度和市场需求层面，稳健经营、注重质量的房地产开发模式也具有明显优势。随着监管机构以及开发商对产品质量问题的逐渐重视，中国房地产产品的质量出现了较快提升。房地产市场由过去的粗放型增长模式逐渐演变为开发商之间产品品质的竞争。在房地产产品建筑工程优良品比例持续提升的同时，低容积率和高绿化率、设计科学合理、

风格样式多元的各类房地产产品都受到了消费者的追捧。

（二）把握产业趋势，转变开发理念和运营模式

目前中国正处于第三次消费结构升级的浪潮，住房作为最重要的商品，其对于消费者生活品质的影响不言而喻。此外，在住宅的居住属性得以进一步明确、住房的基本需求逐步得到满足的背景下，中国住房市场将从增量市场逐步转变为存量市场，且消费者对于住房数量的追求逐步转变为对住房质量的重视。因此，住房企业必须把握产业发展的整体趋势，转变发展理念。

具体来说，一是要建立资产运营商和服务提供者的理念，逐步从单纯的开发销售模式转变为长期持有资产、运营资产的模式。这是住房产业逐渐发展成熟的必然结果，也是市场环境对住房企业的客观要求。二是要建立人文开发和绿色开发的理念，注重开发和运营项目对社区乃至整个城市的影响，积极参与城市更新与空间再利用，同时提供以人为本、绿色环保的产品与服务。在充分满足客户需求的同时也应承担与房企市场规模相匹配的社会责任。

（三）提升企业创新能力，应对"后开发时代"挑战

房地产业并非技术密集型产业，其市场进入技术壁垒也较低。相比于信息技术等高科技行业，中国房地产行业所能够带来的技术外溢极为有限。但是随着中国住房产品需求的下降和国家政策明确了不把房地产行业作为短期刺激经济增长的手段，房企必须主动提升其创新能力，充分应对新时代、新业态下的挑战。

具体来说，房企的创新主要表现在管理机制和运营模式的创新。中国房地产企业能从项目公司起家在短时间内发展至大型跨国集团离不开管理机制和运营模式的不断创新和进步。例如"项目跟投"的绩效激励措施和责任制度由于其在提升业绩方面的显著成效逐渐被越来越多房企采用。在房企运营模式方面的创新主要体现在房地产业与其他产业的融合和多元化运营方面。但是具体应如何布局多元化产品线，将过去单一的开发销售模式转变为全价值链的运营模式必须结合企业自身的优势和市场需求，在经过充分探索和准备的前提下再开始进行转型发展。目前

中国多数龙头房企的多元化转型发展进程并不顺利，其根本原因就是其仅为了多元化而多元化，没有充分考虑企业自身的优势和拟进入行业的特点，在选择多元化行业和产品时略显草率。

五 华房上市公司指数分析

（一）指数构建

1. 指标选取

华房上市公司指数以全面、客观、重点突出为评价原则，分别从规模、增长、利润和风险四个要素，每个方面各选取三个财务指标对沪深两市上市住房企业进行分析评价（见表4-3）。其中规模要素包括住房企业的总资产、股东权益和营业收入三个指标。总资产是以货币形式反映出住房企业所拥有并可利用的经济资源；股东权益是衡量住房企业总资产扣除负债后所剩余的价值，也称为净资产；营业收入可以客观反映出公司的经营状况以及市场份额。增长要素主要测度的是企业规模的增长，集中反映了企业的发展速度与未来的竞争潜力，相应地由总资产增长率、股东权益增长率和营业收入增长率构成。利润要素相应地反映出住房上市企业的创利效率，由总资产净利润率、净资产收益率和营业收入利润率体现。在日趋激烈的房地产市场竞争中，企业的创利能力很大程度上决定了其现金周转以及成本管理效率，从而关乎其是否能更好地生存发展。最后，风险要素的度量指标主要有：度量总商业风险的净利润增长率与营业收入增长率的比值、度量运营风险的总资产周转率以及度量财务杠杆风险的资产负债率。

除资产负债率外，以上其他十一个财务指标都与住房企业的市场表现、发展潜力、盈利效率和抵御风险能力正相关，即数值越高越好。而资产负债率越高则表明房企的财务杠杆风险越大，因此该指标越低越好。华房上市公司指数的十二个指标测度的都是2019年前三季度的数据。具体来说，资产总计为2019年9月的企业数据，而营业收入、净利润等指标均为企业2019年1—9月的财务数据。各项增长率指标的计算基数相应为2018年1—9月的财务指标。

表4-3　　　　　　　　华房上市公司指数的十二个指标

	指标	计算方法	指标内涵	备注
规模	总资产		总资产规模	
	股东权益	总资产-总负债	净资产规模	
	总营业收入	营业收入	营业收入规模	
增长	总资产增长率	当期总资产/去年同期资产-1	总资产增长	
	股东权益增长率	当期权益/去年同期权益-1	净资产增长	
	营业收入增长率	当期营业收入/去年同期营业收入-1	营业收入增长	
利润	总资产净利润率	净利润/总资产	总资产创造价值的效率	
	净资产收益率	净利润/净资产	股东权益创造价值的效率	
	营业收入利润率	净利润/总营业收入	企业的"收入—成本—收益"的比较	
风险	总风险	净利润增长率/营业收入增长率	由经营风险和财务风险构成的总风险	
	总资产周转率	销售收入/总资产	资产周转风险	
	资产负债率	总资产/总负债	偿债财务风险	逆向指标

2. 数据来源

华房上市公司指数指标体系中的所有数据均由上市公司的年报、季报公布的数据整理而成。公司样本为剔除个别经营状况不稳定的企业之后的134家沪深上市的住房企业。

3. 计算方法

各指标数据经过整理之后，先进行标准化（即去量纲化）处理，再通过主成分分析法合成各企业的指数并根据指数大小完成排序。主成分分析法是将多个变量通过线性变换以得出较少主成分因子的多元统计方法，一般以数据的降维为目的。在主成分分析的过程中需要提取因子，可以将各因子对整体数据的方差贡献度作为因子的权重，分别乘以相应因子的数值后再将乘积加总便可得到某一样本的指数；所以主成分分析法也常常被用于多指标体系的指数合成与综合评价。其优点是在保留原数据大部分信息（通常在85%以上）的基础上，将多个指标转化为几个相互独立的综合因子；其权数是基于各指标数据的内在结构分析得出的，数据的结构是决定相应指标的权重的唯一因素，因此相比于主观赋权或等权加总等方法，主成分分析法更能客观反映原始数据的结构，并在一定程度上降低或避免了一些可能由主观偏见对评价结果造成的不利影响。

（二）上市企业概况

整体来看2019年11月中国沪深两市上市房地产企业共134家（经营不稳定的ST股除外），比2018年同期的146家略有下降。从上市房企的注册地的分布情况来看（见图4-13），全国东多西少的格局仍然没有改变。绝大部分上市的住房企业都集中在上海、北京、天津等直辖市以及广东、浙江、江苏、福建等沿海省份。广东、上海、北京等地注册的上市房企数量均有不同程度的减少，江苏省上市房企从2018年11月的7家增至2019年11月的8家。中西部省份注册的上市房企数量仍然较为稀少，安徽、贵州、甘肃等省份仍仅有一家上市房企，而包括新疆、宁夏等在内的共11个省级行政区目前仍没有在沪深两市上市的房企。

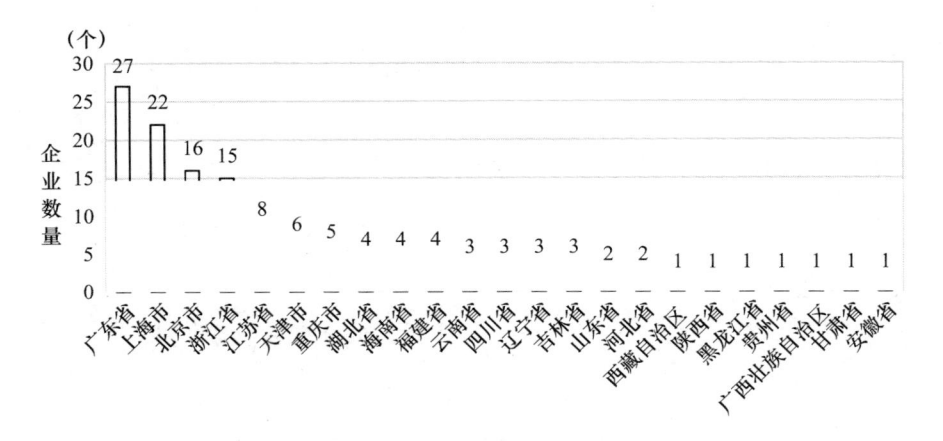

图4-13　住房上市公司注册地分布情况

资料来源：Wind资讯。

从上市房企的经营性质来看（见图4-14），2019年地方国有企业和民营企业分别为55家和50家，共占总数的79%，相比于2018年民营企业数量减少了6家，地方国有企业减少3家。央企共有11家，相比2018年增加1家；外资企业共8家；公众企业5家。

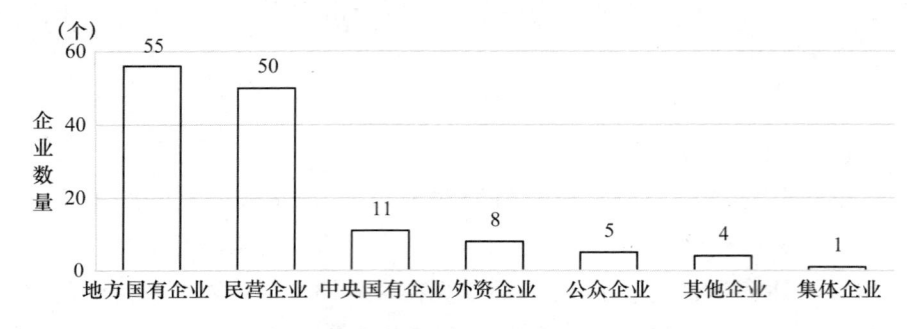

图4-14 住房上市公司经营性质

资料来源：Wind资讯。

从上市房企的集中度来看（见图4-15），集中度提升的趋势仍未改变。无论是资产总额还是销售收入，大型房企的规模持续增长，导致集中度加速提升；反映集中度的洛伦兹曲线变得愈加陡峭。经计算，2019

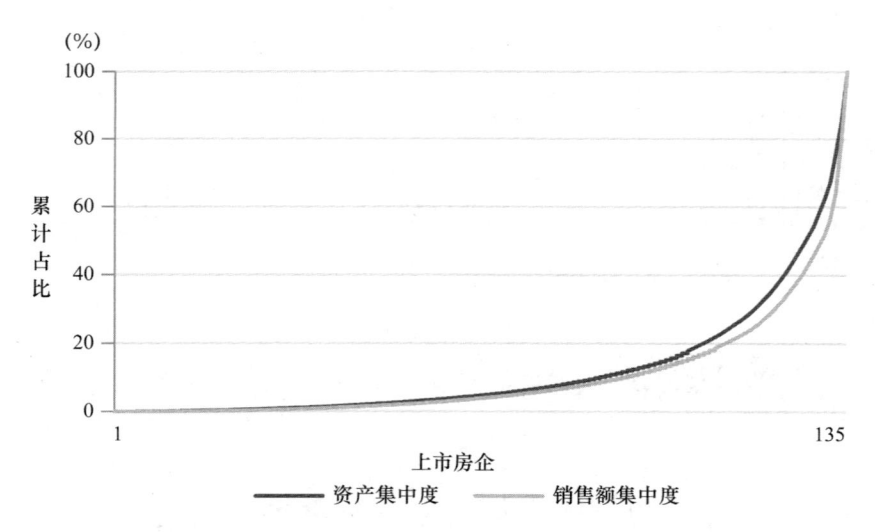

图4-15 住房上市公司资产及销售额集中度洛伦兹曲线

资料来源：Wind资讯。

年上市房企的资产及销售额基尼系数分别为0.76和0.80，相比于2018年的0.72进一步大幅提升，充分说明即便在上市公司之间也存在两极分化严重，资产及营业额差距悬殊的现象。此外注意到房企销售额的基尼系数明显高于资产的基尼系数，这也意味着房企之间市场销售表现的分化趋势将进一步导致房企资产规模的分化。

（三）数据分析解读

表4-4为134家沪深上市房企十二项财务指标2019年前三季度的描述性统计数据。与以前年度相比，从上市房企规模的指标来看，无论是总资产、股东权益还是总营业收入，上市房企的平均规模均有较大幅度的扩张。此外，由于房企间马太效应持续显现，样本间数据的差异逐渐增大，因此各指标的标准差也持续提升。从上市房企的增长指标来看，所有增长指标均值均出现大幅下滑，各指标中位数均有不同程度的下降，负增长房企的数量快速增加。与往年数据相似，营业收入增长率均值与标准差均偏高，一方面原因是个别企业出现了较为严重的亏损，另一方面的原因是受到房地产项目周期以及回款迟滞的影响，个别企业2019年前三季度营业收入较2018年同期出现巨幅增长，同时拉升了行业平均水平与标准差。利润指标方面，各指标的变化趋势不尽一致。总资产净利润率与营业收入利润率的均值与中位数略有下降，净资产收益率中位数则有较大提升。

从沪深两市上市房企的销售额集中度来看，大型房企销售额占全国商品房销售总额的比重持续提升。2019年前三季度销售排名前五的沪深上市房企销售总额为7375亿元，占全国商品房销售额总量111491亿元的6.6%；排名前十的房企销售总额9214亿元，占比8.3%，相比于2018年同样提升0.1%。虽然行业集中度以及上市公司销售额的集中度均出现持续提升，但上市房企销售额占全国销售总额的比重仍然有限。

表4-4　　　　　住房上市公司各指标描述性统计量　　　（单位：亿元,%）

	指标	均值	中位数	标准差	最大值	最小值
规模	总资产	796.0	168.5	1978.1	16387.6	1.0
	股东权益	158.1	57.7	318.0	2448.5	-48.5
	总营业收入	102.9	20.3	332.4	2942.2	0.004
增长	总资产增长率	0.12	0.08	0.28	1.15	-0.64
	股东权益增长率	0.10	0.07	0.24	1.93	-0.78
	营业收入增长率	0.13	0.07	0.55	2.33	-0.91
利润	总资产净利润率	0.02	0.01	0.04	0.30	-0.09
	净资产收益率	-0.34	0.10	5.11	14.89	-56.01
	营业收入利润率	0.05	0.05	0.07	0.34	-0.22
风险	总风险	4.42	0.94	22.80	179.09	-86.01
	总资产周转率	0.13	0.11	0.10	0.63	0.00
	资产负债率	0.62	0.65	0.21	0.94	0.09

（四）主成分分析

KMO 与 Bartlett 的检验结果表明，原始数据之间相关性较强，适合对其进行主成分分析。由表4-5可见，每个主成分的载荷都基本集中在2—3个预设的财务指标上，因此可以将主成分分析后得出的四个主成分分别看作规模、增长、利润和风险要素，整体结果较为吻合指标体系的设定预期。

表4-5　　　　　　　　主成分因子载荷矩阵

	指标	主成分1（规模）	主成分2（利润）	主成分3（增长）	主成分4（风险）
规模	总资产	0.5307	-0.1379	0.1946	-0.0674
	股东权益	0.5156	-0.1122	0.1945	-0.0797
	总营业收入	0.4957	-0.1283	0.2267	0.0199
增长	总资产增长率	0.1910	0.1711	-0.5917	-0.1859
	股东权益增长率	0.2345	0.4332	-0.2191	-0.0687
	营业收入增长率	0.1761	0.2038	-0.4171	0.1856

续表

	指标	主成分1（规模）	主成分2（利润）	主成分3（增长）	主成分4（风险）
利润	总资产净利润率	0.0891	0.5456	0.2302	0.0627
	净资产收益率	0.1187	0.4122	0.0889	0.0077
	营业收入利润率	0.0704	-0.3182	-0.1546	0.5322
风险	总风险	-0.0360	0.0904	0.1460	-0.3328
	总资产周转率	0.0802	0.1919	0.0557	0.7089
	资产负债率	-0.2226	0.2821	0.4378	0.1206

因子的方差贡献度体现了其反映原始数据结构的程度，也就意味着因子的方差贡献度越高，其解释能力越强、与原始数据包含的信息越吻合，因此在指数的合成计算中所占比重也应越大。由表4-6可见，规模因素对住房企业的综合竞争力起主导作用，利润因素次之，增长因素与风险因素作用相对较弱。

表4-6　各因子方差贡献度及其在华房上市公司指数中的指标权重 （单位：%）

	方差贡献度	累积方差贡献度
主成分1（规模）	0.259	0.259
主成分2（利润）	0.209	0.467
主成分3（增长）	0.124	0.591
主成分4（风险）	0.102	0.693

以华房指数Top10房企为例，由表4-7不难看出，排名最高的前四位房企的规模因子同样为所有房企中的前四名。由此说明规模要素对上市房企的财务表现起决定性作用，这也与前文的主成分方差贡献度分析结论相一致。由于规模较大，利润摊薄现象较为明显，因此规模型房企往往在利润方面的指标表现较差。而华房指数Top10中除万科、保利等规模型房企外，也有浙江广厦、南都物业等规模较小、利润较高的房企，而部分利润较高的房企则伴随着高风险和不稳定的增长率。此外，上市房企的规模因子与增长因子成高度正相关，规模较大的房企增长速度也

较快，而这也印证了整体行业强者愈强的马太效应。风险因子则与其他三个因子相关度较小。

表4-7　　住房上市公司：华房上市公司指数及各因子指数

	华房指数	排名	规模因子指数	规模因子排名	利润因子指数	利润因子排名	增长因子指数	增长因子排名	风险因子指数	风险因子排名
万科	1.000	1	1.000	1	0.655	127	1.000	1	0.295	95
绿地控股	0.942	2	0.835	2	0.698	126	0.902	3	0.537	20
保利地产	0.841	3	0.704	3	0.717	124	0.819	5	0.295	96
大悦城	0.757	4	0.463	4	1.000	1	0.000	128	0.383	57
浙江广厦	0.751	5	0.171	86	0.989	2	0.943	2	0.604	11
南都物业	0.701	6	0.211	44	0.900	5	0.544	69	1.000	1
招商蛇口	0.696	7	0.453	5	0.774	118	0.641	33	0.193	121
华夏幸福	0.688	8	0.420	6	0.761	122	0.586	53	0.455	32
国创高新	0.683	9	0.173	82	0.893	6	0.675	20	0.870	2
金地集团	0.679	10	0.387	8	0.794	100	0.561	63	0.403	50
金科股份	0.672	11	0.379	9	0.820	55	0.427	111	0.417	47
深深房	0.667	12	0.189	64	0.892	7	0.596	50	0.752	5
新城控股	0.666	13	0.408	7	0.815	60	0.410	116	0.251	111
宁波富达	0.665	14	0.142	104	0.858	16	0.855	4	0.806	3
我爱我家	0.664	15	0.196	50	0.866	11	0.641	34	0.773	4
蓝光发展	0.656	16	0.336	11	0.844	21	0.376	120	0.430	40
哈高科	0.654	17	0.190	61	0.907	4	0.486	97	0.697	7
荣盛发展	0.647	18	0.331	13	0.794	98	0.522	80	0.454	34
世荣兆业	0.645	19	0.223	36	0.863	13	0.459	106	0.719	6
富森美	0.642	20	0.160	91	0.885	8	0.684	19	0.583	13
阳光城	0.641	21	0.341	10	0.794	97	0.525	78	0.327	80
首开股份	0.636	22	0.334	12	0.782	111	0.545	67	0.364	66
中华企业	0.634	23	0.227	33	0.841	25	0.580	55	0.540	18
万业企业	0.634	24	0.132	111	0.867	10	0.795	7	0.600	12
粤宏远	0.633	25	0.195	51	0.876	9	0.484	98	0.651	8
华发股份	0.631	26	0.319	15	0.825	43	0.423	113	0.323	87
上海临港	0.628	27	0.295	16	0.908	3	0.118	127	0.410	48

第四章 中国住房企业发展报告 ◇ 117

续表

	华房指数	排名	规模因子 指数	排名	利润因子 指数	排名	增长因子 指数	排名	风险因子 指数	排名
中南建设	0.628	28	0.325	14	0.785	105	0.473	101	0.424	42
中国国贸	0.628	29	0.173	84	0.861	15	0.640	35	0.578	14
黑牡丹	0.625	30	0.231	30	0.853	17	0.438	109	0.571	16
陆家	0.618	31	0.249	25	0.826	41	0.521	81	0.437	38
世茂股份	0.617	32	0.254	22	0.807	73	0.596	49	0.391	55
世联行	0.616	33	0.165	89	0.831	34	0.665	26	0.630	9
顺发恒业	0.610	34	0.127	113	0.843	22	0.805	6	0.512	25
粤泰股份	0.608	35	0.187	67	0.833	31	0.564	61	0.577	15
迪马股份	0.607	36	0.277	18	0.866	12	0.298	124	0.279	101
广宇集团	0.604	37	0.188	65	0.824	45	0.541	71	0.615	10
苏州高新	0.603	38	0.224	35	0.839	26	0.460	104	0.450	35
中天金融	0.601	39	0.277	17	0.814	63	0.350	121	0.445	37
广宇发展	0.601	40	0.230	31	0.792	102	0.546	66	0.537	19
金融街	0.601	41	0.265	20	0.797	95	0.518	84	0.354	71
中航善达	0.601	42	0.154	97	0.822	50	0.710	15	0.534	21
新湖中宝	0.600	43	0.258	21	0.798	92	0.526	77	0.366	63
华联控股	0.599	44	0.173	83	0.828	38	0.606	45	0.531	22
雅戈尔	0.598	45	0.228	32	0.811	70	0.540	73	0.421	43
亚通股份	0.598	46	0.178	78	0.837	28	0.531	76	0.550	17
泰禾集团	0.597	47	0.272	19	0.766	121	0.592	51	0.348	73
荣丰控股	0.596	48	0.185	70	0.845	20	0.480	99	0.522	23
北京城建	0.596	49	0.252	23	0.808	72	0.493	94	0.354	70
凤凰股份	0.594	50	0.141	107	0.837	29	0.672	22	0.512	24
北辰实业	0.593	51	0.240	27	0.810	71	0.509	86	0.354	69
冠城大通	0.589	52	0.187	66	0.817	57	0.559	64	0.489	27
南国置业	0.588	53	0.211	45	0.827	40	0.429	110	0.486	29
深振业	0.588	54	0.190	62	0.838	27	0.504	91	0.424	41
泛海控股	0.587	55	0.248	26	0.782	112	0.598	48	0.280	100
大名城	0.586	56	0.185	71	0.824	46	0.670	24	0.270	106
卧龙地产	0.586	57	0.181	77	0.823	49	0.544	68	0.486	30

续表

	华房指数	排名	规模因子指数	排名	利润因子指数	排名	增长因子指数	排名	风险因子指数	排名
滨江集团	0.586	58	0.250	24	0.805	79	0.459	105	0.327	81
汇丽	0.585	59	0.133	109	0.843	23	0.659	27	0.455	33
苏宁环球	0.585	60	0.171	85	0.816	58	0.603	46	0.477	31
金桥	0.583	61	0.192	55	0.831	35	0.507	87	0.399	52
小商品城	0.582	62	0.194	52	0.822	51	0.525	79	0.404	49
中国武夷	0.581	63	0.191	59	0.825	42	0.498	92	0.436	39
光大嘉宝	0.580	64	0.205	47	0.830	37	0.466	103	0.370	62
美好置业	0.580	65	0.225	34	0.842	24	0.313	123	0.418	45
京能置业	0.580	66	0.191	58	0.846	19	0.458	107	0.366	64
鲁商发展	0.579	67	0.236	29	0.819	56	0.381	119	0.378	59
海宁皮城	0.578	68	0.143	103	0.831	36	0.672	21	0.382	58
格力地产	0.577	69	0.212	43	0.820	54	0.425	112	0.418	46
上实发展	0.576	70	0.191	57	0.804	81	0.558	65	0.419	44
信达地产	0.576	71	0.223	37	0.792	101	0.540	74	0.336	75
光明地产	0.576	72	0.222	38	0.801	88	0.507	88	0.332	78
轻纺城	0.573	73	0.155	94	0.824	47	0.611	43	0.393	53
海航基础	0.572	74	0.205	48	0.781	113	0.629	37	0.337	74
深赛格	0.572	75	0.156	93	0.811	68	0.612	42	0.450	36
空港股份	0.571	76	0.142	106	0.812	67	0.633	36	0.489	28
南京高科	0.571	77	0.181	76	0.813	65	0.585	54	0.334	76
三湘印象	0.570	78	0.161	90	0.816	59	0.602	47	0.393	54
海泰发展	0.568	79	0.122	117	0.862	14	0.784	8	0.044	127
长春经开	0.567	80	0.106	123	0.833	30	0.766	10	0.326	84
中体产业	0.566	81	0.148	99	0.815	61	0.623	39	0.402	51
福星股份	0.565	82	0.193	54	0.794	99	0.563	62	0.351	72
绿景控股	0.564	83	0.102	125	0.832	32	0.776	9	0.308	93
栖霞建设	0.563	84	0.209	46	0.814	62	0.409	117	0.362	67
中交地产	0.562	85	0.216	41	0.800	91	0.417	115	0.372	61
荣安地产	0.562	86	0.238	28	0.825	44	0.295	125	0.285	98
广汇物流	0.561	87	0.186	68	0.823	48	0.467	102	0.326	83

第四章　中国住房企业发展报告　◇　119

续表

	华房指数	排名	规模因子		利润因子		增长因子		风险因子	
			指数	排名	指数	排名	指数	排名	指数	排名
城投控股	0.561	88	0.166	88	0.803	85	0.652	29	0.276	103
海南高速	0.561	89	0.106	122	0.827	39	0.757	11	0.307	94
深物业	0.560	90	0.222	39	0.853	18	0.275	126	0.237	113
天房发展	0.560	91	0.191	60	0.797	94	0.505	90	0.384	56
财信发展	0.558	92	0.217	40	0.831	33	0.343	122	0.254	109
香江控股	0.557	93	0.185	69	0.801	89	0.505	89	0.365	65
皇庭	0.557	94	0.160	92	0.812	66	0.578	57	0.327	82
京汉股份	0.556	95	0.182	74	0.813	64	0.496	93	0.314	90
万通地产	0.555	96	0.127	115	0.804	83	0.731	13	0.311	92
新华联	0.554	97	0.193	53	0.788	103	0.538	75	0.314	89
南山控股	0.553	98	0.182	72	0.800	90	0.542	70	0.292	97
中洲控股	0.551	99	0.182	75	0.776	116	0.577	58	0.361	68
天地源	0.551	100	0.192	56	0.796	96	0.487	96	0.326	85
电子城	0.551	101	0.142	105	0.801	86	0.651	30	0.324	86
市北高新	0.551	102	0.174	81	0.822	52	0.519	83	0.224	117
大龙地产	0.550	103	0.149	98	0.821	53	0.573	59	0.274	104
华远地产	0.549	104	0.212	42	0.798	93	0.422	114	0.273	105
西藏城投	0.548	105	0.177	79	0.805	80	0.492	95	0.316	88
珠江实业	0.548	106	0.154	96	0.783	108	0.623	38	0.372	60
中润资源	0.547	107	0.154	95	0.786	104	0.519	82	0.501	26
海航投资	0.546	108	0.108	121	0.807	75	0.749	12	0.278	102
新黄浦	0.545	109	0.167	87	0.806	78	0.540	72	0.261	108
沙河股份	0.540	110	0.141	108	0.811	69	0.609	44	0.229	115
渝开发	0.540	111	0.127	112	0.801	87	0.671	23	0.265	107
阳光股份	0.539	112	0.121	118	0.804	84	0.687	17	0.253	110
合肥城建	0.537	113	0.182	73	0.785	106	0.479	100	0.311	91
华丽家族	0.534	114	0.145	102	0.806	77	0.586	52	0.204	119
宋都股份	0.533	115	0.203	49	0.807	76	0.394	118	0.163	123
铁岭新城	0.532	116	0.127	114	0.804	82	0.654	28	0.194	120
天保基建	0.525	117	0.113	120	0.783	109	0.722	14	0.229	116

续表

	华房指数	排名	规模因子 指数	排名	利润因子 指数	排名	增长因子 指数	排名	风险因子 指数	排名
云南城投	0.524	118	0.175	80	0.782	110	0.578	56	0.095	125
京投发展	0.523	119	0.190	63	0.776	117	0.452	108	0.223	118
大港股份	0.521	120	0.123	116	0.778	114	0.644	32	0.281	99
亚太实业	0.519	121	0.114	119	0.784	107	0.668	25	0.236	114
嘉凯城	0.519	122	0.148	100	0.777	115	0.564	60	0.249	112
全新好	0.510	123	0.098	127	0.761	123	0.691	16	0.334	77
中迪投资	0.503	124	0.146	101	0.807	74	0.513	85	0.000	128
天津松江	0.500	125	0.132	110	0.773	119	0.619	41	0.087	126
海航创新	0.495	126	0.106	124	0.773	120	0.647	31	0.145	124
退市大控	0.483	127	0.100	126	0.715	125	0.686	18	0.329	79
中房股份	0.320	128	0.000	128	0.576	128	0.620	40	0.191	122

第五章

中国住房需求主体分析与预测

李 超

一 2018—2019年住房需求主体分析

在经济形势下行压力增大、地方财政收支压力上升的背景下，2019年7月30日中央政治局会议强调"不将房地产作为短期刺激经济的手段"，进一步对外释放了稳定市场预期的坚定信号。一方面，明确了长短期政策基调，进一步稳定市场预期、强化住房自住属性，使房价趋于理性；另一方面，针对房地产行业的资金监管并未弱化，住房市场预期进一步稳定。与此同时，财政部、住建部明确住房租赁市场发展资金采取竞争性评审方式分配，适时优化调控政策稳固楼市，加速培育发展住房租赁市场，进一步助推了住房需求主体行为向理性回归。

（一）购房者

1. 销售面积增幅持续回落，购房者观望情绪浓厚

随着本年度周期内中央和地方调控政策保持延续，投资性购房需求得到有效抑制，从而引导市场需求主体回归理性。根据国家统计局数据显示，2018年第四季度至2019年第三季度，全国商品住宅销售面积增幅总体持续回落（见图5-1）。其中，2019年2月商品住宅销售面积累计同比降幅高达3.2%，达到自2016年以来的最高降幅。从新建商品住宅价格指数同比增幅来看，尽管2019年上半年出现了温和上浮，但由于2019年7月中央政治局会议进一步释放了市场调控信号，新建商品住宅

价格指数同比增幅迅速回落到10%以内。从吉屋网的新房和二手房交易价格数据来看，2019年10月276个城市中新房价格同比上升的城市仍有179个，二手房同比上升的城市达到189个。综合来看，虽然本周期内住房需求释放持续回落，但市场观望情绪仍十分浓厚。

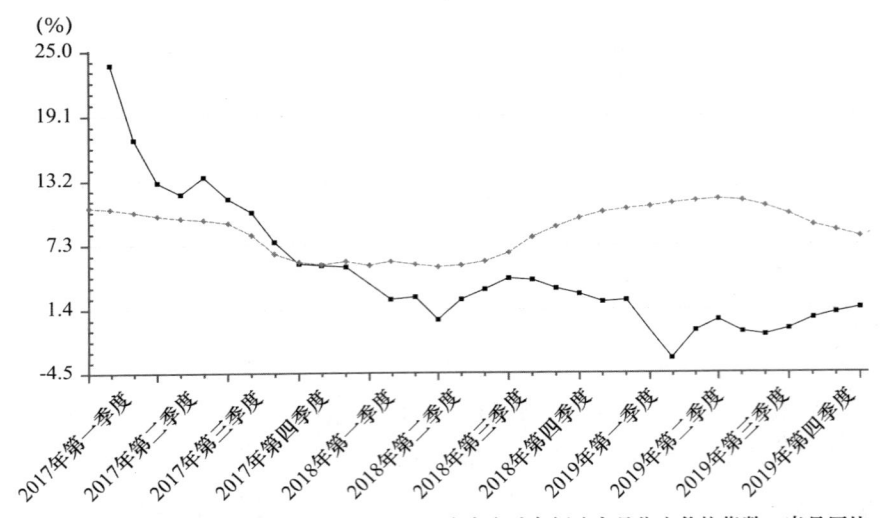

图5-1　近年来商品住宅销售面积与70个大中城市新建商品住宅价格指数同比增幅

资料来源：根据Wind数据库和国家统计局相关数据整理。

2. 城市与区域分化态势延续，需求释放的梯度差异明显

受人口结构、供需矛盾和调控政策的差异化影响，不同等级城市之间购房者的预期差异和市场反应差异也非常明显。长期以来由一线城市领涨与二线城市、三线城市持续震荡之间的区域分化态势，在近年来发生了明显的改观。本周期内，新建商品住宅价格指数同比增幅排序分别为二线城市、三线城市和一线城市（见图5-2），并呈现出明显的梯度差异。2019年10月，一线城市新建商品住宅和二手住宅销售价格同比分别上涨4.7%和0.5%，二线城市新建商品住宅和二手住宅销售价格同比分别上涨8.7%和4.4%，三线城市新建商品住宅和二手住宅销售价格同比分别上涨7.7%和4.6%。从国家统计局公布的四大区域商品房销售状况

来看，2019 年 1—10 月，东部地区和东北地区商品房销售面积同比分别下降 2.1% 和 5.0%，中部地区和西部地区商品房销售面积同比分别增长 0.6% 和 3.8%。受区域经济增速差异和地方调控政策的松紧程度影响，本周期内住房需求释放由一线城市逐渐转移到二线城市、三线城市，由东部发达地区转移到中西部欠发达地区。

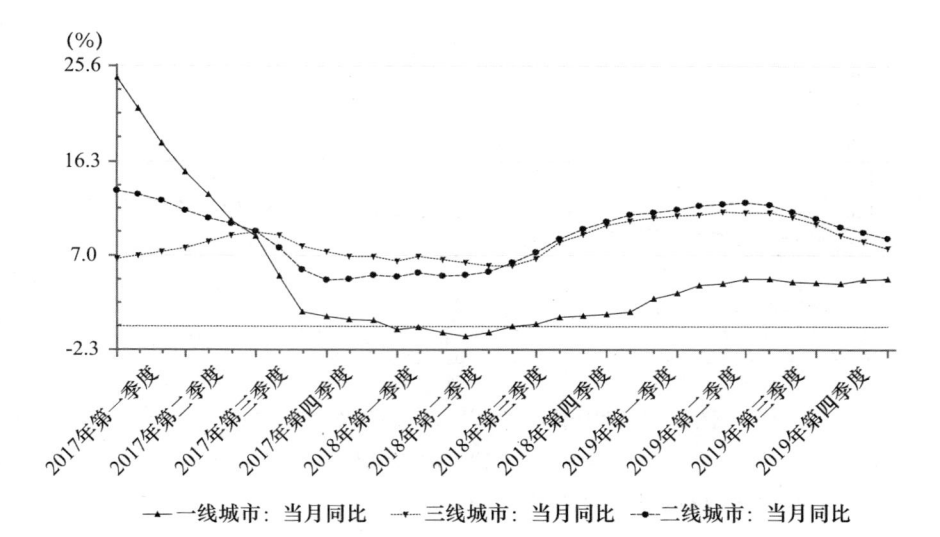

图 5－2　70 个大中城市中一线城市、二线城市和三线城市新建商品住宅价格指数同比增幅

资料来源：根据 Wind 数据库和国家统计局相关数据整理。

3. 改善性住房需求占比提升，物业类型需求分化加剧

本轮周期内改善性住房需求比例出现稳步提升，主要表现为商品房成交套均面积的逐步增加。2016 年第四季度至 2017 年第三季度，十大城市商品房成交套均面积为 106.6 平方米，2017 年第四季度至 2018 年第三季度上升为 108.9 平方米，而 2018 年第四季度至 2019 年第三季度则进一步上升至 111.7 平方米（见图 5－3）。综合人口结构和市场周期来看，住房改善性需求比例出现稳步提升态势，未来将会逐步成为中国住房需求结构的主体以及支撑市场走势的稳定载体。实体经济增速下滑，以及互联网和电商对传统购物营销和办公模式带来的巨大冲击，导致近年来物业类型需求出现了持续分化态势。2019 年 1—10 月，全国住宅销售面积

同比增长1.5%，而办公楼销售面积同比下降11.9%，商业营业用房销售面积同比下降14.0%。从2019年10月末住宅、办公楼、商业营业用房去库存速度来看，住宅和商业营业用房待售面积分别减少125万平方米和17万平方米，而办公楼待售面积却增加9万平方米。由此可见，与上一轮周期相比，物业类型的需求分化程度呈现出进一步加剧的态势。

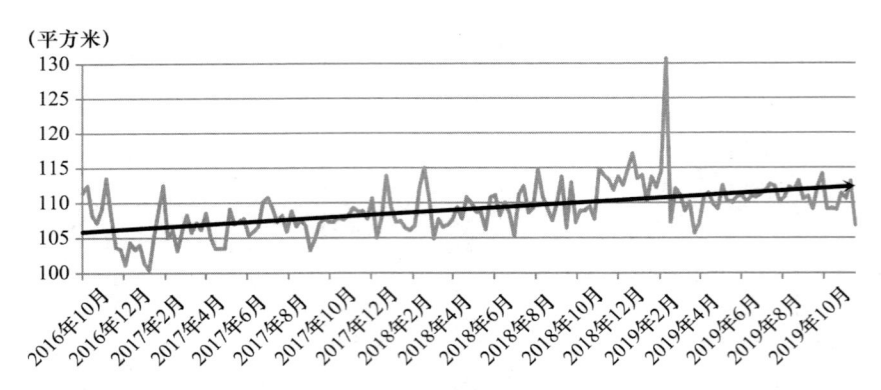

图5-3 2016年第四季度以来十大城市商品房
成交套均面积当周值变化趋势

资料来源：根据Wind数据库相关数据计算整理。

（二）投资者和投机者

1. 从严调控政策效果显现，投资投机性购房需求被有效遏制

受中央和地方调控政策的持续影响，住房的投资需求近年来大为降低。据2018年第四季度到2019年第三季度中国人民银行《城镇储户问卷调查报告》显示，本周期内被调查储户中预期房价上涨的比例开始降至30%以下（见表5-1），未来3个月准备买房的储户比例降至22%以下，上述两项比例均为2017年第二季度以来的最低值。特别是作为全国楼市风向标的北京市，本周期内房价预期指数在从严的调控政策影响下一直处于低位水平，并在2018年11月达到近年来的最低值（见图5-4）。与此同时，本周期内预期房价基本不变的被调查储户比例也达到了2017年以来的最高值，一定程度上反映出"稳地价、稳房价、稳预期"的持续调控政策取得了阶段性的效果。

表 5-1　　2018 年第四季度至 2019 年第三季度全国储户房价
预期与购房意愿　　　　　　　　　　（单位:%）

	预期房价				未来 3 个月准备买房
	上涨	基本不变	下降	看不准	
2018 年第四季度	27.4	49.6	11.8	11.1	21.9
2019 年第一季度	25.8	52.7	10.5	11.0	21.5
2019 年第二季度	28.2	50.8	9.8	11.3	21.0
2019 年第三季度	29.3	50.3	9.8	10.6	21.5

资料来源：根据 2018 年第四季度至 2019 年第三季度中国人民银行《全国城镇储户问卷调查综述》中的相关数据整理。

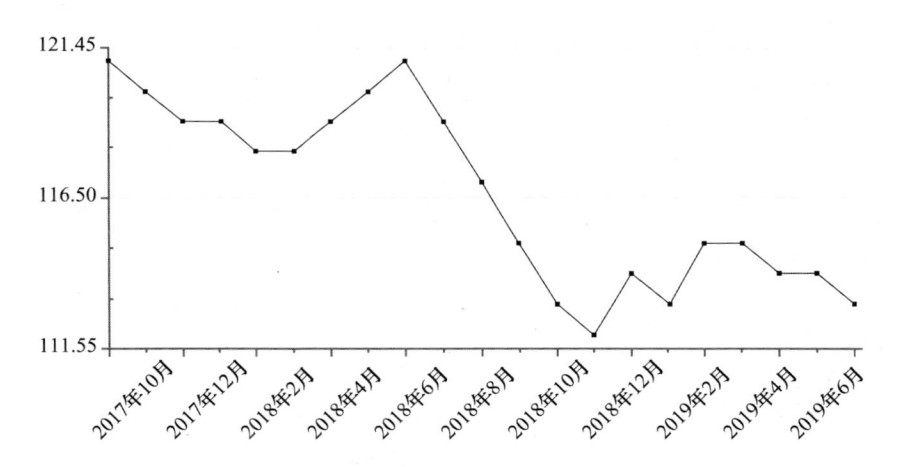

图 5-4　2017 年第四季度至 2019 年第二季度北京市
房价预期指数（2016 年 = 100）

资料来源：根据 Wind 数据库相关资料信息整理。

2. 投资轮动现象仍暗流涌动，海外购房投资比例上升

受限购限贷、限价限售等调控政策影响，投资客资金也根据市场供需特征在不同城市和区域之间轮动转换，许多热点区域振兴规划成为本周期内投资投机性购房需求追逐的重点。与此同时，受我国房地产市场的持续从严调控政策影响，国内住房投资者开始转向美国、澳大利亚和加拿大等海外市场，在发达国家住房政策收紧和市场下行后，泰国、马来西亚等东南亚国家海外投资需求开始上升。据"居外网"数据显示，

2018年泰国房地产的询价次数甚至超过了欧美等发达国家，高居首位。另据《南华早报》报道，中国居民2018年在泰国房地产市场购买住房投资金额达到400亿泰铢（约87亿元人民币）。随着近三年来国内房地产市场调控政策的持续，投资投机性购房需求总体上呈现出一定程度的外溢趋势。

（三）租房者

1. 住房租赁市场培育效果初显，住房租赁价格渐趋回落

本周期内住房调控政策的一个重点即为"加速培育发展住房租赁市场"，各地方政府相继出台住房租赁支持政策并提高公租房供给比例，一定程度上有效平抑了热点城市住房租赁市场的供需矛盾。与此同时，中央纪委国家监委、住房和城乡建设部等多个部门联合开展住房租赁中介机构乱象专项整治行动，进一步整顿和规范了住房租赁市场秩序，净化了住房租赁市场环境。国家统计局公布数据显示，本周期内70个大中城市租赁房房租同比涨幅持续回落（见图5-5），近年来住房租赁市场的长效机制建设和培育效果开始显现。

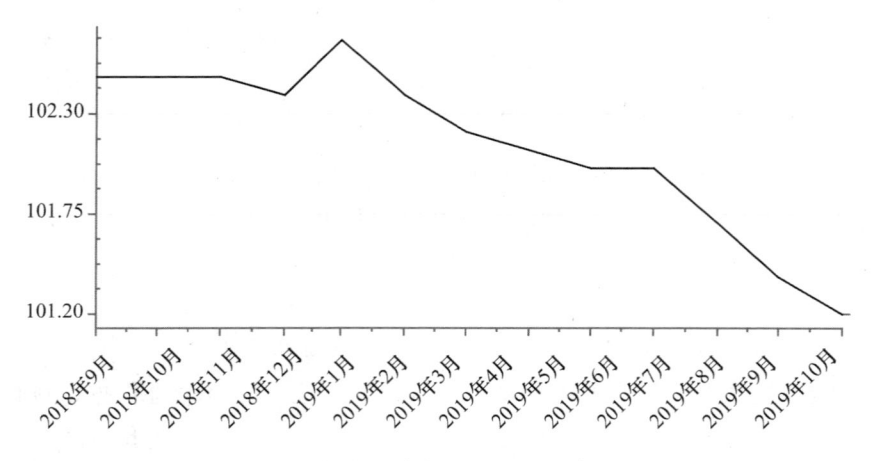

图5-5 2018年第四季度以来70个大中城市租赁房房租同比涨幅趋势变化（上年同月=100）

资料来源：根据Wind数据库和国家统计局相关数据整理。

2. 住房租赁市场分化态势开始凸显，一线城市供需矛盾仍在持续

与全国住房租赁市场的整体下行趋势不一致的是，北京、上海、广州、深圳等一线城市的住房租赁价格上涨趋势仍在进一步延续（见图 5-6）。2019 年 10 月，全国 35 个重点城市住房租赁价格指数中仅有 8 个城市同比上涨，其中北京、上海、广州、深圳 4 个一线城市均在其列。虽然近年来相继出台的住房租赁支持政策进一步规范了住房租赁市场秩序，稳定市场的同时也进一步增加了租赁房房源，对于有效抑制重点城市房租上涨态势起到了关键作用。但是从短期来看，由于北京、上海、广州、深圳等一线城市承载了大量的外来人口和"夹心层"人口，住房租赁市场的供需矛盾一时还难以得到根本性解决。

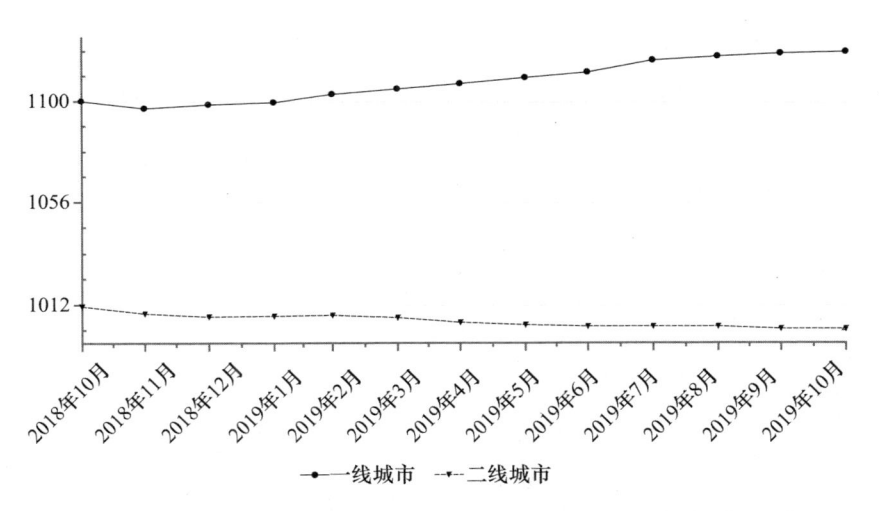

图 5-6　2018 年第四季度以来全国 35 个重点城市住房租赁价格指数（2006 年 1 月 =1000）

资料来源：根据 Wind 数据库相关数据资料和易居企业集团、易居房地产研究院中国房地产测评中心、华东师范大学东方房地产研究院三方共同发布的相关月度《中国城市住房租赁价格指数报告》计算整理。

二　2020 年住房需求判断

2020 年以来，新冠肺炎疫情对世界经济和中国经济形成巨大冲击，

其后续演变和影响的程度、范围仍有很大不确定性。疫情期间，由于各地采取的经济停摆和人员限制性流动措施，住房需求的释放呈现出断崖式下降态势。伴随着疫情缓解和前期积压的购房需求释放，加上部分地方政府出台放宽人口落户限制、降低人才引进门槛、加大购房补贴力度等系列政策，住房市场自 3 月开始逐渐恢复。

（一）2020 年上半年住房需求变化趋势

受新冠肺炎疫情影响，2020 年 1—2 月全国商品房销售面积同比下降 39.9%，部分二线城市的存销比在 2 月曾一度高达 1000 以上（见图 5-7），新房、二手房成交量同比降幅均达到近年来最大值。随着 2020 年 3 月全国疫情防控形势的逐步好转，以及降息等供需两端政策支持因素影响，2020 年 1—3 月、1—4 月、1—5 月商品房销售面积同比分别下降 26.3%、19.3%、12.3%，降幅呈现逐月收窄态势。2020 年 4—5 月，部分城市二手房交易量已逐步恢复至去年同期水平。2020 年 5—6 月，新房成交规模已接近过去三年同期的平均水平。

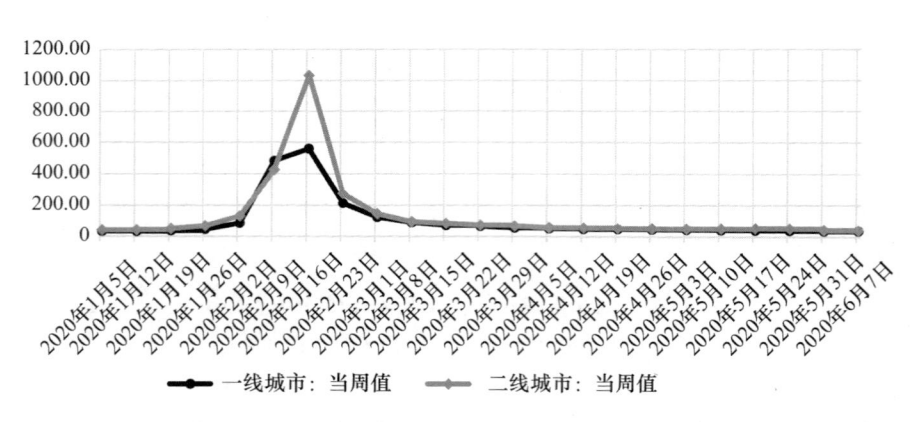

图 5-7　2020 年以来十大城市商品房存销比（套数）

资料来源：根据 Wind 数据库相关数据资料计算整理。

改善性需求的释放是 2020 年上半年住房市场形势的一大特点。当前，改善性需求已逐步成为我国住房需求的主体，也是决定市场走势的主要力量。按照央行调查统计司的口径，综合城镇居民住房拥有率（96%）、单套住房家庭比例（58.4%）和未来3个月有购房支出意愿比例（19.7%）[1]进行估算，仍有超过11%的城镇居民家庭有较强烈的改善性住房需求。根据中指研究院2020年1—5月30个城市住宅项目销售套数占比情况，120—144平方米、144—200平方米和200平方米以上的改善性产品销售套数占比相对于2019年均有所增加。

（二）未来住房需求走势预测

综合房地产市场周期、前期需求释放以及政策调控的多重影响，预计下一轮住房需求走势仍将保持总体回调、平稳释放的周期特点。一方面，"不将房地产作为短期刺激经济的手段"昭示了调控政策的力度和范围将保持延续性，对市场预期将会起到进一步稳定抑制的效果。即便个别城市受疫情和市场供需结构影响出现调控松动迹象，但夯实"一城一策"和城市主体责任的总体基调并不会动摇。另一方面，由于现有购房年龄人口中处于刚性需求和改善性需求群体的年龄段比例较高，二孩政策的滞后影响开始逐步显现，存量住房的房屋质量和舒适度有很大提升空间，未来刚性需求和改善性购房需求仍有进一步释放空间。

1. 投资投机性需求：政策调控保持延续

本周期内限购限贷、限价限售政策进一步保持延续，从市场表现来看一定程度上抑制了投资投机性需求。但住房市场观望情绪仍十分浓厚，区域间的投资轮动现象仍暗流涌动，海外购房投资比例开始稳步提升。若未来从严调控政策出现松动迹象，将很难保证投资投机性需求不会死灰复燃。2019年7月中央政治局会议强调指出"不将房地产作为短期刺激经济的手段"，预示着下一轮周期内执行从严调控政策不动摇仍是大概率事件，总体上仍将继续保持限购限贷、限价限售政策的调控定力，对投资投机性需求释放采取露头就打的高压态势，进一步夯实城市政府的主体调控责任。

2. 刚性需求与改善性需求：从持续观望到平稳释放

随着中国人口年龄结构变化和中产阶级群体的持续扩大，当前中国住房需求结构正逐渐由"刚性需求为主""刚性需求与改善性需求并重"

---

[1] 中国人民银行《2020年第二季度城镇储户问卷调查报告》。

转变为"改善性需求为主",改善性购房需求的比例呈现出逐步提升的趋势。由于各地调控政策的持续性,刚性需求与改善性需求群体的正常购房需求难免会受到不同程度误伤。受市场供需结构的影响,个别城市可能会出台相关刚性需求与改善性需求的差异化保护政策,部分开发商出于资金链压力不排除推出一系列降价促销手段,持续观望的刚性需求与改善性需求群体有望实现需求的梯度平稳释放。

3. 租赁房需求:市场预期向好

随着城镇化率的逐年攀升、重点城市房价的持续高位运行以及城市空间范围扩大导致的职住分离群体增加,中国当前租赁房需求群体已高达1.8亿人。综合本周期内租赁房市场的秩序维护和政策预期来看,未来住房租赁市场的供需矛盾会逐步趋向缓和,租赁市场投融资力度将会有一个较好的政策预期。但是从短期来看,重点城市住房租赁市场的供需矛盾一时还难以得到根本性解决,未来仍将延续温和上浮的总体走势。伴随着政策层面对租赁需求的鼓励支持,特别是房租抵扣个税等政策的相继出台,租赁房市场将逐步沿着预期向好、规范有序的方向发展。

三 住房需求领域面临的主要问题

(一) 从严调控未能消除观望情绪,海外购房投资面临不确定性风险

由于近年来实体经济回报率低、投资渠道不畅、股市和汇市存在较大波动,宏观经济形势面临内外部双重压力,房地产对于中国家庭而言具有投资和居住的双重属性,从严的调控政策一定程度上抑制了投资投机性购房需求的释放,而未能从根本上消除投资性购房需求群体的观望情绪。从本周期内住房需求的释放过程可以看出,销售面积增幅回落和住房价格的涨幅回落与各地从严的调控政策有关。一旦住房市场调控政策有所松动,投资投机性需求可能会死灰复燃或在区域之间形成投资轮动。与相对熟悉的国内购房投资市场环境相比,海外购房投资面临更多的信息不对称、汇率与政治局势不稳定、法律与房地产税收政策变化等诸多不确定性市场风险,如许多国家在本地房地产市场过热的情况下,会通过税收或其他政策性限制条件来提高海外投资买家的交易成本。有关部门有必要加强相关领域的监管力度,从而防止住房需求的非理性溢出。

（二）扰乱市场秩序行为亟须治理，长效机制建设任重而道远

2019年9月，住房和城乡建设部、国家发展改革委等六个部门联合发布《关于在"不忘初心、牢记使命"主题教育中专项整治住房租赁中介机构乱象实施方案》，对发布虚假房源信息、赚取住房出租差价、实施价格违法行为、违规开展租金消费贷款业务、未按规定备案住房租赁交易合同、采取威胁恐吓等暴力手段驱逐承租人或恶意克扣押金租金六种违规操作行为进行重点治理，一定程度上规范了住房租赁市场秩序。但在本周期内出现的一些其他市场违规操作现象，也必须引起监管部门足够重视。部分限购城市中介机构违规帮助办理假离婚、虚假人才引进、补缴社保或个税手续，从而规避限购限贷政策约束。疫情防控期间，多地也相继出现租赁双方违约、租房者不能正常入住等乱象。部分热点区域如粤港澳大湾区、上海自贸区临港片区、北京通州副中心等，以及一些重要基础设施建设项目如大兴机场、沪通铁路等，成为部分开发商和中介平台的炒作利器，一定程度上影响了舆论导向和未来市场预期。

（三）需求分化态势累积延续，商品房结构性矛盾凸显

从当前和未来一段时期人口流动的趋势来看，人口由农村向城市流动的速度将减缓，而人口从小城市向大中城市集聚的状况将变得更加突出。这种城镇化和人口流动的新态势将会进一步加剧中国住房需求的空间失配现象，中国住房市场将会迎来一个相当长的分化时期。从当前情况来看，三、四线城市的结构性过剩与一、二线城市的结构性短缺并存。而随着重点城市住房调控政策的持续收紧，住房需求释放开始逐步转移至三、四线城市和中西部地区。由于上一轮周期内棚改货币化等政策的滞后影响，以及本周期内部分三、四线城市和中西部地区住房需求的提前透支释放，部分结构化矛盾突出的城市将会面临职住分离、房户分离和住房空置率上升的隐忧。与此同时，由于实体经济不振以及互联网和电商兴起对传统购物营销模式产生的巨大冲击，近年来办公楼和商业营业用房需求持续低迷的状况在本周期内进一步延续。区域市场分化和物业类型分化的态势延续，也会进一步导致需求越旺盛的东部地区和重点城市限购政策越严格，对办公楼和商业营业用房的挤出性投资需求上升，同时会反过来加剧区域住房市场与物业类型的结构性矛盾。

（四）市场供需结构不匹配，增量调控模式有待调整

为了积极应对21世纪以来中国住房需求的持续高涨，中央和各级地方政府事实上采取了以增量调控为主的调控方式，这种调控管理思路在过去十多年来供需不平衡时期发挥了积极作用，大量新增住房在一定程度上满足了居高不下的住房刚性需求。由于近年来中国住房供给的持续增加，住房市场结构已经演变为巨大存量与有限增量的组合。随着人们收入水平稳步提高，生育政策调整后二孩家庭数量增多，改善基本居住条件的需求增加。建于20世纪八九十年代和21世纪初期的存量住房，在建筑质量、室内布局、生活舒适度等方面都有很大提升空间；大中城市通勤时间长、市中心拥挤等问题比较突出。因此，既存在年轻人小换大、远换近的需求，也有部分老年人大换小、近换远的需求。从需求结构来看，尽管近年来人均住房面积和住房自有率已经得到显著提高，部分地区和商品房类型已经出现结构性过剩，对于优质住房和区位条件较好的住房需求仍然比较强烈。本年度周期内商品房成交套均面积增加正是改善性购房需求释放的集中体现。

（五）普通住宅和非普通住宅认定标准不尽合理，一定程度上抑制改善性需求

当前，北京、上海等住房供需矛盾较为严重的一线城市，仍在沿用多年前的普通住宅和非普通住宅的认定标准。我国商品住宅90平方米的户型，套内实际使用面积为70平方米左右，对于三口之家勉强满足基本需求，如果家有老人或雇佣保姆或生有二孩就十分拥挤，这样的家庭改善住房条件的需求十分迫切且需求量不小。这类家庭中相当一部分购置二套房的能力不足，但却有以房换房从而改善住房的能力。现行非普通住宅认定标准和相关政策明显抑制了合理的有效需求。以北京为例，五环内只要均价高于3.96万元/平方米或总价超过468万元即被认定为非普通住宅。按当前市场交易情况，五环以内90%以上的新房或二手房都被认定为非普通住宅。一旦交易房屋被认定为非普通住宅，京沪居民换房时首付比例会额外增加两成，还需另交买卖差额5%的增值税，无形抬高

了单套住房的交易门槛和税费负担，从而不利于释放存量住房需求潜力。

四 政策建议

从本年度住房需求主体的市场表现来看，调控政策的持续性和稳健性对住房市场的均衡发展意义十分重大。因此，要根据房地产市场发展阶段的变化，以持续改善居民居住条件为目标，以调整市场供求关系为着力点，着重将短期调控政策和长期发展政策有机结合起来。针对本周期内住房需求领域存在的突出问题，本章提出如下几点政策建议。

第一，积极应对未来住房需求主体的结构变化。当前，我国住房需求结构中改善性购房需求的比例逐步提升。因此，在继续保持调控定力的同时，也要谨防调控政策误伤刚性需求群体和改善性需求群体。一方面，要继续加大对投资性购房需求的限制调控力度，适当提高个人购买豪华别墅、高档商品房或以投资为目的购买第二套普通住房的限制条件；另一方面，对年轻群体的首套房刚性需求在首付比和贷款利率上予以适当政策倾斜，谨防限购限贷、限价限售等调控政策工具对所有的需求主体"胡子头发一把抓"。针对当前重点城市非普通住宅认定比例过高的现象，可有序借鉴深圳经验做法，取消现有对成交总价和单价的标准限制，只要符合容积率1.0以上且房屋建筑面积144平方米以下的单一住房，在住房交易时认定为普通住宅。适时调整完善普通住宅和非普通住宅的界定标准和认定范围，可以一定程度上减轻刚性和改善性需求购房群体的首付压力和税费支出，保障合理的刚性和改善性住房需求，从而积极应对未来住房需求主体的结构变化。

第二，加快推进需求端住房市场长效机制建设。房地产调控的一个主要难点就在于如何区分刚性需求、改善性需求以及投资投机需求。但从目前来看，中国还相对缺乏住房市场的有效数据和公开透明的市场信息，尤其是微观的市场调查数据。因此，在逐步推进完善不动产统一登记的同时，要以此为基础建立一个公开、有效、透明的统计信息体系，从技术上对刚性需求、改善性需求与投资投机性需求有效甄别，从而使得政府对市场的调控更能抓住根本，使调控政策更加精准、有效，加速建设健康有序的房地产市场。在个人住房信息登记联网的基础上，要加快推进房地产税立法进程并适时开征房地产税,在很大程度上增加投资投机者的持有成本和政策预期,使得房地产税取代土地出让金成为地方财政收入的主要稳定来源,用市场化的方式来进一步规范房地产市场相关主体的行为。

第三,充分释放存量房市场的供需活力。在中国目前的住房形势下,仍然坚持以增量为主的调控方式已不适应市场化需求,应保证在一定增量供给的前提下去积极盘活二手房市场和租赁市场的存量,明确"租购并举"的住房市场长期发展思路,以防止总量供给过剩而区域结构失调的现象发生。主要包括:通过"互联网+"手段倡导推行"共享住宅模式",盘活闲置住宅资源、提高住宅使用效率;推行"租购同权"政策、保障承租者市民待遇,对有固定职业、有纳税证明的承租者在社保、教育、医疗、就业等方面充分享有与当地户籍市民同等的待遇;建立政府租赁监管平台和租赁交易平台,借鉴北京市推出的"1+N"模式,通过住房租赁监管平台链接嵌入住房租赁交易服务平台,加大对市场化中介交易平台的监管力度;对炒作哄抬房租、变相抬价加价的房屋中介机构和租赁平台,进行约谈并处以重罚,严厉打击各种炒作和违规交易行为;适时建设政府中介机构、租赁交易平台并定期发布公租房信息,严厉打击公租房的转租和变相抬价行为。

第四,建立完善供需匹配的分类城市住房调控体系。近年来,中国一线城市和人口基本面较好的二线城市总体延续了住房需求持续高涨的趋势,呈现"量稳价增"的局面;而其他三、四线城市则从规模扩张转为结构优化,总体步入"量减价稳"阶段和"有价无量"的结构调整期。因此,亟须建立与城镇化态势和人口流向相一致的分类城市住房调控体系,在土地指标、住房供给总量、限购力度以及信贷政策方面,实行差异化的分类调控政策,有效防止结构性过剩与结构性短缺并存的现象持续蔓延。在土地审批环节,各地应该适时调整住宅用地与工业用地、商服用地的供给比例,根据经济发展和人口结构状况制定中长期的土地和房地产供给规划,必要时可以尝试"商办改住宅"等房地产用途结构的调整。积极利用集体经营性建设用地入市的政策契机,有序推进符合规划许可和项目要求的土地入市流转,以解决重点城市住房供需紧张的结构矛盾。

第六章

中国住房地方政府形势分析与预测

蔡书凯

2018年第四季度以来，在"房住不炒"和"因城施策"的大基调下，地方政府根据区域房地产市场发展情况，审时度势，相机决策，及时调整房地产调控政策，整体上实现了"稳地价、稳房价、稳预期"目标。在"930新政"实施3年以后，政策的效应逐步释放，进入2019年第三季度以后，一些地方政府（包括系统重要性城市）开始对过往的政策进行适当优化微调，如限价略松、人才引进和限售替换限购等。

2020年年初的新冠肺炎疫情严重冲击了中国房地产市场2019年的平稳回归，为有效应对疫情影响、最大限度降低疫情对房地产市场的冲击，保障房地产市场平稳运行，各地更加灵活地坚持"因城施策"。目前，各地密集出台多项涉及房地产领域的政策，从供需两端稳预期、促发展。

未来，在"房住不炒"高压下楼市调控很难放松，但"因城施策"也给了地方政府边际放松的空间；在需求透支和棚改力度减弱背景下，三、四线城市"稳房价"的重心开始转移；部分财政重压下的地方政府可能重新走向无节制卖地的老路。未来需要继续强化地方政府稳定楼市的主体责任；赋予地方政府一定的房地产金融调控权，允许地方政府采取差异化政策，助力"稳地价、稳房价、稳预期"目标的实现；进一步理顺中央与地方财政分配关系，严格控制部分城市土地供给，避免库存再次高企。

一 地方政府行为回顾

（一）灵活调控房地产市场

2019年以来，地方政府根据区域房地产发展情况，积极贯彻落实"房住不炒"精神，在房地产市场中的行为体现了灵活性、针对性。

2019年第一季度整体政策趋于放松，部分城市纷纷放松调控，引才优惠加码，住房补贴、安家费、人才住房保障等政策频频出台。例如菏泽成武县对农民进城购买首套新建商品房享受每平方米300元的优惠。石家庄在全市放开城区、城镇落户，群众仅凭居民身份证、户口簿就可向落户地派出所申请户口迁入市区、县（市）城区和建制镇。青岛对购买首套商品住房的博士研究生和硕士研究生分别一次性发放15万元/人、10万元/人的安家费。汕头对新引进各类人才提供购房补助和住房补助。芜湖针对在芜就业创业的人才在市区购买首套自住普通商品房且在本市参加社会保险的，给予1万—2万元一次性安家补助，并按一定比例给予契税补贴。

进入2019年第二季度，政策紧缩程度明显加强。特别是市场热度较高的西安、苏州分别升级了限购、限售政策。同时，全国部分地区利率上浮水平也止降回升，公积金政策又迎来新一轮收紧，合肥、苏州、东莞等地基于土地市场热度升高也及时收紧土拍政策。此外，河南、福建、浙江、安徽、成都、长沙、武汉等省市提出要稳妥实施"一城一策"方案，切实稳地价、稳房价、稳预期（见表6-1）。

表6-1　　　　　　　　部分城市的紧缩调控政策

	时间	主要内容
苏州	2019年5月11日	调整土地出让报价规则，将土地出让报价条件从定值调整为区间设置。对苏州工业园区全域、苏州高新区部分重点区域新建商品住房实施限制转让措施，购房人自取得不动产权证之日起，满三年后方可转让。对苏州工业园区全域二手住房实施限制转让措施，购房人通过二手住宅市场交易新取得不动产权证满五年后方可转让。在苏州工业园区全域内，房地产开发企业应当将不少于预（销）售许可建筑面积60%的住房优先出售给在园区就业、创业并连续缴纳社保或个税12个月及以

续表

	时间	主要内容
苏州	2019年5月11日	上，且个人及家庭（含未成年子女）在苏州大市无自有住房的本科及以上学历人才。申请人在6月6日后，将家庭拥有的住房转移至原配偶或未成年子女名下造成无自有住房的，自该住房不动产转移登记满两年后方可申请优购房资格
西安	2019年4月23日	5月13日起，该中心将实施资金流动性风险防控一级响应措施，暂停西安地区（含西咸新区）以外购房提取公积金
西安	2019年6月20日	非西安市户籍居民家庭在本市住房限购区域范围内无住房且能够提供5年以上（含5年）个人所得税或社会保险证明的，方可购买1套商品住房或二手住房。从西安市外迁入户籍的居民家庭（退伍转业、家属随军落户的除外）在西安市住房限购区域范围内购买商品住房或二手住房的，应落户满1年，或在西安市连续缴纳12个月的社会保险（或个人所得税）。将临潼区纳入住房限购范围，严格执行西安市住房限购政策
天津	2019年3月1日	自2019年6月1日起，在外地缴存住房公积金职工申请个人住房公积金贷款的，应支付不低于购房全部价款60%的首付款
丹东	2019年4月27日	对非本地户籍家庭在市区范围内允许购买1套新建商品住房；对本地和非本地户籍家庭凡在市区内购买住房，自网签购房合同备案满5年，并取得不动产权证书后方可上市交易。同时，为加强对开发企业商品住房销售价格管理，《丹东市人民政府办公室关于进一步做好房地产市场稳定工作的通知》（以下简称《通知》）规定了市区范围内的新建商品住房申报预售备案价格不得高于周边同质可比房屋的当期网签销售均价。在售商品住房的销售价格，同一楼盘商品住房销售价格每月环比涨幅不得超过0.6%等稳控房价工作目标。《通知》还要求，新建商品住房项目取得预售许可后，开发企业须在10日内将所有房源一次性对外公开销售
石家庄	2019年4月1日	自4月1日起，住房公积金贷款对象仅限于购买家庭首套自住住房或第二套改善性自住住房的缴存职工。不得向购买家庭第三套及以上住房的缴存职工发放住房公积金个人住房贷款
赤峰	2019年6月18日	调整限价、限购、限售等政策，其中，个人购买新建商品住宅的，取得不动产权证书满2年方可上市交易。规范土地竞买保证金比例和出让金缴纳时限、规范预售许可条件、规范闲置土地处置、规范预（销）售行为、规范房地产金融秩序

进入2019年第三季度以后，在传统的"金九银十"落空后，叠加经济下行下的财政压力，部分城市开始对房地产调控政策边际放松。例如，上海定向微调中国（上海）自由贸易试验区临港新片区住房限购政策。常德临澧县放宽首套房认定条件，明确在规定时限内在县城区购买符合条件的商品房可享受购房货币补贴。芜湖市通过提供购房补助、契税补助等方式，保障和改善人才安居条件。珠海对珠海西区和高新区二手房放开限购，外地户口不需要社保或者人才证明就可购置一套房源。佛山对本科以上学历人才购买首套房不受户籍、个税、社保限制。

（二）加大房地产市场乱象专项整治力度

各地在住房和城乡建设部等七部委于先前启动的治理房地产市场乱象专项行动基础上，根据地方房地产市场发展态势，进一步加强房地产市场秩序治理，对房地产市场中存在的各种乱象加强市场监管，加大治理力度，坚决查处、打击捂盘惜售等扰乱市场行为，严厉打击侵害群众利益的违法违规行为，强化舆论引导，不断优化房地产市场发展环境（见表6-2）。各地采取的措施主要包括：严格落实商品房销售明码标价规定，打击各类房地产市场涉黑涉恶涉乱行为，进一步规范开发企业、中介机构和从业人员经营行为，严禁商品房销售过程中捆绑车位、装修包等产品进行销售等。

表6-2　　　　　　　　　部分城市规范市场秩序的做法

	主要内容
北京	北京住建委深入推进房地产市场领域扫黑除恶专项工作，共对221家房地产经纪机构的违法违规行为进行查处。其中，重点整治发布委托手续不全、违规租赁、违法群租、虚假房源信息、商改住以及炒作学区房等房地产市场乱象
苏州	开展"房地产经纪机构乱象整治百日行动"，以进一步整顿和规范房地产市场尤其是房地产经纪行业秩序，推进市场诚信体系建设，净化房地产市场环境，切实维护人民群众利益

续表

	主要内容
南宁	从2019年6月开始，市城管综合行政执法局将联合市市场监督管理局、市住建局、市自然资源局、市行政审批局、市税务局等部门全面开展南宁市房地产市场整治工作，重点对捂盘惜售、炒买炒卖、违规代理、哄抬房价、变相收取购房定金或预约金、偷税漏税、违规预售、超范围经营等违法违规行为进行排查整治。坚决严厉打击开发企业和中介机构捂盘惜售、变相收取价外价、虚假广告等违法违规行为
陕西	加大房地产市场乱象治理力度，坚决查处、打击捂盘惜售等扰乱市场行为，强化舆论引导，不断优化房地产市场发展环境
三亚	开展为期两个月的房地产市场专项整治，对群众投诉举报多的项目将重点检查，并及时向社会公示查处结果。针对房地产开发企业采取"先登记支付房款、后补缴社保或个税"方式销售的，对购房人及开发企业进行严肃处理
济南	严厉打击房地产开发企业、中介机构、自媒体等散布房地产市场调控不实信息行为，维护房地产市场稳定
兰州	坚决打击垄断房源，操纵房价，采取捏造或散布虚假信息等各种不正当手段恶意囤积、哄抬房价的行为
珠海	应当按规定在交易场所做好商品房销售的明码标价工作，同时在交易监管平台公示。房地产开发企业应当在取得商品房预售许可证后十日内，通过交易监管平台一次性公示全部可预售商品房房源、预售时间、预售地点及预售价格，不得以内部认购、内部认筹等方式进行非公开预售。建立健全有效的房地产经纪行业基本信息库，未经核验的房源信息不得对外发布。建立房地产行业诚信档案，并向社会公示

（三）多地收紧公积金政策

由于过去几年楼市的火爆，导致部分城市公积金账户资金紧张。同时，为了进一步规范公积金贷款中各种可能存在的违规行为。全国有100多个地方政府发布公积金新政，收紧公积金政策，主要政策包括提高公积金贷款资格、将贷款规模与实际缴存余额挂钩等。

例如，天津规定自2019年6月1日起，天津市外地缴存住房公积金职工，申请个人住房公积金贷款的，应支付不低于购房全部价款60%的首付款，贷款最高限额40万元。长沙市把公积金贷款资格从"缴存公积金6个月以上"提高到"12个月以上",全面收紧公积金提取条件。西安暂停西安地区（含西咸新区）以外购房提取公积金,降低贷款额度,提高公积金贷款首付比例。绵阳将借款人家庭房屋套数认定由"认贷不认房"调整为"认贷与认房相结合"。石家庄在全市范围内统一暂停发放住房公积金异地贷款。海南增加职工提取住房公积金用于支付外省购、建自住住房房价款或偿还住房商业贷款本息的材料要件。武汉住房公积金贷款房屋套数认定实行"认房认公积金贷"政策。无锡提高首付比例,最高贷款额度下调20万元,公积金缴存2年以下,个人申请贷款额度仅有15万元,第三套及以上住房暂停发放公积金贷款。广州明确购买一手现房申请住房公积金贷款,贷款期限不得超过30年,贷款期限和楼龄之和不得超过40年。包头将职工单人购房提取公积金金额和公积金贷款之和,由之前的最高40万元降为最高不超过35万元,对二次使用公积金贷款的,首付比例则由之前的30%提高到了50%。

（四）大力发展住房租赁市场

2019年5月10日,全国公租房工作座谈会召开,会议强调人口流入量大、公租房供给不足的城市,要切实增加公租房实物供给。2019年5月11日,国务院印发《国务院2019年立法工作计划》,明确拟提请全国人大常委会制定城镇住房保障条例、住房租赁条例。2019年5月17日,住建部、国家发展改革委、财政部、自然资源部四部门联合发布《关于进一步规范发展公租房的意见》,要求多渠道筹集房源,可立足当地实际,制定在商品住房项目中配建公租房的政策,明确配建比例,利用集体建设用地建设租赁住房的试点城市,可将集体建设用地建设的租赁住房长期租赁作为公租房。2019年7月,根据财政部、住房和城乡建设部《关于开展中央财政支持住房租赁市场发展试点的通知》和《关于组织申报中央财政支持住房租赁市场发展试点的通知》,有16个城市（北京、长春、上海、南京、杭州、合肥、福州、厦门、济南、郑州、武汉、长沙、广州、深圳、重庆、成都）入围中央财政支持住房租赁市场发展试点城市。

在中央政府推动下,地方政府积极采取集体土地建设租赁住房、搭建租赁住房信息平台、开展人才专项租赁住房试点、商业用房改建租赁住房、保障房建设分配等方式，多角度、全方位地发展培育住房租赁市场，推进政策落地。

例如，北京出台进一步规范管理住房租赁市场政策措施，促进住房租赁市场稳定，多渠道建设筹集租赁住房 5 万套（间）、政策性产权住房 6 万套。上海 2019 年提出将加快租赁房建设，新建和转化租赁房源 10 万套，新增代理经租房源 9 万套，进一步规范住房租赁市场发展，2019 年确保新增供应各类保障性住房 6 万套。深圳力争到 2022 年新增建设筹集各类住房 60 万套，其中租赁住房不少于 30 万套，同时建立住房租赁指导价格发布制度，提高租金透明度，引导企业出租住房的租金不高于租金指导价格。广州规定住房租赁合同期限不得超过二十年。佛山规定用于租赁住房的集体建设用地优先在工业园区、大学园区、产业发展保护区等产业相对完备、居住配套不足的区域布局。合肥提高自行出租、开展住房租赁居间服务的个人、企业财政奖补资金，促进住房租赁市场发展。洛阳发布文件，指出承租人将在子女就学、卫生服务、养老服务、社会保障、就业创业等基本社会公共服务方面，享有与房屋产权人同等的权利和义务。吉林省为支持租赁住房建设，发布通知规定可将商业用房等按规定改建为租赁住房，土地使用年限和容积率不变，土地用途调整为居住用地，调整后用水、用电、用气价格应当按照居民标准执行。长春计划 2019—2021 年新增租赁住房 315 万平方米。

（五）各地坚定不移发展共有产权住房，加快建立住房保障体系

多个城市加快共有产权住房建设。如北京坚定不移发展完善共有产权住房，多个共有产权住房项目（含转化项目 33 个）实现了土地供应，同时拟优化调整共有产权房申购政策，如要求各区调整取消不合理的准入条件，降低自定申购门槛等。并鼓励符合条件的集体经营性建设用地入市建设共有产权住房，上海在共有产权房申购方面，已经在金山、松江、虹口三区进行非沪籍居民开放申请共有产权房试点。西安自 2019 年 7 月 1 日起，全面停止多区经济适用住房、限价商品住房购房资格审核的申请受理，并开展共有产权住房购房资格审核工作。

（六）各地通过聚焦住房安居引进人才

各地聚焦人才引进，提出的优惠政策内容包括保障人才住房需求、降低落户门槛、人才奖励、子女入学等方面。如，山西全面调整放宽户口迁移政策，放宽合法稳定就业、合法稳定住所、学历人员、在校大学生、技术技能人才5类人员的落户政策。石家庄取消在城区、城镇落户"稳定住所、稳定就业"迁入条件限制，在石家庄市全面放开城区、城镇落户，群众仅凭居民身份证、户口簿就可向落户地派出所申请户口迁入市区、县（市）城区和建制镇，配偶、子女、双方父母户口可一并随迁。兰州规定中专以上学历或相应专业技术职称人员，国内在校的大中专院校学生，均可迁入兰州市落户。重庆实施人才落户"宽门槛"政策，所有人才落户，均不受在渝务工、就业年限和缴纳社保年限的限制，甚至没有年龄限制。西安规定本科（含）以上学历人才、本科（不含）以下学历年龄在45周岁（含）以下人员、全国高等院校在校学生，均可迁入西安市落户。2019年4月，杭州发布最新政策，全日制大学专科及以上人才，在杭工作并缴纳社保的，可直接落户。2019年2月，南京宣布人才政策延期一年，南京申请积分落户的，缴纳社保限制由"2年内连续缴纳社保"放宽为"累计缴纳社保不少于24个月"，40岁以下本科生直接落户南京，研究生不设年龄限制。并表示要着力解决好人才特别是年轻人才普遍关心的住房问题，逐步扩大人才房在商品房销售中的比例。常州放宽高校毕业生、高级技师、技师落户条件，取消社保限制，落户对象由本人放宽至本人、配偶和未婚子女。广州进一步放宽人才入户年龄限制，取消硕士研究生、博士研究生等人员入户社保参保年限限制，只需在广州现引进单位有参保记录，本科生连续缴纳半年社保可入户。海口进一步放宽人才落户年龄限制。

（七）在棚改缩水背景下，各地积极推动旧改

根据财政部公开的《关于下达2019年中央财政城镇保障性安居工程专项资金预算的通知》，全国城镇棚户区计划改造套数相比2018年的588万套（计划数字，实际完成626万套）下降近299万套，降幅超过50%（见表6-3）。

表 6-3 2010—2019 年全国保障房计划及完成情况 （单位：万套）

	计划		实际	
	开工量	建成量	开工量	建成量
2010 年	580		590	370
2011 年	1000	400	1043	432
2012 年	700	500	781	601
2013 年	630	470	666	544
2014 年	700	480	720	480
2015 年	740	480	783	772
2016 年	600（棚户区改造）		606（棚户区改造）	
2017 年	600（棚户区改造）		609（棚户区改造）	
2018 年	588（棚户区改造）		626（棚户区改造）	
2019 年	289（棚户区改造）		274（1—9 月）	

资料来源：住房和城乡建设部。

在棚改缩水背景下，各地积极推动旧改。2019 年 7 月，中共中央政治局会议强调实施城镇老旧小区改造。未来，一、二线城市的老旧小区面临更多更新限制，房地产市场也将进入存量运营新时期。地方层面，云南在昆明市启动实施示范小区改造工作，全面启动 2019 年度城镇老旧小区改造工作。杭州重点改造 2000 年（含）前建成、近 5 年未实施综合改造且未纳入今后 5 年规划征迁改造范围住宅小区。计划至 2022 年年底，实施改造老旧小区约 950 个、居民楼 1.2 万幢、住房 43 万套，涉及改造面积 3300 万平方米。南京计划至 2021 年完成老旧小区综合整治 400 个。济南计划 2019 年完成整治改造 358 个老旧住宅小区、721.4 万平方米，涉及 9 万余户居民。佛山计划 2022 年全面完成老旧小区改造任务。

（八）部分城市根据当地市场实际优化调控措施

距离 2016 年的"930 新政"已经过去 3 年多，房地产调控效果逐步显现，一些地方政府开始对过往的政策进行适当优化微调，如限价略松、人才引进和限售替换限购等，这里面就包括了很多系统重要性城市（见表 6-4）。这既有助于区域房地产市场的稳定和房地产行业基本面的向上修正，也有助于对过往过度调控政策进行适当的纠正。

如上海定向微调中国（上海）自由贸易试验区临港新片区住房限购政策。常德临澧县放宽首套房认定条件，明确在规定时限内在县城区购买符合条件的商品房可享受购房货币补贴。广州对非本市户籍人士购房资格进行调整，非本市户籍居民购房人的资格查验，允许个税和社保缴纳记录作为互证资料。深圳市出台新规，从2019年11月11日起，住宅单套面积在144平方米以下的，满两年可免征增值税。

表6-4　　　　　　　　系统重要性城市优化微调楼市政策

	时间	主要内容
上海	2019年11月20日	发布的临港新片区人才政策分7方面内容，共48条措施。在加强人才住房保障方面，新片区将定向微调相关住房限购政策，对符合一定条件的非上海市户籍人才，购房资格由居民家庭调整为个人，可购买新片区商品房一套；同时缩短缴纳个税或社保的年限，由自购房之日前连续缴纳满5年及以上，调整为自购房之日前连续缴纳满3年及以上。定向微调政策的适用对象，须在新片区工作满1年以上，并与用人单位签订2年及以上劳动合同。对新片区的购房选房制度也做了微调
广州	2019年11月12日	对非本市户籍人士购房的资格进行调整。即在非本市户籍居民购房人资格查验过程中，个税和社保缴纳记录可作为相互补证资料
深圳	2019年11月11日	调整"豪宅税"征收标准，将不再按照以前各区的豪宅线标准征收增值税。在新的征收标准里，容积率在1.0以上、单套建筑面积在144平方米以下的房子为普通住宅，满两年免征增值税
武汉	2019年7月11日	对大学生落户政策再次进行调整：年龄不满45周岁的（博士研究生、硕士研究生不受年龄限制），可凭毕业证申请登记为武汉市常住户口，其配偶及未成年子女均可随迁落户，该服务可24小时网上申请
珠海	2019年8月30日	在放宽珠海西区和高新区购房政策之后，对香洲区购房政策也放宽了。外地人士无须再提供社保或人才证明，可直接购买珠海香洲区1套住房，其中180平方米以上一手房无须社保或个税证明，180平方米以下的一手房需提供3年社保或个税证明，144平方米以上二手房需提供1年社保或个税证明，144平方米以下二手房需提供5年社保或个税证明，均限售3年

二 存在的问题

(一) 部分地方政府的土地财政依赖度在加深

2017—2018年,部分地方政府土地财政的依赖度在不断加深,如佛山、广州、昆明、成都、西安、常州等城市(见表6-5);而苏州、宁波等少数城市的土地财政依赖度下降了。如果算上相关的税费,地方政府土地财政依赖度要远远高于表6-5的数据。

表6-5　　　　部分城市的土地财政依赖度　　　(单位:亿元,%)

排名	城市	2018年卖地收入	2018年土地财政依赖度	2017年土地财政依赖度	2016年土地财政依赖度	2016—2018年平均土地财政依赖度
1	杭州	2442.9	133.9	155	140	143.0
2	佛山	894.0	127.1	100	141	122.7
3	南京	956.9	65.1	155	136	118.7
4	济南	722.3	95.9	106	129	110.3
5	武汉	1380.8	90.4	84	111	95.1
6	郑州	1063.6	83.9	69	78	77.0
7	广州	1475.9	90.2	52	80	74.1
8	昆明	575.6	96.6	36	80	70.9
9	石家庄	454.8	89.2	75	39	67.7
10	成都	849.3	60.4	34	99	64.5
11	西安	680.6	99.4	38	53	63.5
12	常州	465.9	83.2	45	55	61.1
13	苏州	875.5	41.3	85	49	58.4
14	宁波	647.5	46.9	62	41	50.0
15	天津	1059.2	50.4	48	43	47.1
16	重庆	868.9	38.2	35	56	43.1
17	北京	1682.9	29.1	17	51	32.4
18	青岛	574.5	46.6	20	30	32.2
19	上海	1908.8	26.9	26	22	25.0
20	深圳	449.6	12.7	32	24	22.9

地方政府的收入除了不断攀升的地价即土地出让金,还包括和房地产相关的各种税收。对于地方政府来说,楼市的繁荣不仅有助于改善当地 GDP 数据,也会带来巨额的土地出让收益和财税收入,从而获得更多城市建设资金。由于地方政府嵌入房地产市场太深,绝大多数地方政府对土地财政的极度依赖仍未有丝毫改观,地方政府通过土地出让来谋求财政收入、推动城市发展和基础设施完善、改善人居环境,进而再吸引企业投资,做大、做强房地产业,构成了城市经济发展的主要动力。地方政府仍然存在强大的"托市"动机,反映在地方政府行为上,就是对楼市的过度行政干预,可能带来市场的过度扭曲。

(二) 财政压力下的土地过度出让

在经济下行、减税降费的大背景下,地方政府的财政日渐吃紧,尤其是三、四线城市。相对于整体低迷的房地产市场,地方政府有加大土地出让力度的倾向。一个佐证是地方政府土地流拍的数量在持续增加。尤其是三、四线城市平均流拍地块数量明显大于一、二线城市。就重点城市而言,2018 年全年有 1808 块土地流拍,同比增长 93.6%。而在 2019 年上半年,一、二、三线重点城市则共有 2086 块土地流拍,就超过 2018 全年(见表 6-6)。说明地方政府存在土地过度出让的情况,没有根据房地产市场发展情况及时调整土地供给节奏,或者土地出让的附加条件较多。

表 6-6　2019 年第一季度—第三季度住宅用地推出和成交的情况

	推出土地		成交土地		成交比例 = 成交/推出	
	宗数(块)	面积(万平方米)	宗数(块)	面积(万平方米)	宗数比例(%)	面积比例(%)
2019 年第一季度	1932	9145	1503	7521	77.8	82.2
2019 年第二季度	2700	13302	2293	11015	84.9	82.8
2019 年第三季度	2664	13165	2229	10828	83.7	82.2

资料来源:中国房地产大数据信息平台。

（三）部分城市稳房价过于行政化

随着房地产市场部分冷却，部分城市尤其是三、四线城市面临房价下行的风险。在这种情形下，为了防止房价出现暴跌，源于地方政府调控手段的限制，更多采用行政化手段稳房价（表6-7），如湖北恩施房地产协会近期下发红头文件，对当地房地产降价提出预警。这种过于依靠行政手段维稳的行为，虽然为稳房价打了强心针，但既干预了企业正常的经营行为，也可能导致市场的价格机制失调、企业市场机会的错失。

表6-7　　　　　　　　　　部分城市的行政化稳房价

	时间	主要内容
赣州市赣县	2019年3月	对近期所有企业的特价房销售情况进行整顿：要求所有开发企业立即停止特价房销售，所有特价房销售前必上报住建局和物价局审批；自2019年3月3日开始，同类型住宅成交单价低于该项目2月同类型成交均价的商品房合同暂缓备案；所有开发企业于2019年3月5日前制定降价引起的应急预案措施上报住建局综合股进行备案
恩施	2019年6月	对十条降价现象提出预警和相应的整改措施，对自查纠正不力，造成市场影响严重的楼盘，房协将提请业务主管部门采取相关措施予以遏制，房协将协助主管部门分地价、分区位对备案价格的下限低价进行制度性约束，确定良性的降价幅度比例区间
大连	2019年7月	大连规定政策发布后首次申请预售许可证的新项目，6个月后可申请下调申报价格，实际网签备案价格不得高于申报价格，且价格下浮不得超过5%
马鞍山	2019年11月	新备案项目商品住房销售价格不得低于备案价格10%。对新备案项目商品住房销售价格（实际成交价格）低于其备案价格10%的，市房地产行政主管部门不予办理商品住房买卖合同网上备案。需重新办理销售价格备案并符合销售价格规定后方可办理商品住房买卖合同网上备案

(四) 地方政府缺乏合理的金融调控手段

金融业与房地产业存在着相互依存、相互促进的伙伴关系。房地产业是对金融依赖度非常高的行业，金融政策的松紧、金融手段的好坏、金融行为的规范与否，对房地产市场的稳定与健康发展影响巨大。而实际上，中国的住房金融政策，如首付比例、贷款利率等基本是由中央银行决定的，各地的差异很小，与区域分化的房地产市场之间的匹配度不高。地方政府能够动用的金融政策工具主要是公积金政策，如提高公积金贷款额度。但过去几年，房地产市场比较火爆，全国公积金住房贷款率不断上升，部分城市已经超过85%的警戒线，导致很多城市的公积金提取和贷款政策趋紧，地方政府能够动用的住房公积金政策空间有限。

三 2020年年初地方政府行为

由于2020年年初的新冠肺炎疫情严重冲击了中国房地产市场2019年的平稳回归，为有效应对疫情影响、最大限度降低疫情对房地产市场的冲击，保障房地产市场平稳运行，各地更加灵活坚持"因城施策"，目前，各地密集出台多项涉及房地产领域的政策，从供需两端稳预期、促发展。

主要包括以下措施：一是延期缴纳土地出让金、延迟竣工时间。上海、无锡、苏州等多个城市出台政策，规定对受到疫情影响，未能按土地出让合同约定按期缴付土地出让金，不算违约，不收滞纳金和违约金。对受疫情影响未能按期开工、竣工的项目，不算违约。二是降低预售条件。针对部分房地产项目受疫情影响施工建设的情况，无锡、河南、苏州、安徽等地规定，在申请预售时形象进度要求可以适当放松。三是出台购房补贴政策。安徽马鞍山、湖南衡阳等地出台政策，由市财政对符合条件购房人的契税进行财政补贴。安徽繁昌出台政策，规定对在繁就业创业的全日制高校毕业生，给予1万—4万元不等的购房安家补助。四是出台人才住房保障政策。部分城市出台人才住房保障政策，放宽了人才落户条件，如青岛市规定将"先落户、后就业"政策放宽到毕业学年在校大学生，部分城市对人才住房给予一定的折扣。同时，一些地方积极推进科学防控和有序复产,在确保防控的首要前提下,房地产复工复产也在有条不紊地开展,这有利于促进房地产市场平稳健康发展。

从以上主要应对措施来看,地方政府的应对措施呈现出以下三个特点。一是出台的政策更多地着眼于房地产市场的供给端。这既对房地产企业缓解企业资金压力,提高资金周转效率起到重要作用,同时也有利于增强企业投资信心,扩大市场供给。个别城市也出台了针对需求端的政策,给予购房补贴、人才购房优惠,但整体上看针对需求端的相关政策出台相对偏少。二是出台的政策更多地主要针对一手房市场。事实上二手房市场受到的影响极大,新冠肺炎疫情使得宅在家中成为居民主旋律,很多小区管制也使得顾客无法看房,依赖线下看房来促成交易的二手房市场全面萎缩。数量众多的小型二手房经纪公司面临关闭的风险。三是出台的政策更多地主要针对住宅市场。针对受影响更深的商办租赁市场,还没有看到相关政策。商办租赁市场有可能出现退租率上升、续约率下降等现象,后期空置率将进一步上升。

四 地方政府行为预测

(一)"房住不炒"高压下调控很难放松

地方政府依然是隶属于中央政府的政府组织,中央政府通过行政命令、财政控制和人事控制等方式规制地方政府的机会主义行为。2019 年 4 月的中央政治局会议提出"坚持房住不炒定位,落实好一城一策、因城施策、城市政府主体责任的长效调控机制"。2019 年 7 月的中央政治局会议提出"坚持房子是用来住的、不是用来炒的定位,落实房地产长效管理机制,不将房地产作为短期刺激经济的手段"。从中央政府的一系列调控做法来看,本轮中央政府的房地产调控决心超过历次调控,而且调控手段更加全面科学。因此,在"房住不炒"大的基调下,地方政府的房地产调控行为不可能全面放松。

(二)"因城施策"背景下地方政府放松房地产调控的意愿将长期存在

地方政府仍然是房地产市场发展的"利益者"。在中国特定的制度环境下，地方政府成为一级土地市场的实际操持者、完全垄断者，并对土地二级市场起到调控的作用，对土地市场价格拥有绝对的控制权，能够从土地处置及价格上涨中获得较大收益。这为地方政府获得了谋求自身利益的动机和行动空间，为地方政府将追求利益最大化的激励转变为现实的"经济人"行为提供了制度条件。"土地财政"在部分地区已经成为地方政府的主要财政非税收入来源，成为地方财政收入的"产业"支柱。在"因城施策"背景下，地方政府放松房地产调控的意愿将长期存在，在坚持房地产市场平稳健康发展的总体目标下，"一城一策"的施政方针也给了地方政府边际放松地产调控政策的狭窄空间，一些楼市高库存、低去化的城市开始打楼市调控的擦边球。在房地产市场下行、变冷背景下，预计会有更多的地方政府放松限购，出台购房补贴和折扣政策，降低公积金首付比例，希望通过政策边际放松、行政干预措施来扭转房地产市场的低迷行情，维持土地市场的热度。

（三）在需求透支和棚改力度减弱背景下，房价虚高的三、四线城市调控重点将慢慢转向防止房价下跌

上一轮三、四线城市房地产市场的火热主要来自棚改扩量和货币化安置政策，自从国务院常务会议提出"商品住房库存不足、房价上涨压力大的市县，要尽快取消货币化安置优惠政策"以来，一方面货币化棚改加速退潮，另一方面部分三、四线城市棚改接近尾声，剩下的棚改拆迁目标很少。也就是说货币化棚改带来的房价上涨动力会慢慢减弱，当棚改的潜力被耗尽之后三、四线城市的购房需求可能会快速回落。根据2019年10月统计局公布的70个大中城市商品住宅销售价格变动来看，新建商品住宅销售价格环比中，上涨城市为50个，环比上月减少3个，上涨城市数量连续5个月减少；二手住宅方面，上涨城市数量为31个，比上月减少9个。整体上2019年第三季度涨幅回落城市大幅增加，亦说明房地产市场不断趋冷。

同时，三、四线城市缺乏有效的产业支撑，人口总量较少，刚性需求购房者的数量也相对大中城市来说更少，而且很多城市还是人口流出城市。过去几年，购房者的快速大量入场也使得三、四线城市的未来需求被大量透支。从人均居住面积来看，中国人均居住面积已经超过了西班牙、韩国和中国台湾等经济较发达国家和地区，而且在过去几年，该指标进一步增长。从商品房库存来看，三、四线代表城市短期库存去化时间为13.3个月，已连续回升16个月。

因此，未来部分三、四线城市的调控重点是防止房价下跌。

（四）财政重压下的部分地方政府可能重新走向无节制卖地的老路

新冠肺炎疫情及防控对国民经济的实质性影响将长期存在，世界经济复苏乏力，以及经贸形势不确定性进一步增加等负面影响，使地方政府财政收入进一步承压。房地产市场销售的低迷不断向土地市场传递，地方政府更直接的压力来自房地产市场低迷导致的土地"钱袋子"缩水。从公布的数据显示，2019年第三季度土地成交遇冷，总体呈现溢价率下行、流拍率上行的格局，土地出让收入增速逐季回落。部分省市土地出让金出现大幅度下降。房地产业对地方政府 GDP 和财政收入的拉动作用都在削弱，地方政府如何寻找新的经济增长动力和财政收入来源？在减税降费、经济整体比较低迷的背景下，地方政府短期内并无其他更有效的办法增加财政收入，增加财政收入可行的办法还是加大土地出让。部分地方政府可能重新走向无节制卖地的老路，依赖加大土地出让挣快钱，解决结构性矛盾，解决经济增长动能转换带来的阵痛。

五　对策与建议

（一）继续落实地方政府的主体责任

继续落实地方政府的主体责任，因城施策，实施差异化调控政策。一是遵循市场规律，最大限度减少政府对微观事务的干预，更多运用价格、税收、利率等市场化、法治化手段实现调控目标，稳定房地产市场发展。二是及时应对和防范区域房地产市场变化。强化底线思维，建立健全风险识别和监测预警体系，及时应对区域房地产市场变化，防范房地产市场风险；满足首套刚性需求、支持改善性需求、遏制投机炒房，增加保障性住房供给。三是强化社会预期管理。把预期管理作为房地产市场调控的重要内容，适时优化相关调控措施，强化房价地价联动机制。提高区域房地产市场调控的精准度。

（二）赋予地方政府一定的房地产金融调控权力

从国际经验看，购房首付比例和贷款利率变动对购房者支付能力影响很大。近年来城市之间的房地产市场分化日益严重，一部分城市房地产业增速放慢、市场持续低迷，另一部分城市却存在房价反弹的现象，给中央政府的房地产金融政策的把控增加了许多难度。显然，面对如此众多、日益分化的区域房地产市场，仅仅依靠中央政府的统一金融政策很难达到理想的目标，或者效率低下。因此，有必要赋予地方政府一定的房地产金融调控权力，建议可研究和探索居民购房时的首付比例和贷款利率区间管理的房贷政策，由各地根据本地房地产市场状况，在区间内自主决定房贷的首付比例和相应的贷款利率；或者在按照套数来确定首付比例和贷款利率外，还可以增加按照面积来确定首付比例和贷款利率。

（三）进一步理顺中央与地方财政分配关系

近期一系列减税降费政策深入落实，在大大减轻企业和个人税收负担的同时，也在一定程度上出现了地方政府税收收入增长乏力的状况，地方财政收支面临较大压力。未来需要进一步理顺中央与地方财政分配关系，支持地方政府落实减税降费政策、缓解财政运行困难。

事实上，中央政府已经在改善中央与地方财政分配关系方面做出了一些尝试。2019年10月9日，国务院发布《实施更大规模减税降费后调整中央与地方收入划分改革推进方案》（以下简称《方案》），提出将目前属于中央财政税种的消费税稳步下划地方，确保中央与地方既有财力格局稳定。新一轮消费税的改革在调节中央与地方收入分配、引导地方优化营商环境、促进消费结构升级等方面均具有积极意义，有助于建立健全我国现代税收制度。但在对地方收入的补充上可能实际影响较弱，一是消费税稳步下划地方，将部分减少中央政府对地方政府的税收返还数额，最终对地方财力的补充效果可能有限。二是归属地方的增量部分，《方案》提及"增量部分原则上将归属地方，确保中央与地方既有财力格局稳定"。归属地方的增量部分可能实际的金额并不是很大，对纾解地方政府财政压力短期内作用可能相对有限。

未来，要想彻底理顺中央和地方权责关系，就需要按照党的十九大四中全会的部署，加强中央宏观事务管理，适当加强中央在知识产权保护、养老保险、跨区域生态环境保护等方面事权，减少并规范中央和地方共同事权。优化政府间事权和财权划分，建立权责清晰、财力协调、区域均衡的中央和地方财政关系，形成稳定的各级政府事权、支出责任和财力相适应的制度。

（四）严格控制三、四线城市土地供给量

合理控制三、四线住房供应规模和供应节奏。三、四线城市的土地资源丰富，地方政府具有较高的土地出让意愿和能力。因此，必须严格控制三、四线城市土地供给量。尤其是对住房价格畸高而需求支撑不足的部分城市。应该根据商品住房库存消化周期，结合本地土地市场实际，根据经济发展、人口结构状况制定中长期的土地和房地产供给规划，切实优化住宅用地供应面积和供应结构，适当加大低端商品房供给。

应该继续敦促地方政府按照区域房地产市场发展趋势合理供应土地，严格执行 2017 年住房和城乡建设部、国土资源部联合发布的《关于加强近期住房及用地供应管理和调控有关工作的通知》要求，对消化周期在 36 个月以上的，应停止供地；18—36 个月的，要减少供地。根据人口流入规模决定商品住宅土地供给，防止土地供应量不遵从市场规律而依政府意愿增加，避免土地无序供给和土地资源浪费。

第四部分　主要市场报告

第 七 章

中国重点城市住房市场分析与预测

邹琳华　叶冰阳

一　2019年重点城市住房市场运行动态

（一）房价"小阳春"自行消退，重点城市房价由较快回升到止涨趋稳

反映全国24个核心城市房价综合变动的纬房核心指数显示，[①] 2019年，核心城市房价经历了由回升到趋稳的转变。2019年2—4月，核心城市房价出现被称为"小阳春"的较快反弹。2019年5—7月，"小阳春"逐步消退，核心城市房价涨速下降。2019年8—10月，市场进一步趋稳，核心城市房价稳中略降。2019年10月，核心城市房价同比微涨0.3%，环比微涨0.028%。纬房核心指数显示，近一年核心城市住房增值率，要远低于同期物价上涨率和存贷款利率。

核心城市房价的季节波动率要大于年度波动率。纬房核心指数还显示，2018年10月，尽管与上年同月相比核心城市房价只上涨了0.3%，但与2019年1月的102.53点相比，核心城市房价累计上涨了3.42%。与

[①]　纬房核心指数综合了全国24个核心城市住房价格的变化，可作为中国房地产市场的重要晴雨表。24个核心城市分别为上海、北京、深圳、广州、天津、重庆、苏州、杭州、武汉、成都、南京、宁波、青岛、郑州、无锡、长沙、厦门、济南、西安、沈阳、大连、福州、南通、东莞，基本覆盖了中国最具经济竞争力的城市群体。其中包含一线城市4个，准一线城市4个，二线城市16个。纬房核心指数以2018年1月为房价基期，以各城市2017年商品住房销售额为指数权重进行综合计算。

2018年1月100点相比，核心城市房价累计上涨了5.73%。

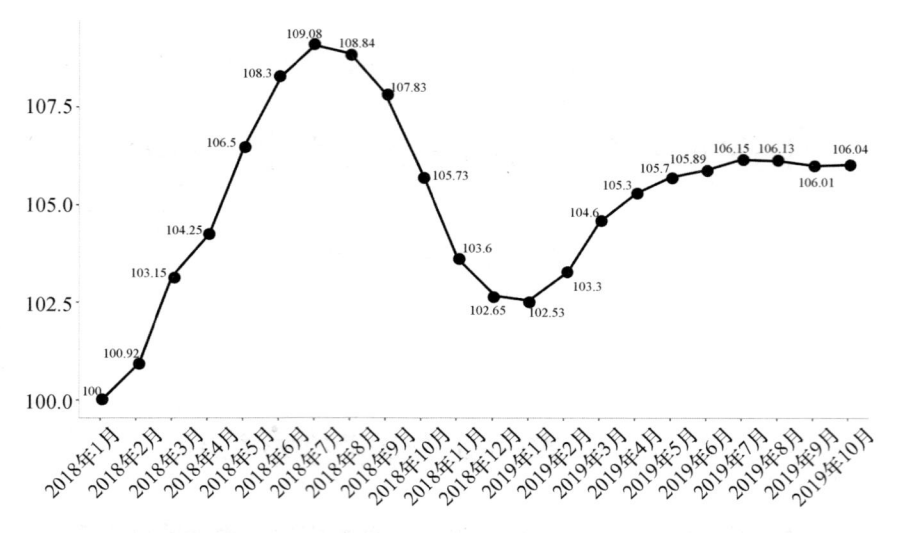

图7-1 纬房核心指数（定基，2018年1月房价=100）

资料来源：纬房指数研究小组。

1. 一线城市房价反弹力度较弱，除深圳外其他城市均处于下降阶段

从一线城市近一年的房价走势看，广州、北京、上海房价相对低迷，2019年第一季度房价反弹力度较弱，反弹过后开始下跌。只有深圳2019年下半年仍继续维持上半年的涨势。一线城市纬房指数监测显示，近一年来广州房价同比下跌3.37%，北京同比下跌3.99%，上海同比微涨0.81%，深圳同比上涨5.58%。

从2019年10月环比变化看，一线城市房价平均环比下跌0.025%。其中北京环比下跌1.33%，在一线城市中跌速相对较快，跌幅比上月也略有扩大；上海环比下跌0.70%；广州环比微涨0.12%；深圳房价环比上涨1.81%，涨速比上月提高0.91%。

2. 准一线城市中天津、重庆房价相对低迷，苏州上涨较快但涨势暂得到抑制

从准一线城市近一年的房价走势看，天津、重庆房价相对低迷。准一线城市纬房指数监测显示，近一年天津累计下跌3.78%，重庆累计下

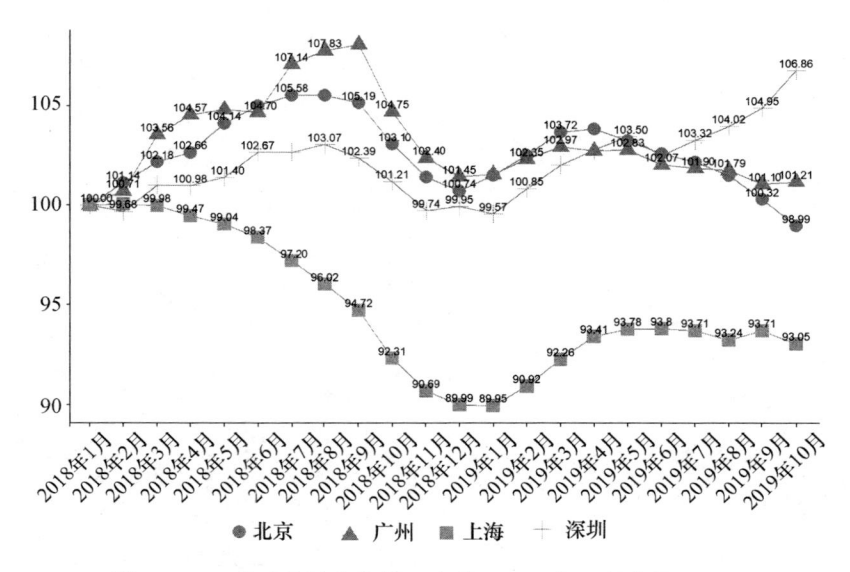

图 7-2　一线城市纬房指数（定基，2018 年 1 月房价 = 100）

资料来源：纬房指数研究小组。

跌 2.55%。杭州房价基本稳定，近一年杭州房价累计微涨 0.66%。苏州房价上涨较快，近一年累计上涨 20.71%。

从 2019 年 10 月环比变化看，准一线城市房价平均环比下跌 0.117%，跌速比上月减缓 0.473 个百分点。其中天津环比下降 1.43%，跌速比上月收窄 0.1 个百分点，房价下跌速度仍较快；杭州环比下降 0.11%，比上月减缓 0.39 个百分点；重庆环比上涨 0.87%；热点城市苏州环比上涨 0.2%，前期涨势得到抑制。

3. 过半二线城市稳中趋涨，部分城市继续下跌

从近一年二线城市房价走势看，过半二线城市稳中趋涨。上海周边的宁波、南通、无锡，以及东北的沈阳、哈尔滨、长春等同比均有上涨，昆明、厦门房价也有回升。二线城市纬房指数监测显示，二线城市房价平均同比上涨 1.647%。其中，近一年宁波同比上涨 10.41%，沈阳同比上涨 9.79%，南通同比上涨 9.18%，昆明同比上涨 8.20%，厦门同比上涨 8.15%。成都、南昌分别同比略涨 2.35% 和 2.32%，年度涨幅相对较小。青岛、济南、长沙、武汉房价相对低迷，其中青岛同比下跌 11.67%，济南同比下跌 8.89%，长沙同比下跌 6.62%，武汉同比下

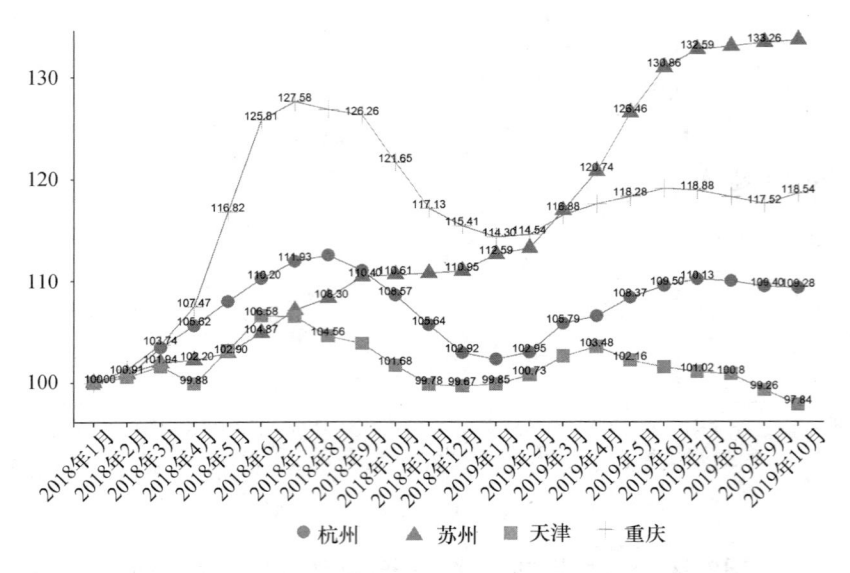

图 7-3　准一线城市纬房指数（定基，2018 年 1 月房价 =100）

资料来源：纬房指数研究小组。

跌 3.9%。

从 2019 年 10 月环比变化看，二线城市房价平均环比下跌 0.008%，涨速比上月收窄 0.144 个百分点。二线城市中，短期房价上涨、停滞和下跌的城市均有存在。上海周边的宁波、南通、无锡，以及东北的沈阳、大连等仍有上涨；青岛、厦门、郑州等延续下跌，但厦门的年度涨幅仍然为正；西安、长沙、成都、武汉、南昌等短期市场走势暂处于停滞状态。

4. 三、四线城市房价下跌个数增多，部分城市房价涨速仍相对较快

2019 年以来，三、四线城市房价下跌个数逐渐增多。但受周期异步性、货币化棚改余热等因素的综合影响，少部分三、四线城市如临沂、南阳、唐山、洛阳等在总体市场下滑的背景下仍然相对较快上涨。三、四线城市纬房指数监测显示，近一年临沂、南阳、唐山、洛阳分别同比上涨 32.87%、20.26%、20.06%、12.66%。由于部分三、四线城市房价的上涨可能依赖于地方隐性债务的增加，其中隐含着未来下跌的风险。

从 2019 年 10 月环比变化看，三、四线城市短期房价总体微跌。三、四线城市房价平均环比下跌 0.055%，跌幅比上月收窄 0.103 个百分点。

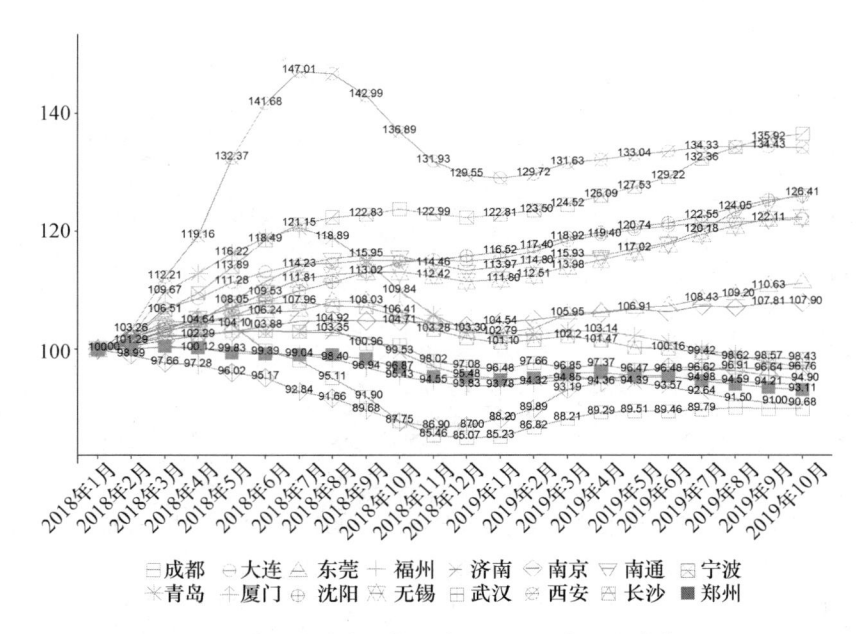

图 7-4　二线城市纬房指数（定基，2018 年 1 月房价 = 100）

资料来源：纬房指数研究小组。

（二）重点城市二手住房成交量冲高回落，短期房价上涨动能减退

从二手房成交量指数看，在核心城市房价止涨趋稳的同时，二手住房成交量也冲高回落。2019 年 10 月，十大重点城市二手住房成交量指数为 135.61 点，比 9 月下降了 19.89%，但仍比 2018 年同期成交量指数高出 45%。在其他条件不变的情形下，二手房成交量的持续下降，表明短期房价上涨动能减退。

（三）城市群市场分化明显，珠三角景气度相对较低，长三角相对较高

从 2019 年各大城市群的市场表现看，长三角城市群的市场景气度相对较高，房价上涨城市比例更大，部分城市如苏州、宁波、南通等房价涨速也相对较快；珠三角城市群的景气度相对较低，房价下跌比例更大，除深圳、东莞等外，广州、佛山、肇庆、中山、惠州、阳江、清远等均有下跌，其中肇庆跌速相对较快。

京津冀一带，唐山房价同比上涨较快，大连、秦皇岛、廊坊、沧州等城市同比略涨，而北京、天津、以及河北的张家口、保定、衡水等城

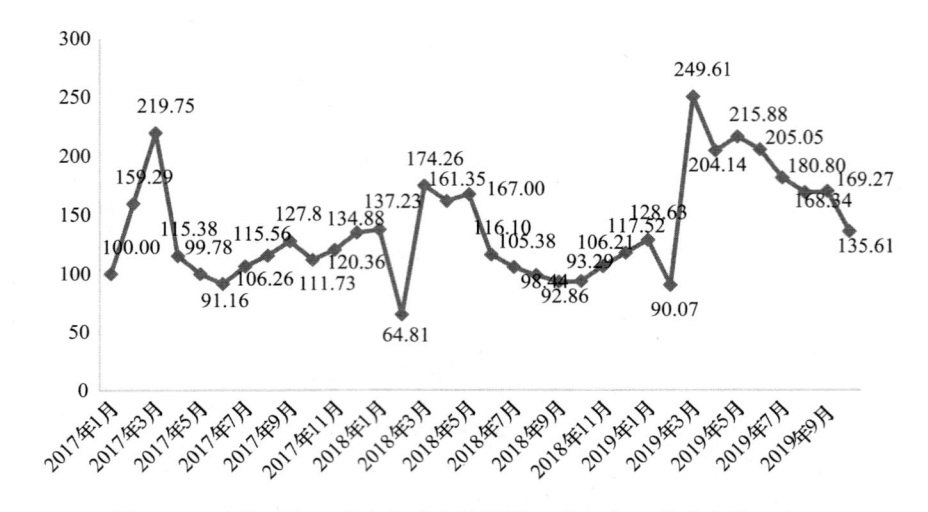

图 7-5　十大城市二手住房成交量指数（2017 年 1 月成交量 = 100）

注：十大城市为北京、上海、成都、大连、武汉、苏州、深圳、南京、杭州、重庆。

资料来源：纬房指数研究小组，中国社会科学院财经战略研究院住房大数据项目组制图。

市房价同比下跌；山东临沂房价同比上涨较快，而青岛房价同比下跌约 10%，淄博、潍坊、日照等城市房价停滞或略跌。

（四）重点城市住房租金下跌，租房市场景气度较上年显著下降

反映全国 22 个核心城市住房租金总体变化的纬房租金核心指数显示，① 2019 年 10 月，核心城市住房租金指数为 102.74，环比下跌 1.16%，同比下跌 1.10%。核心城市住房租金继 9 月下跌速度有所加快后，10 月租金下跌速度继续加快。一方面，2019 年 9—10 月属于租房市场淡季，住房租金下跌具有一定的季节性波动属性；另一方面，2019 年 5—7 月住房租金并未出现如 2018 年同期的显著上涨，但 8—10 月的下跌态势类似，因而 2019 年的租房市场景气度要低于上年。

---

① 纬房租金核心指数综合了全国 22 个核心城市住房租金的变化，可作为分析中国住房市场变化的重要参照系。22 个核心城市分别为北京、成都、大连、东莞、广州、杭州、济南、南京、青岛、厦门、上海、深圳、沈阳、苏州、天津、武汉、长沙、重庆、福州、南通、宁波、无锡，基本覆盖了中国最具经济竞争力的城市群体。其中包含一线城市 4 个，准一线城市 4 个，二线城市 14 个。纬房核心租金指数以 2018 年 1 月为租金基期，以各城市 2016 年在岗职工工资总额为指数权重进行综合计算。

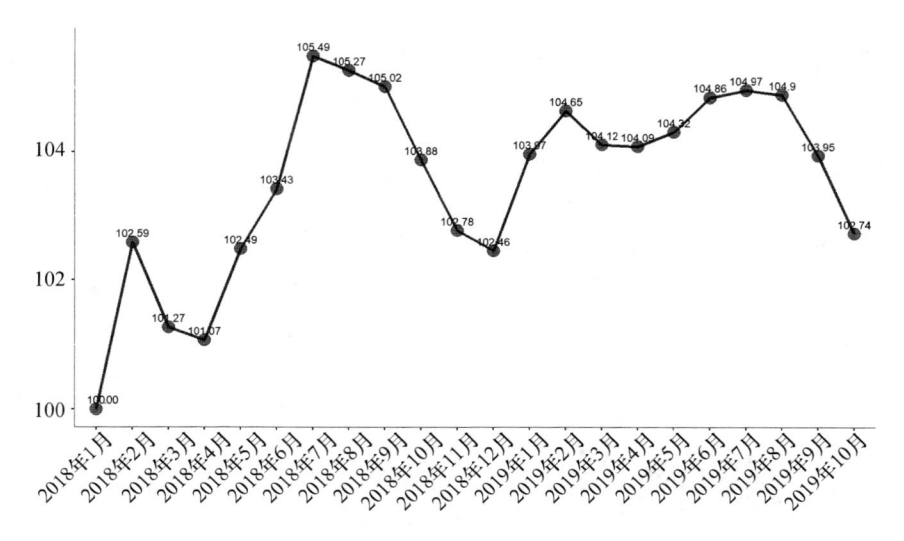

第七章 中国重点城市住房市场分析与预测 163

图 7-6 纬房租金核心指数

资料来源：纬房指数研究小组。

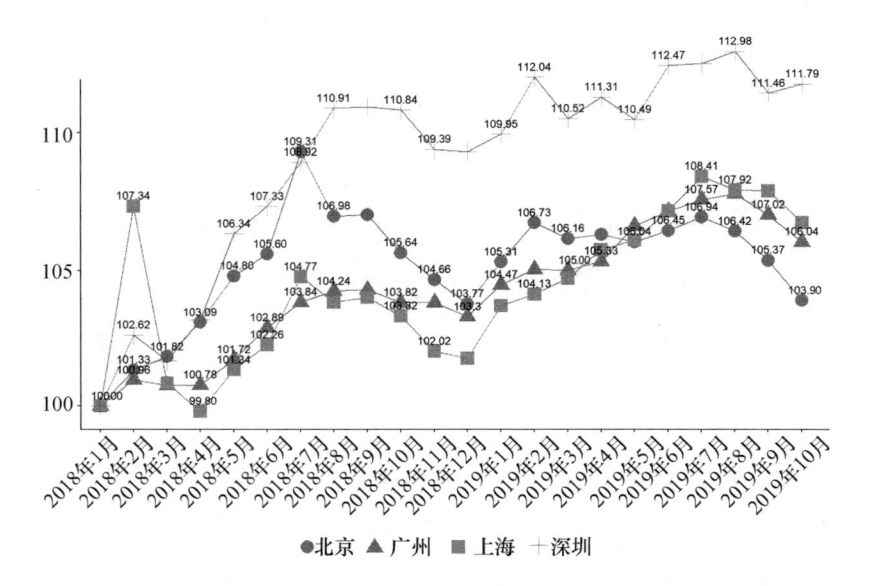

图 7-7 一线城市纬房租金指数（定基，2018 年 1 月租金=100）

资料来源：纬房指数研究小组。

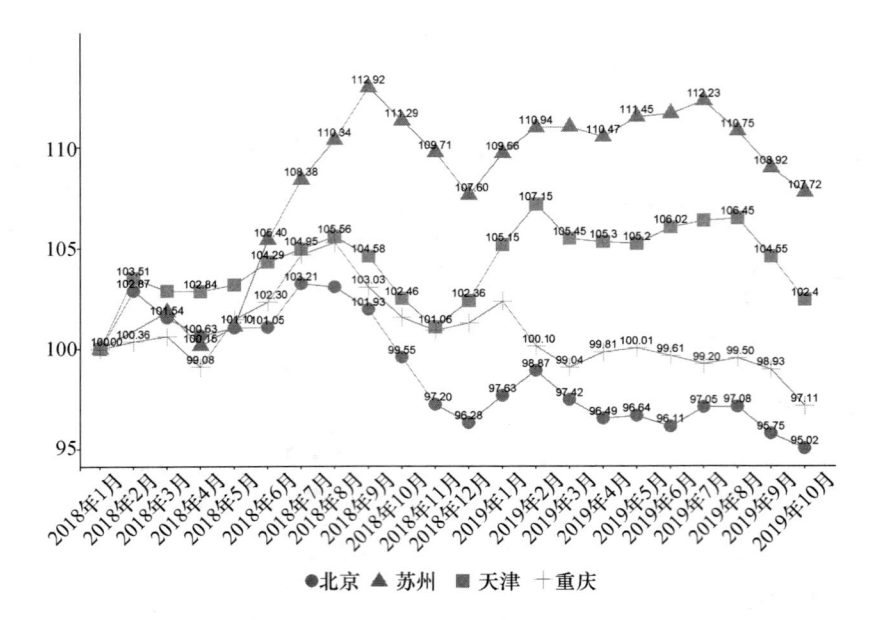

图7-8　准一线城市纬房租金指数（定基，2018年1月租金=100）

资料来源：纬房指数研究小组。

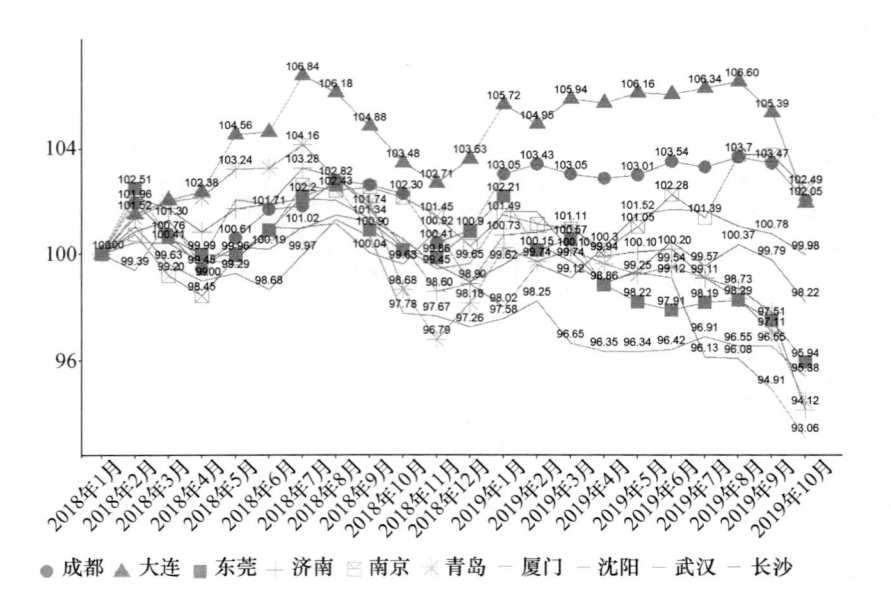

图7-9　二线城市纬房租金指数（定基，2018年1月租金=100）

资料来源：纬房指数研究小组。

二 重点城市市场形势分析

(一) 房地产融资政策仍然从紧，但房贷利率趋于回落

房地产融资仍然受到严格管控。2018年年底至2019年年初，随着定向降准等货币政策的实施，资本市场的资金紧张状况显著缓解，部分城市首套房贷的实际利率由上浮10%—15%降至基准利率水平。在信贷相对宽松的背景下，2019年春季住房市场出现"小阳春"现象，部分城市房价较快反弹。但在复杂的内外部经济环境下，防范宏观风险仍是政策底线，"大水漫灌"的情形并没有出现。房地产相关信贷也仍然受到严格的管控，房地产融资政策环境仍然从紧。这消除了房价进一步上涨的可能性，使得"小阳春"自行消退。

利率动态调整机制开启，房贷利率中长期有回落的趋势。2019年8月25日，央行发布《关于新发放商业性个人住房贷款利率调整公告》，要求商业银行自2019年10月8日起，新发放商业性个人住房贷款利率以最近一个月相应期限的贷款市场报价利率（LPR）为定价基准加点形成。其中首套商业性个人住房贷款利率不得低于相应期限贷款市场报价利率，二套商业性个人住房贷款利率不得低于相应期限贷款市场报价利率加60个基点。由于房贷利率历来以基准利率为锚，而基准利率又自2014年11月22日再未做出调整。央行此次发布个人房贷利率新规，相当于重启了房贷利率的调整机制。在全球经济存在下行压力的形势下，货币环境总体仍将适度宽松，这意味着市场利率将处于合理区间的下限。考虑到信贷利率有走低的趋势，在房贷利率形成新规下，即使存在房贷利率加成机制，房贷利率中长期也将趋于下降。

(二) 土地市场格局或将发生重大变化，但短期不会对房地产市场构成直接冲击

土地政策出现重大变革，城乡土地市场并轨改革启动，符合条件的集体土地可合法直接入市。在较长时间内，集体土地无法直接进入土地市场，土地市场的城乡二元分割特征显著。2019年8月26日，十三届全国人大常委会第十二次会议表决通过关于修改《中华人民共和国土地管

理法》（以下简称《土地管理法》）的决定，并于 2020 年 1 月 1 日起施行。修改后的《土地管理法》首次开辟了集体建设用地直接入市的合法途径。其中，以法律形式明确了"土地利用总体规划、城乡规划确定为工业、商业等经营性用途，并经依法登记的集体经营性建设用地，土地所有权人可以通过出让、出租等方式交由单位或者个人使用"，"通过出让等方式取得的集体经营性建设用地使用权可以转让、互换、出资、赠与或者抵押"。

修改后的《土地管理法》改变了多年来只有国有土地才能入市的单一土地供应渠道，土地市场供应格局或将发生重大变化。短期内，由于可用的集体经营性建设用地规模较为有限，城乡土地市场并轨的尝试尚不会对房地产市场构成直接冲击。中长期看，虽然集体建设用地仍然不能用于房地产开发和商品房建设，但通过建设租赁性住房等渠道，集体土地入市也能对房地产市场格局产生重大影响。

（三）抑制住房投资投机方向未变，但调控政策面临边际性宽松

"房住不炒"、抑制住房投资投机的调控政策方向得到坚持。在复杂的内外部经济形势下，中央和相关主管部门领导多次强调和重申要坚持"房住不炒"，充分表明了中央控制房价上涨的决心。2019 年 4—5 月，包括佛山、苏州、大连、南宁等 10 个热点城市因房价涨幅较大被住建部预警提示，表明了政府对房价上涨的现实态度。房地产调控政策仍将总体保持延续性与稳定性。房地产调控政策不松动，也意味着房价短期内难以出现大涨。

另外，限购、限价政策面临边际性调整的需要。自 2010 年北京首次推出住房限购政策以来，住房限购政策实施的最长时间已经接近 10 年。作为一项被动成为长期制度的短期行政手段，虽然住房限购政策对于抑制住房投资投机、稳定房地产市场起了积极的作用，但是也在一定程度上降低了市场效率。作为短期应急手段，一些城市的限价政策中长期效果也不明确，但对市场效率的影响却较为显著。随着土地改革等重大制度改革的推进和全国房价稳中趋降，部分城市住房限购、限价政策有一定的边际性调整需要。

(四）经济增速放缓对房价的影响逐步显现

经济增速下滑使得房价上涨预期进一步减退，更多潜在购房者的房价预期转向悲观。在全球贸易摩擦加剧的背景下，世界经济前景趋于复杂化，全球经济不确定因素进一步增加。受世界经济大环境及国内结构调整的影响，中国经济增速放缓。长期房价变化与预期收入的变化紧密关联，这将导致市场观望情绪增强，抑制房地产投资投机。

三 2020 年上半年重点城市形势分析与下半年走势判断

（一）2020 年上半年形势分析

2020 年以来，在大湾区除港澳外的其他核心城市中，深圳和东莞率先出现房价显著上涨，但其周边城市并未同步上涨。纬房指数①显示，近 3 个月（截至 2020 年 5 月底，下同）深圳房价累计上涨 6.56%，东莞累计上涨 5.56%，房价涨速相对较快，房价水平也创出新高。深圳、东莞邻近的城市中，广州近 3 个月房价累计上涨 2.19%，珠海累计上涨 0.46%，中山累计下跌 2.69%，佛山累计下跌 0.55%，均尚未出现异常上涨。

在大湾区房价率先出现结构性上涨之后，中国另外两大城市群带中的环渤海及长三角城市群，近期其核心城市房价也开始出现结构性上涨迹象。

纬房指数显示，作为环渤海城市群带龙头城市的北京，近 3 个月房价累计上涨 5.15%，涨速相对较快，但房价水平仍比 2019 年同期略低。环渤海城市群其他核心城市中，天津近 3 个月累计上涨 3.92%，沈阳累计上涨 2.61%，大连累计上涨 2.21%，青岛累计上涨 0.97%，济南累计上涨 0.29%，石家庄累计上涨 0.24%。除天津外涨速基本在合理范围内，

---

① 纬房指数为基于住房大数据和重复交易法的新型房价指数，具有较强的同质可比性。通过新技术的应用，纬房指数有效规避了阴阳合同价、非理性报价、网签时间滞后、加总失真等技术难题，从而更为贴近居民家庭对房价涨跌的真实感受。由于重复交易模型的特性，纬房指数主要监测存量住房价格变动。

市场较为平稳。

作为长三角城市群带龙头城市的上海，近3个月房价累计上涨4.48%，涨速处于较高区间，但房价水平仍未创出新高。长三角城市群其他核心城市中，南京近3个月累计上涨5.30%，苏州累计上涨3.03%，无锡累计上涨2.62%，合肥累计上涨1.80%，杭州累计上涨1.51%。除南京、苏州涨速较高外，其他城市也基本在合理范围内，市场相对平稳。

全国大城市房价总体稳步回升。反映全国24个核心城市（均为一、二线城市）房价总体变化的纬房核心指数显示，2020年5月，核心城市综合房价已经创出2019年以来的新高，但是仍要略低于2018年的房价水平。2020年5月，纬房核心指数为107.49点（以2018年1月核心城市综合房价为100），比近半年最低点2020年2月的104.87点上涨了2.50%，比2019年的最高值106.17点上涨1.24%。

大城市二手房成交量创出单月新高。纬房成交量指数显示，2020年5月，十大重点城市（均为一、二线城市）二手住房成交量指数为274.36，比上月增长18.50%，为2017年1月以来单月最高二手房成交量水平。

一线城市房价上涨较快，四线城市房价下跌。纬房城市分级指数显示，2020年5月，一线城市综合房价环比上涨1.2%，涨速相对较快；二线城市综合房价环比上涨0.4%，涨速稳中略高；三线城市综合房价环比上涨0.1%，房价相对稳定；四线城市综合房价环比下跌0.2%，市场相对疲软。

（二）2020年下半年市场判断

从当前情况看，部分一、二线城市房价较快上涨属于结构性上涨，并未出现全面的房地产热。同时，多数城市房价与交易在受疫情冲击后都基本恢复，也未出现显著的市场衰退。那么，部分一、二线城市房价的结构性上涨未来是否会进一步扩散呢？四线城市房价是否会进一步下跌？后疫情时期房价格局将向何方向演变？

未来影响短期房价格局的重要因素主要有新冠肺炎疫情和宽松的货币环境。

疫情对住房需求的负向影响。疫情冲击造成经济增速、居民收入及实际就业水平同时下降，并且使居民投资风险意识上升，从而会显著降低购房需求。部分支柱产业受疫情冲击较严重的区域,住房抛售压力也会增加。

相对宽松货币环境对住房需求及房价预期的正向影响。为对冲疫情影响形成的相对宽松货币环境,会降低购房融资成本,刺激购房需求。5年期LPR走低,表明当房价不变时,购房实际支付价格降低。同时,相对宽松货币环境也会使通胀预期上升,进而助长房价上涨预期,促使潜在购房者提前入市。

与一般的自然灾害不同,本次疫情对经济增长的影响具有全球性和区域不同步性。在全球化背景下,这意味着疫情对经济的负面冲击短期内难以消除。对于三、四线城市而言,即使货币环境相对宽松,房价也很难出现全局性上涨。少部分受冲击较大的城市,还可能出现较快下跌。

在宽松的货币环境下,资金流入房地产市场概率增加。而在经济前景不确定性较大的背景下,这些资金一般会选择相对安全且限购不太严格的一线城市或潜在热点二线城市。因而,如果没有严厉的管控措施,部分一、二线城市房价结构性上涨很可能扩展成一、二线城市房价全面上涨。但是,如果宏观经济环境未及时复苏或进一步变差,一、二线城市即使房价进一步上涨也难以持续,最终"高开低走"的风险变大。

总体而言,由于影响因素的区域不平衡性,在疫情不突然消失的条件下,部分城市疫情对楼市的负向影响总体将超过宽松货币环境对楼市的正向影响,这种情形主要体现在三、四线城市。而另外一些城市,形势则可能相反,住房市场形势总体偏于向上,这种情形主要体现在一线城市及部分二线城市。表现在房价格局上,则是市场冷热不均,涨跌互现。

在疫情冲击及宽松货币环境的背景下,短期局部上涨或下跌的风险将并存。部分一线城市及潜在热点二线城市容易成为投资热点区域,市场较快升温。但如果政策及时跟进或宏观经济表现显著低于预期,市场会逐步恢复理性。少部分经济基本面受疫情冲击较严重的三、四线城市,房价也可能出现较快下跌。

四 重点城市住房市场存在的问题

(一) 高速增长趋于结束，局部市场下行风险增大

经过近二十年的快速发展，当前住房总量供应较为充分，住房市场从总体看并无较大的实际增值空间。虽然有些城市房价已停止上涨，但由于住房供给规模的持续增加，不排除局部房地产市场风险继续累积的可能性。随着供给的不断增长和需求增速下降，部分三、四线城市房价存在一定的波动风险。

(二) 部分城市房价趋降，考验政策定力

在"房住不炒"和地方政府稳定房价的主体责任成为政策共识的背景下，住房投资投机需求减退。在当前的内外部经济环境下，只要"房住不炒"的方略能够坚持，不仅房价难以出现大幅上涨，部分城市还将进入买方市场。这虽然有利于降低宏观风险及平抑房价，但也会使一些开发企业面临经营困难。对土地财政依赖较大的部分城市，财政压力也难免增大。这些都将考验城市稳定房地产市场的定力。

(三) 市场下行时，房地产企业延期交房、烂尾及各类市场纠纷的发生概率增大

房地产市场本质上是具有较强波动性的市场。中国房地产企业大多采取高负债经营模式，本身蕴含着较大的经营风险。过去十多年间，由于房价涨多跌少，开发企业资金链断裂风险被乐观的市场表现掩盖。一旦市场增长停滞或持续下行，负债率过高或对市场预判过于乐观的房地产企业，将面临资金链紧绷甚至断裂的风险。房地产企业延期交房及烂尾的风险也随之增大。在期房预售制度下，这也将极大损害购房者的权益。特别是在三、四线及以下城市，行业监管力量薄弱，市场下行压力加大，相对更容易出现无法按期交房现象。此外，由于买卖双方对期房权益的理解不一，一旦房价下行，各类市场纠纷案例就会迅速增加。

五 对策与建议

(一)坚持"房住不炒",保持调控政策的延续性与稳定性

历史经验证明,在城市化发展阶段,出台刺激购房政策必然导致房价的异常上涨,增加市场风险。为保持市场平稳,应保持调控政策的延续性与稳定性,继续抑制住房投资投机,使购房投资杠杆保持在可控范围。限购、限贷等核心的住房投资需求管控政策,仍应保持相对稳定。房地产政策的调整优化应坚守"房住不炒"的底线,坚持避免出台刺激购房政策。

坚持"房住不炒"虽然有利于降低宏观风险和提升居民住房水平,但与土地财政在短期内具有一定的内在矛盾,需要保持充分政策定力。随着"房住不炒"的推进,部分城市不可避免地要面临一定的财政压力。为避免市场出现政策性波动,这一方面需要保持政策定力,继续抑制住房投资投机,保持房地产市场的持续稳定;另一方面需要加大财政结构转型力度,降低对房地产相关收入的依赖度。

进一步完善一线城市及其周边卫星城市的住房投资投机管控措施。由于一线城市被一般投资者认为市场安全性、流动性相对较好,在特殊情形下更容易成为集中投资投机对象。升级一线城市调控措施,因地制宜增加限售条款;完善一线城市特别是户籍相对宽松城市限购政策,对新入籍购房者因地制宜增加社保缴纳条件,以避免被各地游资及各类闲散资金当作投资投机标的;建立完善一线城市及其周边卫星城市的住房投资投机联合防控机制。潜在的热点二线城市,也应加强对住房投资投机的防控。

(二)把好货币供应总闸门,保持房地产信贷规模稳定

从宏观上看,房地产市场和金融市场密不可分。房地产市场在一定程度上具有货币"蓄水池"的功效,货币供应扩张紧缩是房价大起大落的必要条件。稳定房地产市场,需要从宏观上维持货币供应量的相对稳定,避免大水漫灌或过度紧缩。货币政策保持松紧适度,可以为房地产市场的平稳发展和居民家庭住房条件的持续改善创造条件。

从微观上看，按揭贷款是达成房地产交易的重要前提，差别化信贷政策是控制住房投资投机最为直接有效的政策手段。在坚持差别化信贷的前提下，加强对各类融资手段的用途管控，避免借其他用途融资而违规流入房地产市场。

从供给侧看，继续维持对开发环节融资的适度合理管控，可以从源头抑制土地相关炒作。为避免信贷资金"脱实入虚"或违规流入房地产市场，相关金融管理部门对房地产开发环节采取了一定的融资管控措施，有效地抑制了土地市场过热、平抑了短期房价。为稳定土地市场预期，从源头抑制土地和房地产的相关炒作，应保持对开发环节融资的适度合理管控措施的稳定性。

（三）落实完善因城施策方略，明确地方政府稳定市场的主体责任

房地产市场属于地域性很强的市场，将城市政府作为稳定房地产市场的第一责任人契合经济规律。此外，因城施策也可以大大降低房地产市场系统性风险发生的概率。进一步明确各城市政府稳定房价的主体责任与上级政府的监督指导责任。对于局部房价的异常上涨，实现及时预警和"露头就打"。房价短期波动较大的区域，还可进一步明确稳定房价的短期数量目标。严格防止个别城市以"因城施策"之名出台刺激购房政策。

将稳定租房市场纳入各地政府稳定房地产市场的重要目标，大力规范租房市场秩序，保护租房者合法权益，防范中介及各类机构试图操控、垄断市场行为，避免租金的异常波动。

从各地市场实际出发，增强需求管控政策的弹性与灵活性。在坚持"房住不炒"、维持市场总体稳定的前提下，可根据市场实际情况对已有的限购、限价等需求管控政策作边际性调整，以适应市场形势的新变化。避免误伤合理购房需求，适度支持改善性住房需求。进一步增强政策针对性，减少"一刀切"式管控。

（四）及时有效降低居民家庭短期还款负担

临时性对存量房贷利率进行向下重新定价，同时辅以临时性推迟本金还款或修改本金还款方案等措施。受新冠肺炎疫情冲击，一些家庭因

工资收入下降、经营损失或财富损失可能会出现还贷困难现象。在当前时期，高达5%—6%的房贷利息，可能会对部分收入不稳定家庭构成一定的经济压力。对存量房贷利息及时作临时性减免，有利于缓解家庭短期经济压力，促进消费，降低系统性金融风险。如果按现有的房贷利率再定价规则，即使对房贷基准利率进行下调或 LPR 下降，一般也要到2021年才能生效，这可能会错过最佳时机，反而增强了市场波动性。也只有及时降低了贷款利率，推迟本金还款等救助措施才能使贷款人不至于陷入更深的"利滚利"之中。

（五）稳妥推进住房市场长效机制建设，促进长短期政策目标的均衡协调

推进公共服务均等化，缓解住房供求结构性矛盾。房地产需求与城市公共服务息息相关。公共服务的不均衡，不仅表现为不同区域公共服务水平的巨大差异，更表现为同一区域内部公共服务水平的较大落差。公共服务在空间分布上的极不均衡，是导致住房结构性短缺的重要原因。这需要优化各级政府的财权与事权划分，大力推进基础教育、医疗、公共交通等公共服务的均等化。通过公共服务的均等化，平衡住房需求的空间分布，促进存量住房资源的有效利用。

大力发展租房市场，实现租购并举。发展租房市场是建立完善住房市场长效机制的重要组成部分。长期以来，租房市场被政策忽视，租房者权益未得到很好的保护。进一步落实租购房同权，建立健全住房租赁相关法律法规，增加租赁住房土地供应，完善租房市场监测体系，促进住房租赁市场发展。

深化土地市场改革。以用途管制为基础，推进城乡土地市场一体化，为建立多主体供应的住房供应体系奠定基础。

促进地方财政结构转型，降低城市政府对土地财政的依赖度。分类推进地方政府投融资体制改革，转变地方政府高负债发展模式，是稳定房地产市场的必要条件之一。

从保护购房者权益出发，因地制宜稳妥推进住房预售制改革。随着住房市场由快速上涨转入总体趋稳，房地产企业短期资金压力将迅速增大，期房烂尾或延期交付风险可能较快增加。在期房预售制度下，这些风险都将转嫁给购房者。特别是在三、四线及以下城市，购房者权益更难以得到保护。为有效保护购房者合法权益、维护社会稳定，有必要因地制宜稳妥推进期房预售制度改革。

　　建立房地产政策的综合协调机制。房地产市场的稳定涉及金融、土地、住房、财税、教育、交通、发展规划等多个部门，房地产市场的变动同时又会与金融市场及宏观经济发生联动。这需要加强宏观政策的综合协调，实际统一目标齐抓共管，避免重要宏观政策的出台与稳定房价目标相背离。

第 八 章

中国住房土地市场报告

沈 立

一 2018—2019 年土地市场运行基本情况

(一) 房地产行业土地购置面积和成交价款双双出现负增长

2019 年全国住房土地市场出现明显的降温趋势。根据国家统计局数据（见表 8-1），从 2018 年第四季度到 2019 年第三季度，房地产行业土地购置面积共 25229.4 万平方米，同比下降 10.3%；土地成交价款合计 14285.8 亿元，同比下降 7.8%。其中，2018 年第四季度土地购置面积和成交价款依旧处于上升态势，分别同比增长 11.4% 和 11.0%，但是进入 2019 年以后，土地购置面积和成交价款双双出现负增长。2019 年第一季度，土地购置面积和成交价款分别同比下降 33.1% 和 26.9%，之后两个季度虽然降幅有所收窄，但依旧处于负增长。由此可见，2019 年中国住房土地市场总体处于降温状态。

表 8-1 2018 年第四季度至 2019 年第三季度房地产行业土地购置面积与成交价款

	购置面积		成交价款	
	面积（万平方米）	同比增长（%）	价款（亿元）	同比增长（%）
2018 年第四季度	9775.4	11.4	6099.9	11.0
2019 年第一季度	2543.3	-33.1	1193.5	-26.9

续表

	购置面积		成交价款	
	面积（万平方米）	同比增长（%）	价款（亿元）	同比增长（%）
2019年第二季度	5492.0	-24.6	2617.7	-27.9
2019年第三季度	7418.7	-10.4	4374.6	-7.6
合计	25229.4	-10.3	14285.8	-7.8

资料来源：根据国家统计局网站（http://data.stats.gov.cn/）月度数据计算得到。

再观察历年前三季度房地产行业土地购置面积和成交价款的变化趋势（见图8-1和图8-2），同样可以发现，2019年中国住房土地市场明显处于下行趋势。2019年前三季度，全国房地产行业土地购置面积合计15454.03万平方米，同比下降20.2%；土地成交价款合计8185.84亿元，同比下降18.2%。从变化趋势来看，2019年前三季度房地产行业土地购置面积终止了2016年以来的缓慢增长态势，出现了较大幅度的降温。同样，2019年前三季度土地成交价款也终止了2015年以来的增长态势，出现了较大幅度的下降。由此进一步证明2019年中国住房土地市场总体处于"低温退烧"状态。

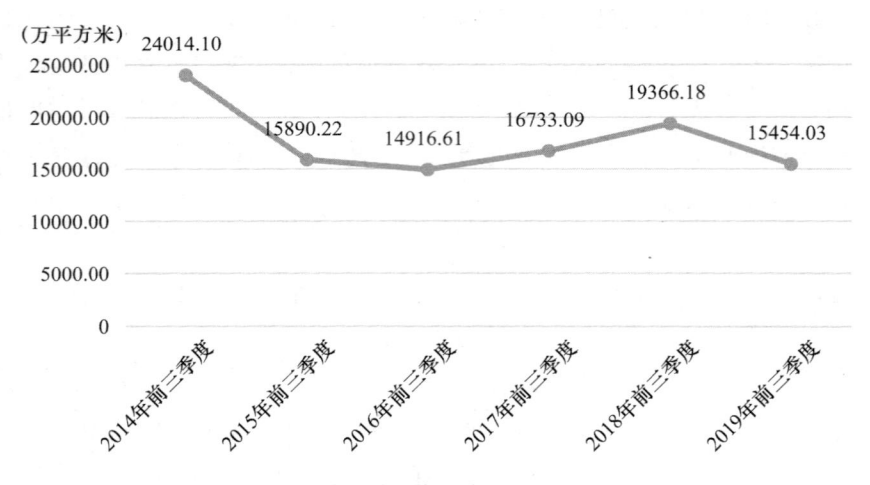

图8-1　前三季度房地产业土地购置面积

资料来源：中国房地产大数据信息平台（http://creis.fang.com/）。

图 8-2 前三季度房地产业土地成交价款

资料来源：中国房地产大数据信息平台（http://creis.fang.com/）。

（二）地方政府土地出让收入"雄风不再"

2019 年，地方政府土地出让收入的增长速度明显下降，个别月份甚至出现负增长。根据财政部统计数据（见表 8-2），2019 年 1—9 月，全国土地出让收入累计 44751 亿元，同比增长 5.8%，与 2018 年前三季度相比，增速下降明显。就具体月份而言，2019 年同比增长最快的 7 月的增速为 25.9%，显著低于上一年增长最快的 5 月的同比增速。与此同时，2019 年 1—4 月全国土地出让收入甚至出现了同比负增长，其中，3 月的同比增长率为 -16.8%，这是近几年来所未有的。由此可见，地方政府土地出让收入正在持续"下台阶"，未来一段时期内，单纯依靠"土地财政"的模式将难以为继。

表 8-2 2016—2019 年前三季度土地出让收入 （单位：亿元,%）

	2019 年			2018 年			2017 年			2016 年
	收入	环比	同比	收入	环比	同比	收入	环比	同比	收入
9 月	6188	2.5	17.0	5289	-3.1	8.0	4897	29.7	50.7	3249
8 月	6037	4.1	10.5	5461	18.5	44.6	3777	-16.5	36.4	2769

178 ◇ 第四部分 主要市场报告

续表

	2019 年			2018 年			2017 年			2016 年
	收入	环比	同比	收入	环比	同比	收入	环比	同比	收入
7 月	5801	-0.1	25.9	4607	-1.8	1.9	4521	26.1	51.5	2985
6 月	5809	34.4	23.8	4690	9.2	30.8	3585	44.3	37.4	2609
5 月	4323	-4.6	0.7	4293	-7.3	72.8	2484	-24.3	15.1	2158
4 月	4532	12.9	-2.1	4631	-4.1	41.1	3281	-0.3	46.7	2236
3 月	4014		-16.8	4828		46.7	3290		19.8	2747
1—2 月	8047		-5.3	8499		37.2	6196		36.1	4553

资料来源：财政部统计数据（http://gks.mof.gov.cn/zhengfuxinxi/tongjishuju/）。

从历年变化趋势来看，全国土地出让市场再次进入下降通道。按照2019年前三季度土地出让收入增速来预估2019年全年土地出让收入，可以得出2019年全国土地出让收入为59668亿元（见图8-3）。基于此，再观察2011年以来全国土地出让收入的变化趋势，可以发现，2019年，全国土地出让收入比前一年减少5428亿元，为近五年来首次出现下降情况，并且可能在未来几年内持续处于下滑状态。

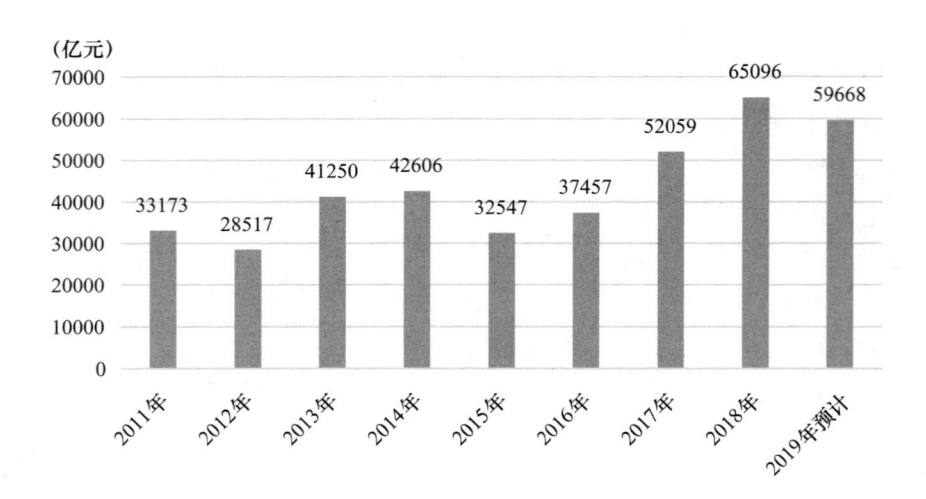

图 8-3 2011—2019 年全国土地出让收入

资料来源：财政部统计数据（http://gks.mof.gov.cn/zhengfuxinxi/tongjishuju/）。

(三) 住宅用地供应量有所减少，比例仅有四成，低于工业用地比例

从绝对量来看，2019年住宅用地推出面积有所减少。自2016年以来，300城市推出的住宅用地面积基本处于持续增长态势（见表8-3），2016—2018年，住宅用地推出面积分别为33001万平方米、40059万平方米、50790万平方米，但是，按照2019年前三季度的增长速度，2019年住宅用地推出面积预估为47545万平方米，与去年相比下降6.4%。与此同时，商业办公用地推出面积预计为11704万平方米，同比下降11.6%；工业用地推出面积预计为53297万平方米，同比下降10.4%；其他用地推出面积预计为5064万平方米，同比下降8.1%。由此可见，虽然住宅用地推出面积减少，但下降幅度较商业办公用地、工业用地、其他用地的降幅要小。

从相对比例来看，住宅用地推出比例近年来有所上升，但依旧小于工业用地比例。2019年前三季度，住宅用地推出比例接近40%，处于2011年以来最高点，与2018年持平。但是，与工业用地推出比例相比，依旧处于偏低状态。从2011年至今，工业用地推出比例虽然处于下滑状态，但一直维持在45%以上，2019年前三季度，工业用地推出比例为45%，高于住宅用地、商业办公用地、其他用地的比重。

表8-3　　　　　　　　300城市推出土地的用地类型　　　（单位：万平方米，%）

	住宅用地		商业/办公用地		工业用地		其他用地	
	面积	比例	面积	比例	面积	比例	面积	比例
2011年	64056	37	19343	11	84322	49	3424	2
2012年	55471	34	24139	15	81724	49	4008	2
2013年	64476	37	27660	16	79185	45	3166	2
2014年	47175	36	20694	16	61177	47	2375	2
2015年	35608	34	14380	14	52645	50	3176	3
2016年	33001	33	13254	13	48993	49	3884	4
2017年	40059	37	12169	11	49845	47	4872	5
2018年	50790	40	13234	10	59505	46	5512	4
2019年前三季度	35659	40	8778	10	39973	45	3798	5

资料来源：中国房地产大数据信息平台（http://creis.fang.com/）。

（四）住宅用地成交情况有所回暖，流拍率明显下降

住房土地市场总体成交情况较上年同期有所降温，但分不同时间段来看有回暖趋势。从2018年第四季度到2019年第三季度，300城市共推出土地30524宗、127985万平方米，成交25964宗、107282万平方米，成交宗数占推出宗数的85.1%，成交建设用地面积占推出建设用地面积的83.8%（见表8-4），两者数据均较上年同期有所下降，总体成交情况有所降温。但是，分季度来看，无论是土地宗数成交比例还是土地面积成交比例，2019年第一季度至第三季度的成交率都要明显高于2018年第四季度的相应值，这说明住房土地市场总体成交情况正处于回暖状态。

表8-4　2018年第四季度至2019年第三季度土地推出和成交的情况

	推出土地 宗数（块）	推出土地 面积（万平方米）	成交土地 宗数（块）	成交土地 面积（万平方米）	成交比例=成交/推出 宗数比例（%）	成交比例=成交/推出 面积比例（%）
2018年第四季度	9566	39775	7861	32195	82.2	80.9
2019年第一季度	5986	25446	5153	21649	86.1	85.1
2019年第二季度	7336	31017	6355	26751	86.6	86.2
2019年第三季度	7636	31745	6595	26687	86.4	84.1
合计	30524	127985	25964	107282	85.1	83.8

资料来源：中国房地产大数据信息平台（http://creis.fang.com/）。

住宅用地市场总体成交情况趋向回暖。从2018年第四季度到2019年第三季度，300城市共推出住宅用地51392万平方米，成交41233万平方米，成交建设用地面积占推出建设用地面积的80.2%（见表8-5），较上年同期的78.6%有所上升。分不同季度来看，2018年第四季度，住宅用地宗数成交比例和住宅用地面积成交比例分别为73.5%和72.2%，但是进入2019年以后，住宅用地宗数成交比例和住宅用地面积成交比例均维持在80%以上。由此可见，2019年，住宅用地市场成交情况确实有所回暖。

表8-5　2018年第四季度至2019年第三季度住宅用地推出和成交的情况

	推出土地		成交土地		成交比例=成交/推出	
	宗数（块）	面积（万平方米）	宗数（块）	面积（万平方米）	宗数比例（%）	面积比例（%）
2018年第四季度	3340	15733	2454	11354	73.5	72.2
2019年第一季度	1960	9195	1592	7793	81.2	84.7
2019年第二季度	2711	13519	2307	11368	85.1	84.1
2019年第三季度	2632	12943	2218	10718	84.3	82.8
合计	10643	51392	8571	41233	80.5	80.2

资料来源：中国房地产大数据信息平台（http://creis.fang.com/）。

进一步观察历年住宅用地成交比例的变化情况（见图8-4），同样可以发现住宅用地市场总体成交情况趋向回暖。2019年前三季度住宅用地宗数成交比例和面积成交比例均为83.8%，较2018年的80.0%和78.5%有不同程度的上升，扭转了2018年的下降趋势，与过去十年相比，处于正常波动区间。

图8-4　历年住宅用地成交比例的变化

资料来源：中国房地产大数据信息平台（http://creis.fang.com/）。

从绝对值来看，2019年住宅用地出让市场延续前一年度的上升态势。

2019 年前三季度，住宅用地推出宗数、建设用地面积、规划建筑面积分别为 7303 块、35659.02 万平方米、81094.56 万平方米（见表 8-6），均为 2016 年以来的最高值，并且呈现逐步上升的趋势。同样，2019 年前三季度住宅用地成交宗数、建设用地面积、规划建筑面积分别为 6177 块、29879.44 万平方米、68048.54 万平方米，也均为 2016 年以来的最高值，并且呈现逐步上升的趋势。

表 8-6　　　　历年前三季度住宅用地推出和成交的情况

	推出土地			成交土地		
	土地宗数（块）	建设用地面积（万平方米）	规划建筑面积（万平方米）	土地宗数（块）	建设用地面积（万平方米）	规划建筑面积（万平方米）
2010 年前三季度	8445	48636.41	108940.40	6319	36197.66	78776.92
2011 年前三季度	9286	45286.53	107191.50	7550	36658.68	86703.18
2012 年前三季度	7919	34309.17	83437.08	5854	25463.89	62079.70
2013 年前三季度	9371	40901.38	99416.46	7848	34861.40	84246.99
2014 年前三季度	7550	33558.68	82618.20	5783	26004.94	63557.62
2015 年前三季度	6136	22974.47	56904.54	4226	17234.58	43078.27
2016 年前三季度	5327	21761.75	52496.64	4394	18621.81	45148.51
2017 年前三季度	5761	25766.00	60072.96	5045	22662.67	52748.61
2018 年前三季度	6985	34963.73	79764.64	5760	28250.25	64623.88
2019 年前三季度	7303	35659.02	81094.56	6117	29879.44	68048.54

资料来源：中国房地产大数据信息平台（http://creis.fang.com/）。

住宅用地流拍情况的减少也反映了住宅用地市场成交情况的好转。自 2018 年住宅用地流拍比例达到一个高点之后，2019 年前三季度，住宅用地流拍宗数比例、流拍建设用地面积比例、流拍规划建筑面积比例分别为 5.9%、4.9%、5.0%（见图 8-5），较 2018 年的 7.0%、7.6%、7.5% 均有显著的下降，扭转了 2016 年以来的上升势头。从绝对值来看，2019 年前三季度，300 城市共流拍土地 428 宗，流拍建设用地面积 1763.52 万平方米，流拍规划建筑面积 4089.38 万平方米，均较上一年度有所下降（见表 8-7）。

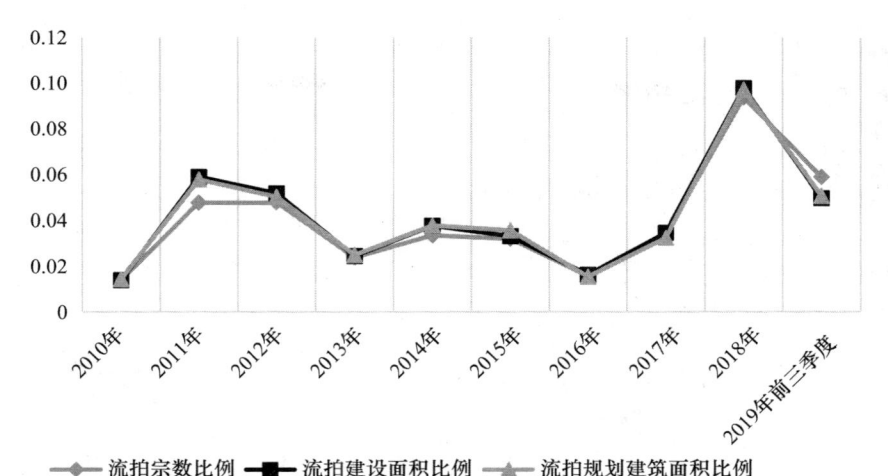

图 8-5　历年住宅用地流拍比例的变化

资料来源：中国房地产大数据信息平台（http：//creis.fang.com/）。

表 8-7　　　　　　　　历年住宅用地流拍的情况

	土地宗数（块）	建设用地面积（万平方米）	规划建筑面积（万平方米）
2010 年	170	978.85	2307.98
2011 年	637	3797.31	8796.63
2012 年	599	2878.61	6815.97
2013 年	347	1528.50	3824.45
2014 年	353	1731.19	4216.88
2015 年	286	1154.76	3028.90
2016 年	114	504.05	1135.76
2017 年	307	1475.76	3183.58
2018 年	968	4958.84	11292.65
2019 年 1—9 月	428	1763.52	4089.38

资料来源：中国房地产大数据信息平台（http：//creis.fang.com/）。

（五）住宅用地成交均价有所回升，溢价率也止跌微升

住宅用地成交均价止跌回升。观察历年住宅用地成交均价的变化趋势（见图 8-6），可以发现，在 2018 年住宅用地成交楼面均价和成交土

地均价双双下降之后，2019年前三季度，住宅用地成交均价有所回升，成交楼面均价由2018年的3756.45元/平方米回升到4508.15元/平方米，成交土地均价由2018年的8615.78元/平方米回升到10267.51元/平方米，这说明住宅用地出让市场有所回暖。

图8-6 历年住宅用地成交均价的变化

资料来源：中国房地产大数据信息平台（http://creis.fang.com/）。

住宅用地溢价率出现止跌微升的趋势。在2018年住宅用地成交溢价率延续2017年大幅度下降的态势之后，2019年前三季度的住宅用地成交溢价率止跌微升，由2018年的14.74%回升到16.95%（见图8-7），这也说明2019年的住宅用地出让市场确实有所转暖。

分季度来看，住宅用地成交楼面均价和成交土地均价则出现先升后降的态势。从2018年第四季度到2019年第三季度，住宅用地成交楼面均价分别为3548.46元/平方米、4085.73元/平方米、4818.41元/平方米、4477.64元/平方米，住宅用地成交土地均价分别为8188.19元/平方米、9095.34元/平方米、11044.61元/平方米、10296.16元/平方米，住宅用地成交溢价率则分别为6.57%、14.61%、23.66%、11.51%（见表8-8），三个指标均呈现先升后降的趋势，说明这一轮住宅用地出让市场回暖周期并不稳固，有待进一步观察。

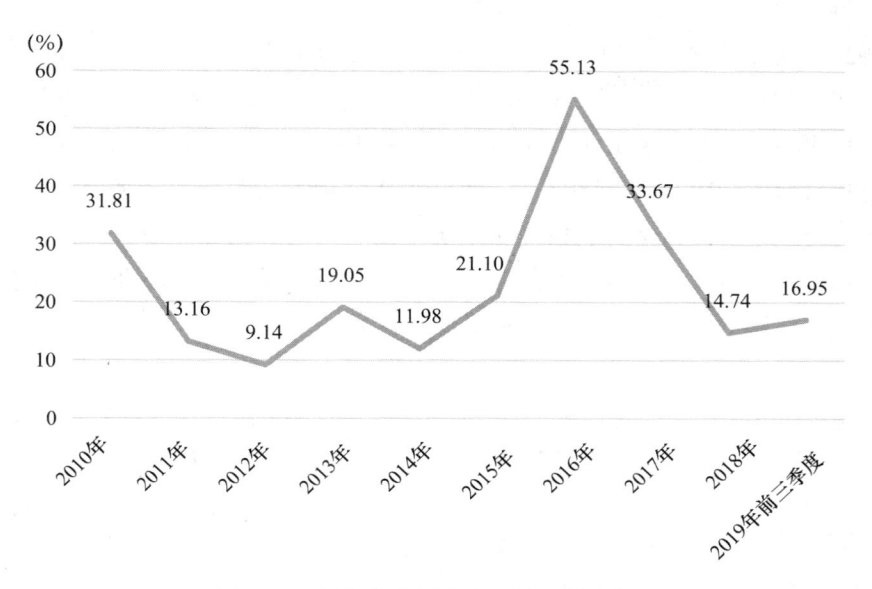

图 8-7　历年住宅用地成交溢价率的变化

资料来源：中国房地产大数据信息平台（http：//creis.fang.com/）。

表 8-8　2018 年第四季度至 2019 年第三季度住宅用地成交价格与溢价率

	成交楼面均价 （元/平方米）	成交土地均价 （元/平方米）	平均溢价率 （%）
2018 年第四季度	3548.46	8188.19	6.57
2019 年第一季度	4085.73	9095.34	14.61
2019 年第二季度	4818.41	11044.61	23.66
2019 年第三季度	4477.64	10296.16	11.51

资料来源：中国房地产大数据信息平台（http：//creis.fang.com/）。

（六）一线、二线、三四线城市住宅用地市场情况分化明显

1. 一线城市住宅用地量价止跌回升，成交比例和溢价率同时回升

一线城市住宅用地出让市场有所回暖。从住宅用地宗数来看，2019 年前三季度，一线城市住宅用地推出宗数为 207 块，成交宗数为 192 块，比 2018 年前三季度分别增长 44 块和 58 块。从住宅建设用地面积来看，2019 年前三季度，一线城市住宅用地推出面积为 1073.47 万平方米，成交 989.08 万平方米，比 2018 年前三季度分别增长 257.05 万平方米和

292.78万平方米。从规划建筑面积来看，2019年前三季度，一线城市住宅用地推出建筑面积为2249.66万平方米，成交2060.97万平方米，比2018年前三季度分别增长570.37万平方米和620.13万平方米。从成交比例来看，2019年前三季度，一线城市住宅用地宗数成交比例、建设面积成交比例、规划建筑面积成交比例分别为93%、92%、92%，较2018年前三季度有明显回升（见表8-9）。由此可以看出，2019年前三季度一线城市住宅用地市场热度有所回升。

表8-9　　　　　一线城市推出和成交住宅用地的情况

	推出土地			成交土地			成交比例＝成交/推出		
	宗数（块）	建设面积（万平方米）	规划建筑面积（万平方米）	宗数（块）	建设面积（万平方米）	规划建筑面积（万平方米）	宗数比例（%）	建设面积比例（%）	规划建筑面积比例（%）
2011年前三季度	243	1678.31	3296.46	216	1445.80	2857.65	89	86	87
2012年前三季度	113	661.74	1399.14	104	622.64	1292.06	92	94	92
2013年前三季度	208	1403.70	2728.48	197	1310.80	2521.38	95	93	92
2014年前三季度	173	1047.20	2266.95	162	985.17	2124.76	94	94	94
2015年前三季度	135	927.35	1950.36	123	854.08	1801.07	91	92	92
2016年前三季度	85	449.45	906.45	76	418.47	844.24	89	93	93
2017年前三季度	153	922.92	1786.66	145	849.93	1677.88	95	92	94
2018年前三季度	163	816.42	1679.29	134	696.30	1440.84	82	85	86
2019年前三季度	207	1073.47	2249.66	192	989.08	2060.97	93	92	92

资料来源：中国房地产大数据信息平台（http://creis.fang.com/）。

一线城市住宅用地出让价格和溢价率也同时回升。2019年前三季度，一线城市住宅用地成交楼面均价和成交土地均价分别为15273.03元/平方米、31824.61元/平方米，较2018年前三季度分别上涨10.9%和11.7%，扭转了2018年成交楼面均价和成交土地均价的下降趋势。同时，2019年前三季度一线城市住宅用地出让平均溢价率为9.72%，较上年同期上升1.38%（见表8-10）。

表 8-10　　　　　　　一线城市成交住宅用地价格的情况

	成交楼面均价（元/平方米）	成交土地均价（元/平方米）	平均溢价率（%）
2011 年前三季度	3988.84	7884.03	14.95
2012 年前三季度	4636.91	9622.17	17.78
2013 年前三季度	7069.08	13597.65	46.59
2014 年前三季度	10760.15	23206.91	31.37
2015 年前三季度	10571.37	22292.59	30.66
2016 年前三季度	19846.72	40039.44	94.58
2017 年前三季度	16019.04	31623.69	21.96
2018 年前三季度	13765.44	28484.65	8.34
2019 年前三季度	15273.03	31824.61	9.72

资料来源：中国房地产大数据信息平台（http://creis.fang.com/）。

2. 二线城市住宅用地市场止跌回暖，成交比例和溢价率回升

二线城市住宅用地出让市场也止跌回暖。从住宅用地宗数来看，2019 年前三季度，二线城市住宅用地推出宗数为 2832 块，成交宗数为 2483 块，比 2018 年前三季度分别增长 384 块和 404 块。从住宅建设用地面积来看，2019 年前三季度，二线城市住宅用地推出面积为 15242.83 万平方米，成交 13228.36 万平方米，比 2018 年前三季度分别增长 2106.45 万平方米和 2275.88 万平方米。从规划建筑面积来看，2019 年前三季度，二线城市住宅用地推出建筑面积为 34960.25 万平方米，成交 30561.92 万平方米，比 2018 年前三季度分别增长 4920.42 万平方米和 5410.15 万平方米。从成交比例来看，2019 年前三季度，二线城市住宅用地宗数成交比例、建设面积成交比例、规划建筑面积成交比例分别为 88%、87%、87%，较 2018 年前三季度有明显回升（见表 8-11）。由此可以看出，2019 年前三季度二线城市住宅用地市场热度有所回升。

表8-11　　　　　　　二线城市推出和成交住宅用地的情况

	推出土地			成交土地			成交比例＝成交/推出		
	宗数（块）	建设面积（万平方米）	规划建筑面积（万平方米）	宗数（块）	建设面积（万平方米）	规划建筑面积（万平方米）	宗数比例（％）	面积比例（％）	规划建筑面积比例（％）
2011年前三季度	2910	16029.40	37955.91	2390	13647.88	32073.98	82	85	85
2012年前三季度	2579	12706.11	31326.37	2044	10048.80	25204.98	79	79	80
2013年前三季度	2861	15223.09	37236.06	2507	13614.53	32984.06	88	89	89
2014年前三季度	2267	11715.72	29663.55	1938	10221.39	25450.59	85	87	86
2015年前三季度	1780	8165.26	20971.29	1438	6756.46	17344.25	81	83	83
2016年前三季度	1790	8811.83	21754.60	1625	8040.59	19901.62	91	91	91
2017年前三季度	1874	9875.10	23552.23	1731	9121.05	21757.61	92	92	92
2018年前三季度	2448	13136.38	30039.83	2079	10952.48	25151.77	85	83	84
2019年前三季度	2832	15242.83	34960.25	2483	13228.36	30561.92	88	87	87

资料来源：中国房地产大数据信息平台（http://creis.fang.com/）。

二线城市住宅用地出让价格和溢价率也在同时回升。2019年前三季度，二线城市住宅用地成交楼面均价和成交土地均价分别为5687.58元/平方米和13140.20元/平方米，较2018年前三季度分别上涨10.1％和10.8％，扭转了2018年成交楼面均价和成交土地均价的下降趋势。同时，2019年前三季度二线城市住宅用地出让平均溢价率为16.49％，较上年同期上升0.96％（见表8-12）。

表8-12　　　　　　　二线城市成交住宅用地价格的情况

	成交楼面均价（元/平方米）	成交土地均价（元/平方米）	平均溢价率（％）
2011年前三季度	1693.34	3991.43	12.95
2012年前三季度	1544.58	3934.01	5.77
2013年前三季度	2209.15	5473.54	20.19
2014年前三季度	2105.73	5361.87	10.23
2015年前三季度	2734.86	7162.80	19.32

续表

	成交楼面均价（元/平方米）	成交土地均价（元/平方米）	平均溢价率（%）
2016 年前三季度	5016.70	12583.27	68.33
2017 年前三季度	5554.17	13312.02	36.62
2018 年前三季度	5166.21	11863.92	15.53
2019 年前三季度	5687.58	13140.20	16.49

资料来源：中国房地产大数据信息平台（http://creis.fang.com/）。

3. 三四线城市住宅用地量减价升，成交比例同时上升，溢价率则有所下降

三四线城市住宅用地出让数量有所减少，成交比例有所上升。从住宅用地宗数来看，2019 年前三季度，三四线城市住宅用地推出宗数为 4263 块，成交宗数为 3443 块，比 2018 年前三季度分别减少 2.5% 和 2.9%。从住宅建设用地面积来看，2019 年前三季度，三四线城市住宅用地推出面积为 19334.44 万平方米，成交 15663.75 万平方米，比 2018 年前三季度分别减少 8.0% 和 5.7%。从规划建筑面积来看，2019 年前三季度，三四线城市住宅用地推出建筑面积为 43869.74 万平方米，成交 35430.91 万平方米，比 2018 年前三季度分别减少 8.7% 和 6.8%。从成交比例来看，2019 年前三季度，三四线城市住宅用地宗数成交比例、建设面积成交比例、规划建筑面积成交比例分别为 81%、81%、81%，较 2018 年前三季度有所回升（见表 8-13）。

表 8-13　　三四线城市推出和成交住宅用地的情况

	推出土地			成交土地			成交比例 = 成交/推出		
	宗数（块）	建设面积（万平方米）	规划建筑面积（万平方米）	宗数（块）	建设面积（万平方米）	规划建筑面积（万平方米）	宗数比例（%）	建设面积比例（%）	规划建筑面积比例（%）
2011 年前三季度	6133	27578.82	65939.16	4944	21565.00	51771.55	81	78	79
2012 年前三季度	5227	20941.32	50711.57	3706	14792.45	35582.66	71	71	70

续表

	推出土地			成交土地			成交比例 = 成交/推出		
	宗数（块）	建设面积（万平方米）	规划建筑面积（万平方米）	宗数（块）	建设面积（万平方米）	规划建筑面积（万平方米）	宗数比例（%）	建设面积比例（%）	规划建筑面积比例（%）
2013 年前三季度	6302	24274.59	59451.92	5144	19936.08	48741.55	82	82	82
2014 年前三季度	5110	20795.76	50687.70	3683	14798.39	35982.27	72	71	71
2015 年前三季度	4221	13881.85	33982.90	2665	9624.03	23932.95	63	69	70
2016 年前三季度	3452	12500.47	29835.58	2693	10162.75	24402.63	78	81	82
2017 年前三季度	3734	14967.98	34734.07	3169	12691.69	29313.12	85	85	84
2018 年前三季度	4374	21010.93	48045.51	3547	16601.47	38031.27	81	79	79
2019 年前三季度	4263	19334.44	43869.74	3443	15663.75	35430.91	81	81	81

资料来源：中国房地产大数据信息平台（http://creis.fang.com/）。

三四线城市住宅用地出让价格有所回升，溢价率则有所下降。2019年前三季度，三四线城市住宅用地成交楼面均价和成交土地均价分别为2863.74元/平方米和6478.40元/平方米，较2018年前三季度分别上涨9.6%和8.2%。与此同时，2019年前三季度，三四线城市住宅用地出让平均溢价率为20.26%，较上年同期下降3.81%（见表8-14）。

表8-14　　　三四线城市成交住宅用地价格的情况

	成交楼面均价（元/平方米）	成交土地均价（元/平方米）	平均溢价率（%）
2011 年前三季度	859.98	2088.07	21.21
2012 年前三季度	882.03	2143.56	5.94
2013 年前三季度	966.94	2392.58	12.69
2014 年前三季度	1004.24	2465.81	6.79
2015 年前三季度	1090.10	2724.34	6.56
2016 年前三季度	1352.12	3250.27	34.11
2017 年前三季度	2408.51	5562.08	54.37
2018 年前三季度	2613.07	5986.12	24.07
2019 年前三季度	2863.74	6478.40	20.26

资料来源：中国房地产大数据信息平台（http://creis.fang.com/）。

（七）租赁住房用地供应有所提速

租购并举、发展住房租赁市场、支持住房租赁消费是我国深化住房制度改革、构建房地产市场长效机制的一个重要举措。2015年中央经济工作会议提出要建立购租并举的住房制度，发展住房租赁市场。2016年《国务院办公厅关于加快培育和发展住房租赁市场的若干意见》也提出要建立购租并举的住房制度，健全以市场配置为主、政府提供基本保障的住房租赁体系，支持住房租赁消费，促进住房租赁市场健康发展。2017年10月，习近平总书记在党的十九大报告中进一步提出加快建立多主体供给、多渠道保障、租购并举的住房制度。为贯彻落实中央文件精神，2017年8月，国土资源部、住房和城乡建设部联合印发了《利用集体建设用地建设租赁住房试点方案》，确定第一批共13个城市试点开展利用集体建设用地建设租赁住房。截至2019年，全部13个试点城市已经全面进入政策实施阶段，住房租赁政策进入落地期。

各地相继出台住房租赁政策，加大租赁用地供应。截至2019年第三季度，部分人口流入城市的租赁用地供应力度持续上升，比如，北京、上海、广州、杭州、合肥、南京、武汉等租赁需求旺盛城市持续加大租赁相关用地供应力度。2016年11月至2018年12月，共有22个城市成交租赁用地，累计成交322宗，提供租赁住房面积约1237万平方米。其中，上海共计成交租赁用地83宗，累计308万平方米，位居全国第一；杭州共计成交租赁用地80宗，累计217万平方米，位居全国第二；北京成交租赁用地共计36宗，累计190万平方米，位居全国第三。上海、杭州、北京三个城市的成交面积之和约占22个城市总成交面积的60%。

利用集体建设用地建设租赁住房开始升温。自2017年国土部和住建部联合发布《利用集体建设用地建设租赁住房试点方案》以来，北京、上海、沈阳、南京、杭州、合肥、厦门、郑州、武汉、广州、佛山、肇庆、成都13个试点地区已开始供应集体土地用于建设租赁住房，部分集体用地租赁用房已经入市。据统计，北京、广州计划到2021年利用集体建设用地分别建设50万套和3.3万套租赁住房；上海计划到2020年利用集体建设用地建设70万套租赁住房；合肥计划到2020年提供45万平方米的集体建设用地，建成5000套租赁住房；南京则规划到2020年供应

30万平方米的集体建设用地，建成租赁住房3300多套。

二 土地市场的主要问题

（一）供地结构不尽合理，工业用地比例偏高，居住用地比例偏低

长期以来我国城市土地利用结构不甚合理导致房价居高不下。在国外城市，工业用地一般不会超过城市面积的10%，而我国城市工业用地的比例普遍超过25%。在制造业比较发达的城市，工业用地已经超过40%，个别城市甚至超过50%，与纽约（7%）、中国香港（6%）、伦敦（2.7%）、新加坡（2.4%）相比，我国城市工业用地的比例明显偏高，这使得我国城市居住用地的比例偏低，进而引发住宅用地供应不足，房价居高不下的现象。

表8-15　　　　国外城市工业用地比例的基本情况　　　　（单位：%）

	工业用地比例		工业用地比例		工业用地比例
美国大中城市	8.80	伦敦	2.70	东京都	2.64
美国小城市	5.70	纽约	7.48	大阪	15.35
英国一般城市	7.00	芝加哥	6.90	横滨	7.34

资料来源：王世元：《新型城镇化之土地制度改革路径》，中国大地出版社2014年版。

近年来我国一直强调要从严控制新增建设用地，特别是工业用地。2010年，国务院《关于印发全国主体功能区规划的通知》（国发〔2010〕46号）要求严格控制工业用地增加，适度增加城市居住用地。《国家新型城镇化规划（2014—2020年）》规定要适当控制工业用地，优先安排和增加住宅用地。《全国国土规划纲要（2016—2030年）》也强调要控制生产空间和减少工业用地比例。但是，实际上年度建设用地供给中工业用地占比仍然偏高。直至2019年前三季度，300城市推出的工业用地数量仍达到全部推出面积的45%，而居住用地所占的比重只有40%。

（二）住宅用地市场景气度虽有所回升，但仍需进一步观察

总体来看，住宅用地市场景气程度相较上一年有明显回升，但是未

来发展趋势并不稳定，有待进一步观察。2019年，全国房地产行业土地购置面积和成交价款双双出现负增长，住房土地市场出现一定程度的降温趋势，这直接使得地方政府的土地出让收入的增长速度有所下降，个别月份甚至出现负增长。但是就住宅用地市场而言，年度住宅用地市场总体有所回暖，住宅用地成交均价有所回升，流拍率明显下降，溢价率也止跌微升。在看到住宅用地市场回暖的同时，还应该看到住宅用地市场所存在的不确定性。就2018年第四季度至2019年第三季度四个季度的住宅用地市场表现来看，住宅用地成交楼面均价、成交土地均价和成交溢价率都出现先升后降的态势。从2018年第四季度到2019年第三季度，住宅用地成交楼面均价分别为3548.46元/平方米、4085.73元/平方米、4818.41元/平方米、4477.64元/平方米，住宅用地成交土地均价分别为8188.19元/平方米、9095.34元/平方米、11044.61元/平方米、10296.16元/平方米，住宅用地成交溢价率则分别为6.57%、14.61%、23.66%、11.51%，三大指标均呈现先升后降的趋势，这说明这一轮住宅用地出让市场回暖周期并不稳固，有待进一步观察。

（三）一线城市、二线城市和三四线城市的住宅用地市场分化显现

一线城市、二线城市和三四线城市的住宅用地市场情况分化显现。一线城市住宅用地量价止跌回升，成交比例和溢价率同时回升；二线城市住宅用地市场止跌回暖，成交比例和溢价率回升；而三四线城市住宅用地量减价升，成交比例同时上升，溢价率则有所下降。总体来看，一线城市、二线城市的住宅用地市场趋向回暖，住宅用地出让数量和出让价格都实现了增长，成交比例和溢价率也实现一定程度的提升。与此同时，三四线城市的住宅用地市场与一线城市、二线城市存在一定程度的差异，甚至可能出现进一步分化的可能。虽然三四线城市的住宅用地出让价格和成交比例也有所提升，但是，其住宅用地出让面积却明显减少，成交溢价率也有所下降。这说明三四线城市的住宅用地市场并不如一线城市、二线城市那么稳定向好，存在一定的降温风险，它们之间的分化现象有所显现。

三 2020年上半年土地市场整体形势与下半年展望

(一) 疫情后货币宽松政策为资金流入土地市场创造条件

受新冠肺炎疫情影响,全球经济正面临着需求供给双重冲击。多国政府果断出台货币宽松政策,迅速向市场注入超预期的资金。中央也明确提出稳健的货币政策要"更加灵活适度",对此,央行及时采取措施,超预期向市场注入流动性。2020年2月,央行连续两天开展逆回购操作,向市场投放流动性1.7万亿元,3月,普惠金融定向降准释放长期资金5500亿元,1—5月货币供应量M2同比增速分别为8.4%、8.8%、10.1%、11.1%、11.1%,呈现明显上升趋势。贷款市场报价利率(LPR)持续下行,1年期LPR和5年期LPR分别由1月20日的4.15%和4.80%下降到6月22日的3.85%和4.65%。随着货币流动性的增强以及资金成本的下降,再加上受疫情影响实体经济高度不景气,房地产市场就成为增量货币流动的一个天然去向,从而为土地市场炒作创造了条件。

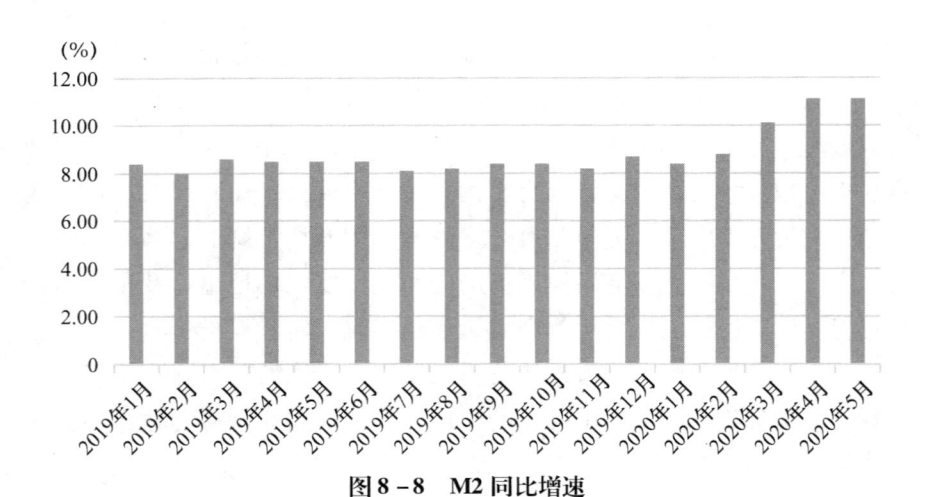

图8-8 M2同比增速

资料来源:Wind资讯。

（二）各市场主体炒作土地市场的动力机制有所加强

1. 地方政府放松房地产市场调控的冲动增强

新冠肺炎疫情发生以来，地方政府的税收收入受到巨大冲击，2020年第一季度，全国30个省份的财政收入出现下降，其中下降幅度最大的湖北同比减少47.58%，再加上减税降费等逆周期财政政策的实施，更是让地方财政雪上加霜。在此背景下，地方政府通过放松房地产市场调控政策来刺激房地产市场从而增加土地财政收入的动力就大大增强。许多地方政府纷纷出台一系列稳定土地市场的政策：一是稳定土地市场。出台延期缴纳土地出让金、降低土拍保证金比例、延期签订《土地出让合同》和《成交确认书》、延期开复竣工等措施。二是加大银行信贷支持。要求银行不得盲目抽贷、断贷和压贷，对受疫情影响严重的企业予以贷款展期。三是延期或减免税费。延缴或免缴房产税、城镇土地使用税、市政建设配套费、社保费和农民工工资保证金等税费。四是放宽预售资金监管。允许企业用保函或担保代替预售资金监管、提高预售款提取额度、下调监管资金余额等。五是降低预售门槛。部分省市调整为总投资额完成25%，部分城市调整为形象进度达到1/4，部分城市放宽现房销售和封顶销售。

2. 市场主体炒热土地市场的动力加强

一是疫情背景下房地产开发企业购地积极性明显上涨。地产公司的购地积极性很大程度上取决于其购地能力。受疫情影响，央行放宽了货币政策，市场资金比较充裕，这就使得房地产企业可以通过发债、贷款等方式以较低成本购置土地，大大增强了他们的购地积极性。

二是受疫情影响商业银行的资金更倾向于流向土地市场。在目前实体经济受到巨大冲击的情况下，虽然商业银行被要求担负起为中小企业提供纾困贷款的责任，但由于这些贷款具有很高的坏账风险，出于业绩考核的压力以及减少风险的考虑，商业银行更倾向于贷款给房地产等风险较低收益较高的行业，这也在一定程度上推动了大量资金流向土地市场。

（三）土地市场稳中有忧，部分热点城市住宅用地市场出现过热苗头

热点城市土地出让规模大幅增加。2020年1—6月，土地出让金排名前50位城市的土地出让收入均值分别为47.8亿元、45.5亿元、40.3亿元、90.9亿元、92.0亿元、113.2亿元，同比均速分别高达540%、742%、773%、224%、317%、249%。与此同时，住宅用地楼面价也出现大幅攀升。2020年1—6月，土地出让金排名前50位城市的住宅用地楼面价均值分别为5277元/平方米、5429元/平方米、4899元/平方米、6895元/平方米、7079元/平方米、6143元/平方米，同比均速分别为49%、175%、30%、24%、40%、37%（见表8–16）。上述事实反映部分热点城市的土地市场出现过热苗头，可能会给未来房价带来巨大上涨压力。

表8–16　2020年1—6月土地出让金前50位城市的土地市场总体情况

	楼面价均值（元/平方米）	同比均值（%）	建设用地面积均值（平方米）	同比均值（%）	土地出让金均值（万元）	同比均值（%）
2020年1月	5277	49	482981	443	477626	540
2020年2月	5429	175	381489	203	455226	742
2020年3月	4899	30	512800	240	403469	773
2020年4月	6895	24	689977	164	909339	224
2020年5月	7079	40	669005	280	920226	317
2020年6月	6143	37	930658	115	1131806	249

资料来源：中指数据库。

（四）2020年下半年土地市场展望

2020年下半年，在没有重大政策转向和新的外部冲击的情况下，土地市场总体将恢复平稳状态，但部分重点城市的土地市场将保持较热状态，城市之间的分化进一步加剧。一方面，为应对疫情冲击而采取的货币宽松政策的影响将逐步递减，再叠加调控措施不放松、国际经济环境

趋紧、经济下行压力加大等因素，下半年引发土地市场暴涨的宏观环境并不存在，总体而言，下半年土地市场将趋于平稳。另一方面，部分重点城市的土地市场有可能保持较为火热的状态。下半年货币政策仍将保持较为宽松的状态，这就使得房地产企业有充裕资金进入土地市场购地，但是鉴于一线城市、二线城市、三四线城市之间的房地产市场分化加速，将有更多房地产企业加速向一、二线重点城市转移，从而引发部分重点城市土地市场保持较热状态。

四 政策建议

第一，建立全国监测预警体系和自动响应机制。首先，将土地价格、土地供应量等指标纳入监测指标体系，划定各指标允许区间、红线和底线。其次，明确权力清单。将行政性规定、土地审批等决策权交由地方政府，同时明确决策规则和裁量区间。再次，完善督导机制。建立健全土地市场实时监测预警体系，不定时采取"飞检"、抽查和督导等方式进行督导，及时纠正存在的问题。最后，压实地方主体责任。坚决落实中央"房住不炒"定位，抓关键、抓总体、抓结果、抓"红线"，压实地方政府内部的领导责任、主体责任和主要责任。完善"监督考核，奖惩问责"的监管督查机制，健全房地产市场管理的考核、监督、约谈和问责制度。

第二，完善楼市金融监管，防止资金违规流入。针对疫情冲击所带来的新问题，严格规范房地产金融市场秩序，着重完善金融机构监管制度，扎好监管"篱笆"。采取结构性货币政策，实施信贷差别利率，防止资金过度流入土地市场。建立商业银行支持实体中小企业纾困贷款的损失补偿和风险分摊机制，增强银行贷款流向实体经济的动力。加快房地产长效机制建设和要素市场改革，提升实业投资回报率，引导资金流向实体经济领域。

第三，加大政策力度，合理调整供地结构。用地结构不合理一直是我国城市土地利用中的一个痼疾。虽然党的十八届三中全会提出要建立有效调节工业用地和居住用地合理比价机制，提高工业用地价格。《国家新型城镇化规划（2014—2020年）》《全国国土规划纲要（2016—2030

年)》等文件也要求适当控制工业用地，提高居住用地比例，建立有效调节工业用地和居住用地合理比价机制，提高工业用地价格，提升工业用地投入产出效益。但是这些政策要求尚未完全落地形成有效约束。因此，未来可以考虑对各地年度土地供应计划中各类用地的数量和比例做出具体要求，并对其进行评估，以此作为批准新计划的重要参考。

第九章

中国住房金融发展报告

高广春

2018年第四季度以来,中美经贸摩擦下的国际经济波动加剧、国内经济走势继续下探、企业特别是中小型民营企业财务恶化、金融严监管态势延续。房市层面似继续沿着"房住不炒、一城一策"的原则性导向在运行,国家和地方坚持"稳"字当头,陆续出台挺刚需、抑投机、降房温的相关政策。相关房企融资(本章图表中简称房融)的紧缩政策也是持续加码。但2020年年初罕见的突发性公共卫生事件横空出世为一个新的影响变量。那么,房地产金融市场的运行路径如何呢?

一 现状分析

(一)房企融资环境及房贷利率走势

从房地产金融的运营环境看,如图9-1所示,货币供应量(M2)环比和一般贷款加权平均利率(滞后一季)环比的负相关性是非常强的,货币供应量环比的升降引发一般贷款加权平均利率滞后一季反向跟随。货币供应量环比在经过了2019年第一季度的大幅扩张以后,从第二季度始趋于收缩,但2020年年初的突发性公共卫生事件及其对经济的负面冲击促使宏观政策趋于扩张,2020年第一季度的M2环比大幅反弹至10以上,而一般贷款加权平均利率环比滞后一季即第三季度趋于上行,但旋即伴随M2环比的反弹走低。

而按揭贷加权平均利率环比则走出独立的线路,长达四个季度持续

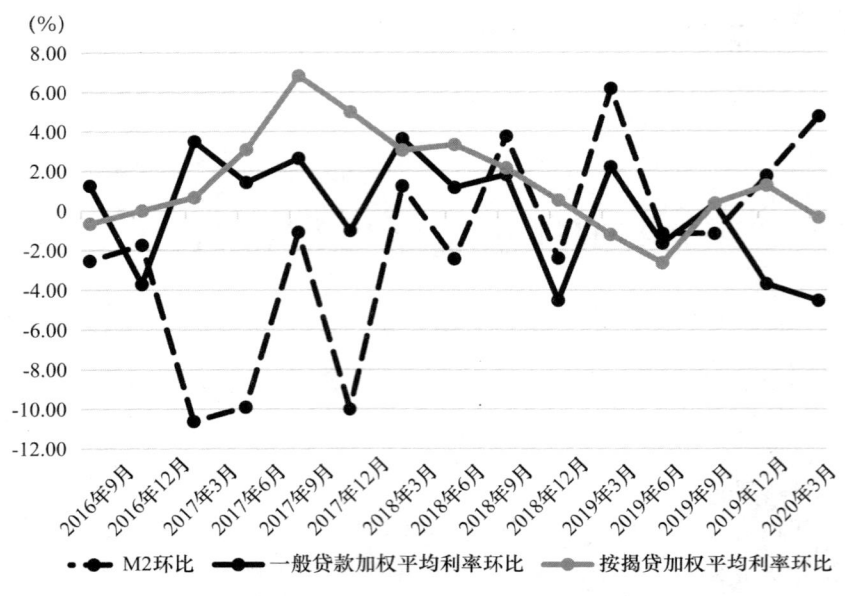

图 9-1 房企融资运行的货币政策与房贷利率环境

资料来源：依据 Wind 资讯相关数据整理。

下行，2019年第一季度进入负值区间显示按揭贷利率绝对水平下降，由5.75%下降到5.68%，第二季度进一步下降到5.53%。融360发布的监测数据显示，2018年12月全国首套房贷款平均利率为5.68%，相当于基准利率的1.159倍，环比11月下降0.03个百分点，这是时隔23个月，房贷利率首次出现下降[①]。首套房贷利率在2019年6月止住降势，6月的房贷利率环比即终止下行走势，此后几个月房贷利率持续小幅微升，9月升至5.51%。2019年第三季度按揭贷加权平均利率和首套房贷利率的上升与同期M2的环比走低似有联系，2020年第一季度的走低则与M2的走高有明显的相关性。但是总体而言，按揭贷利率与M2没有很强的相关性。由此推断，行业调控和监管政策的影响作用似乎更为明显。

从2016年"930"新政开启所谓史上最严持续时间也最长的房市调控和监管政策递减效应到了2018年上半年似乎开始显现，下半年开始的

---

① 王淑娟：《房贷利率两年首降　市场整体稳定》，2019年1月15日，人民网，http://house.people.com.cn/n1/2019/0115/c164220-30537544.html。

一些中央和地方的政策松动（如 2018 年 12 月发展改革委债券文件、地方层面的房市松绑政策）令房市回温的预期开始蠕动，特别是 2018 年 12 月 13 日的中央政治局会议只字未提房地产的事实被部分业内外人士过度解读，从 2018 年年底开始房市和房融逐渐显现躁动气氛。这就出现了前述房贷利率在 2018 年 12 月始连续 6 个月下调的走势。面对房融利率躁动，政策和监管层面持续开出"降火药"，先是 2019 年上半年银保监会不断喊话对房地产金融审慎管理，细分政策手段包括（1）遏制房地产业过度融资，抑制房地产投资投机行为；（2）对房地产开发贷款、个人按揭贷款实行审慎的贷款标准，控制居民杠杆率过快增长；（3）防止小微企业贷款资金被挪用至房地产等调控领域、防止资金通过影子银行渠道进入房地产领域；（4）严查房地产违规融资；（5）特别警惕境外资金的大进大出和"热钱"炒作。重磅政策则是 7 月中央政治局会议释放出的明确信号：坚持房子是用来住的、不是用来炒的定位，落实房地产长效管理机制，不将房地产作为短期刺激经济的手段。为落地该政策，8 月底，央行祭出房贷利率"锚"，自 2019 年 10 月 8 日起，新发放商业性个人住房贷款利率以最近一个月相应期限的贷款市场报价利率为定价基准加点形成。首套商业性个人住房贷款利率不得低于相应期限贷款市场报价利率，二套商业性个人住房贷款利率不得低于相应期限贷款市场报价利率加 60 个基点。商业用房购房贷款利率不得低于相应期限贷款市场报价利率加 60 个基点。多重"降火药"的组合使用迫使按揭贷加权平均利率在 2019 年第三季度推升，首套房贷利率则是在 6 月就止跌回升。

由此可得，2018 年第四季度以来按揭贷加权平均利率走势相对独立，主要是行业监管和行政管制政策所致。背后的经济政策逻辑则是，稳字当头的总体政策指向下，重实体、轻房市的结构性布局。2020 年第一季度的走势则显示出，突发性公共卫生事件的冲击可能是提升房市的机会。

（二）总量趋势：杠杆在疫情下现抬升迹象

图 9-2 给出的是权重即房企融资在非金融业（包括住户+非金融企业及机关团体）融资中的占比指标曲线。该图显示，在非金融业融资

（图表中简称非金融）总额中房企融资总额①权重持续减速缓步上升，2018年10月至2019年9月净升幅（与2018年第三季度比较，下同）0.41个百分点，是近三年中同期最小净升幅（上年同期净升幅1.39%，上上年同期是0.75%）。2019年第四季度，房企融资总额权重小幅下行，但2020年第一季度却小幅反弹，2020年第二季度又掉头小幅向下。增额权重波动性较强，2018年10月至2019年9月呈下行态势，在2018年第四季度达到阶段性高点后掉头下行，在2019年第一季度大幅下滑10个百分点，第二季度略有回暖，第三季度略有下降，2018年10月至2019年9月总体净下降-9.32%。2020年第一季度大幅反弹约15个百分点。由此，无论是总额权重还是增额权重均难以显示明确的趋势性特征。

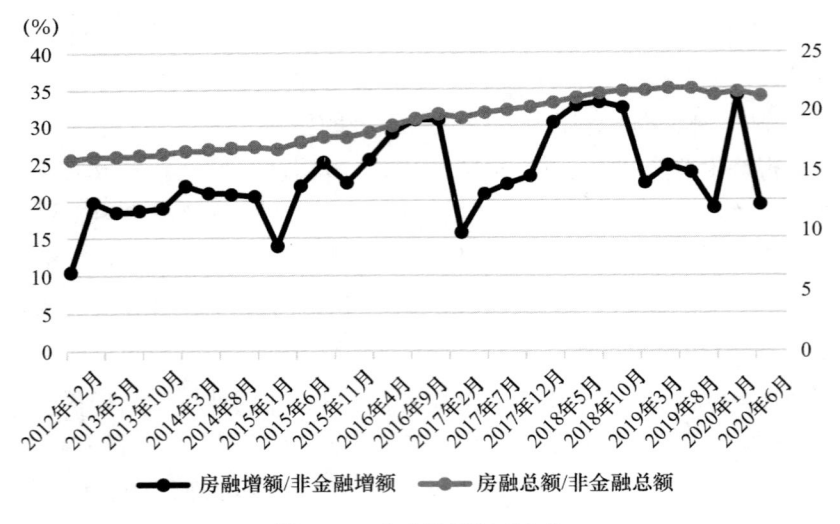

图9-2　房企融资权重走势

资料来源：依据Wind资讯和中国人民银行网站相关数据整理。

图9-3则有助于我们做趋势性判断，就是两类权重在给定期间上的变化幅度曲线。该图显示，房企融资增额权重曲线呈螺旋式放大趋势，2020年第一季度是近8年来的最高点，总额权重变化幅度曲线走低的趋

---

① 通常一级资本市场融资存量称为总额，而信贷和信托存量称为余额，为简便计，本报告统一称为总额。

势则是相对明确的,但 2020 年第一季度趋势成逆转态势。这样的趋势组合意味着,房企融资杠杆显示出抬升迹象,2020 年房企融资权重可能依然呈加速上行态势。

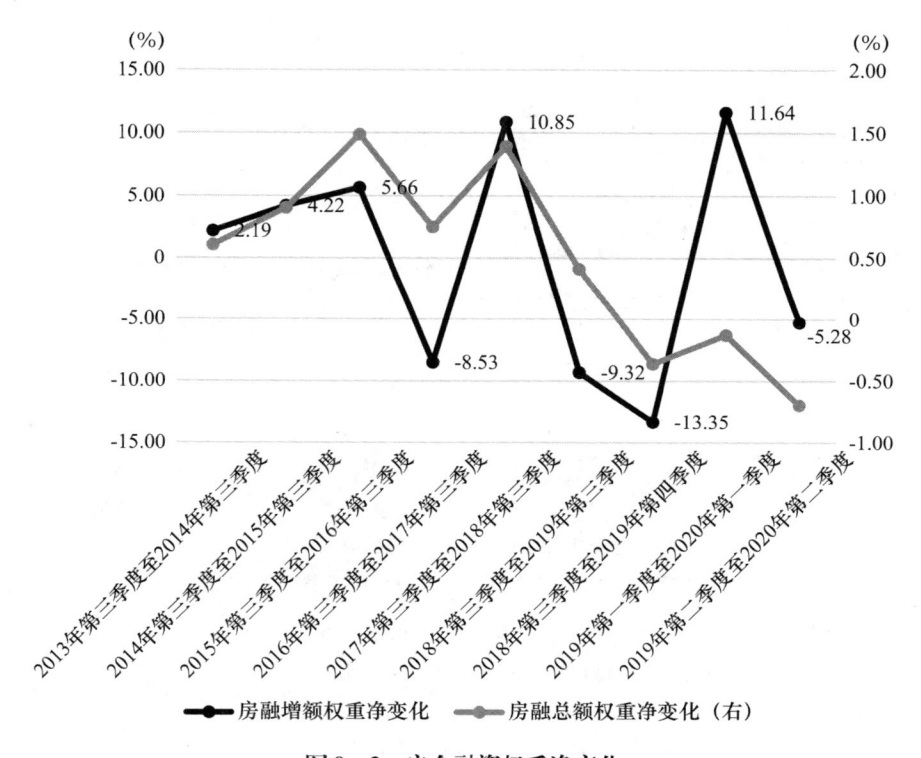

图 9-3 房企融资权重净变化

资料来源:依据 Wind 资讯和中国人民银行网站相关数据整理。

图 9-4 则是关于房企融资同比趋势。2018 年第四季度以来,相对于非金融业融资(本章图表中简称非金融)同比,房企融资相对走弱,但疫情因素下,房企融资同比再现相对强势。2018 年 10 月至 2019 年 9 月,房企融资总额同比继续延续 2017 年年初以来的走缓趋势,房企融资总额同比净下降 5.21%,房企融资增额同比净降幅更为明显,为 24.15%。非金融业融资同比走势恰好相反,总额同比和增额同比双双走高,其中总额同比净升幅为 0.44%,增额同比净升幅则高达 45.88%。如此相反的走势,或许反映出宏观层面关于调整融资结构支持实体经济的政策导向,收

到了效果。但2020年第一季度，非金融业融资增额同比大幅下挫，房企融资增额同比强势再现，第二季度趋势互为逆转，背后则是疫情因素的重要影响，而且后续对房企融资的利好推动大概率会强于非金融业融资。

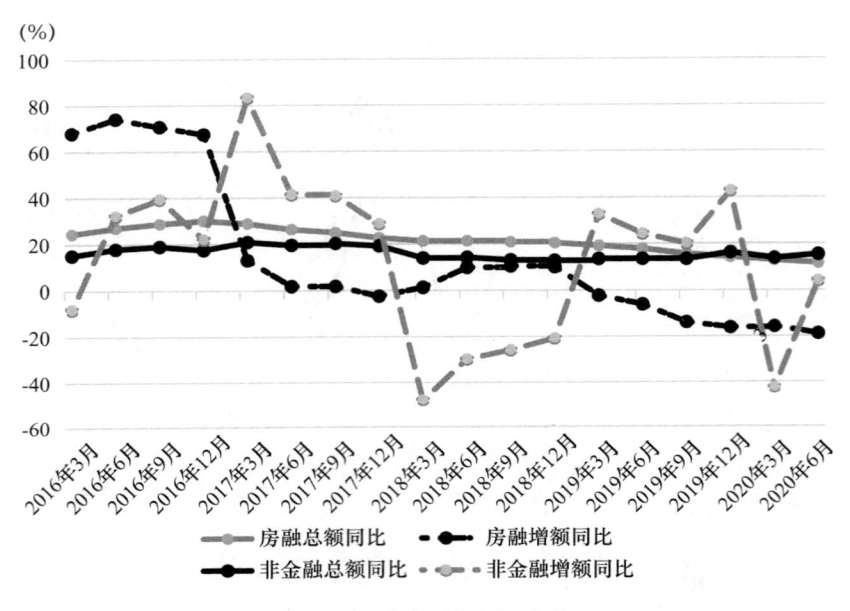

图9-4 房企融资同比走势

资料来源：依据Wind资讯和中国人民银行网站相关数据整理。

综上所述，2018年第四季度以来，房企融资总额、增额同比双双走低，对非金融业融资明显示弱，增额权重收缩幅度也较明显。这三个下降指标的组合对房企融资总额权重形成下拉作用，但尚没有达到扭转其上升趋势的程度，因而总额权重指标依然显示出，房企融资继续加杠杆的特点。这样的走势也反映出宏观融资调结构、重实体的政策收获积极进展。但2020年年初的突发性公共卫生事件则似扭转了该局面。

（三）结构趋势：非均衡状况因疫情因素趋于加剧

本部分观察的是房企融资结构分布及其趋势。主要基于以下两个视角：其一是房企融资结构中直接融资（简称直融）和间接融资（简称间融）权重视角；其二是房企融资结构中各板块的权重视角。

房企直融和间融视角是将房企资金来源分为直接融资来源（主要包括股票融资、债券融资和信托投资，约占信托资金房地产领域的55%）和间接融资来源（主要包括银行贷款和信托贷款，约占信托资金房地产领域的45%），并考察其相对于房企融资的权重关系和变化趋势。

图9-5显示，在样本观察期内房企融资来源中间接融资占有绝对高的权重，最低的占比也接近90%；而直接融资权重明显处于劣势，最高的权重也不到12%。但从趋势上看，房企间接融资的比例也在缓慢走低，2018年第四季度以来延续走低趋势，至2019年9月已经降至88.26%；直接融资则是缓慢上升，2018年第四季度以来继续走高，2019年9月升至11.74%。疫情因素下，此种趋势似有逆转势头，2020年第二季度房企间接融资权重回升至89.03%，而房企直接融资权重下降至10.97%。

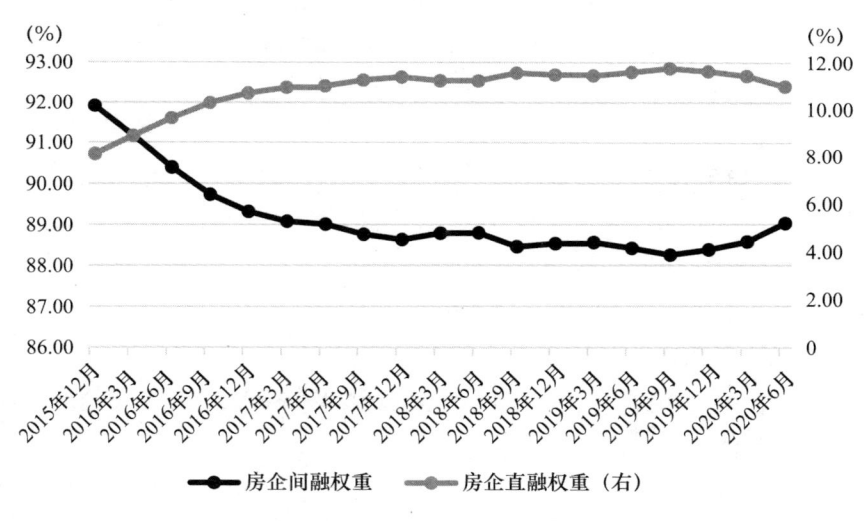

图9-5 房企直融和间融分布结构及趋势

资料来源：依据Wind资讯相关数据整理。

进一步观察房企间融结构分布（见图9-6），前述房企间融权重高的主因是房企信贷权重的高位运行，该图显示，房贷权重在所有的时间轴上都占有超过90%的权重，2019年9月为97.11%，2020年6月为97.78%，这显示出疫情因素进一步加大了房企间接融资高度集中于信贷板块的趋势。

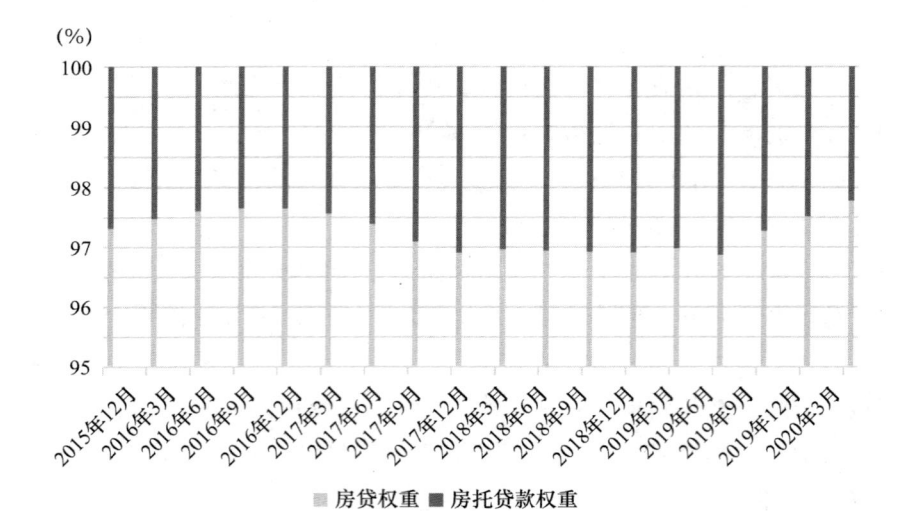

图 9-6　房企间接融资结构分布

资料来源：依据 Wind 资讯和中国信托业协会网站相关数据整理。

（四）板块趋势

在前述总量和结构分析的基础上，本部分聚焦分析房企融资的几个主要板块的变化情况。其一是房企信贷，其二是房企信托，其三是房企融资一级资本市场，其四是住房公积金。

1. 房企信贷：加杠杆势头因疫情再趋加速

本报告用两个指标即权重和同比来观察房企信贷在 2018 年第四季度以来的变化情况。

从权重指标看（见图 9-7），房贷余额权重在 2014—2019 年持续稳健上涨，2019 年第三季度较 2014 年第三季度累计上涨 8 个百分点，2018 年 10 月至 2019 年 9 月上升 0.73 个百分点。同上年同期 1.75% 的升幅相比，2018 年 10 月至 2019 年 9 月加杠杆过程明显减速。这样的走势与房贷增额权重在相同报告期内较大的走低幅度有关，2018 年 10 月至 2019 年 9 月走低 8.01 个百分点，而上年同期内上升 2.48 个百分点，两者差幅超过 10 个百分点。需要引起关注的是，房贷增额权重在 2019 年第二季度和第三季度连续回升，投射出房企信贷加杠杆速度反弹的冲动，疫情因素则是明显加大了这一冲动，2020 年第一季度非金贷款增量中超过 80%

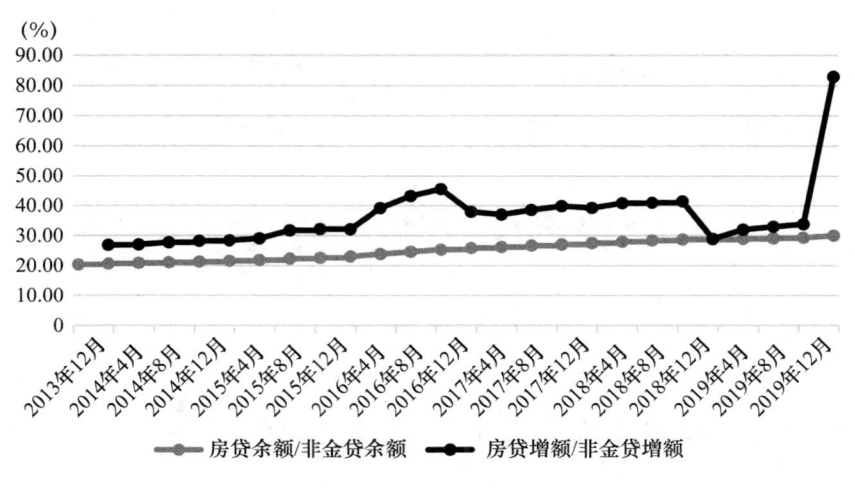

第九章　中国住房金融发展报告　◇　207

图 9-7　房贷权重走势

资料来源：依据 Wind 资讯相关数据整理。

的贷款投放到了房地产领域，房贷增额权重也大有一飞冲天之势。

由此从权重指标看，2018 年第四季度以来房贷杠杆总量加杠杆趋势一度走缓，但在疫情因素刺激下明显提速。

上述特点在同比指标中同样有清晰显现（见图 9-8）。先看房贷余额同比与非金贷款余额同比的走势比较情况。从趋势上看，自 2017 年第一季度开始房贷余额同比在达到阶段性高点以后掉头向下基本走出持续下行的曲线，2018 年第四季度以来，房企信贷余额同比继续缓慢下行并且较上年同期下行幅度加大。2018 年 10 月至 2019 年 9 月为 15.59%，净降幅为 4.82 个百分点，而上年同期内的净降幅是 2.36 个百分点，两者差幅超过 2 个百分点。而非金贷款余额同比 2018 年 10 月至 2019 年 9 月较上年同期升 0.24 个百分点。显示信贷资金向实体经济增流，向房地产领域减流的趋势，这可以视为宏观层面重实体轻房贷的政策意图所致的成效。从时点数看，房贷余额同比持续高于非金余额同比，2019 年第四季度以来两者差幅收窄明显，但房贷余额同比仍高出非金贷款余额同比近 3 个百分点。但疫情因素似正逆转这样的趋势，2010 年第一季度房贷余额同比微降不足 1 个百分点，但非金贷余额同比降幅在 3 个百分点以上。

上述特点在增额同比中表现更为明显。2018 年 10 月至 2019 年 9 月末即 2019 年第三季度房贷增额同比下降 12.57%，2018 年 10 月至 2019

年9月净降幅为31.35个百分点,而上年同期净升幅是16.46个百分点。另外非金贷同比回升态势明显,2018年10月至2019年9月净升幅为0.18%,并且时点值在2018年12月超过房贷增额同比,2019年前三季度一直维持在房贷增额同比上方。但2020年第一季度,非金的增额同比悬崖式大幅下跌70多个百分点,而房贷增额同比不降反增约15个百分点。

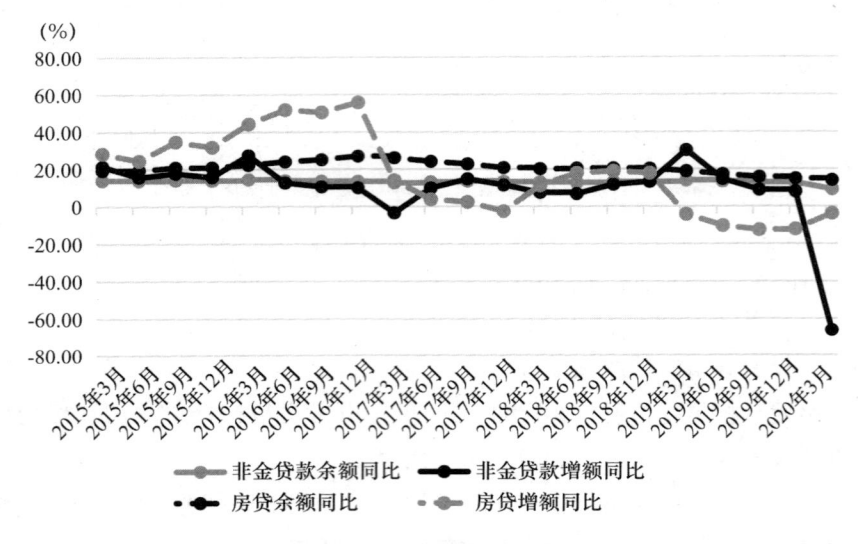

图9-8 房贷同比走势

资料来源:依据Wind资讯相关数据整理。

由此,2018年第四季度以来,相对于非金融业贷款,房贷(总额和增额)同比趋于双降,但疫情因素似乎扭转了这一趋势,背后的逻辑可能是疫情对经济的冲击进一步凸显稳增长的重要性,房地产这个传统利器可能又要重出江湖了。

2. 房企信托:疫情下相对加杠杆态势明显弱化

从权重指标看(见图9-9),房企信托余额权重基本上是一条持续上升的曲线,2018年第四季度以来延续升势至2019年第二季度,2019年第三季度稍有回落,但2018年10月至2019年9月净升幅为1.3%。增额权重虽有较大波动但总趋势也是上升的,2019年第二季度的权重高达44%,也就是说在非金融业信托资金增量中有44%的资金投向了房地产,2019年第三季度的权重虽较第二季度有所回落,但增量信托资金投向房地产占比仍然高达29%。由于2018年第三季度非金融业信托资金增量是负值，房地产信托是正值，无法计算权重，因而也无法计算2018年10月至2019年9月房企信托资金增量净变化值。与其他板块不同的是，疫情因素使得房企信托相对加杠杆趋势明显弱化，2020年第一季度房企信托余额权重和增额权重明显走低。这表明，2018年第四季度以来，在资金信托余额和增额的配置结构中，房企信托相对加杠杆的趋势在疫情下明显弱化。

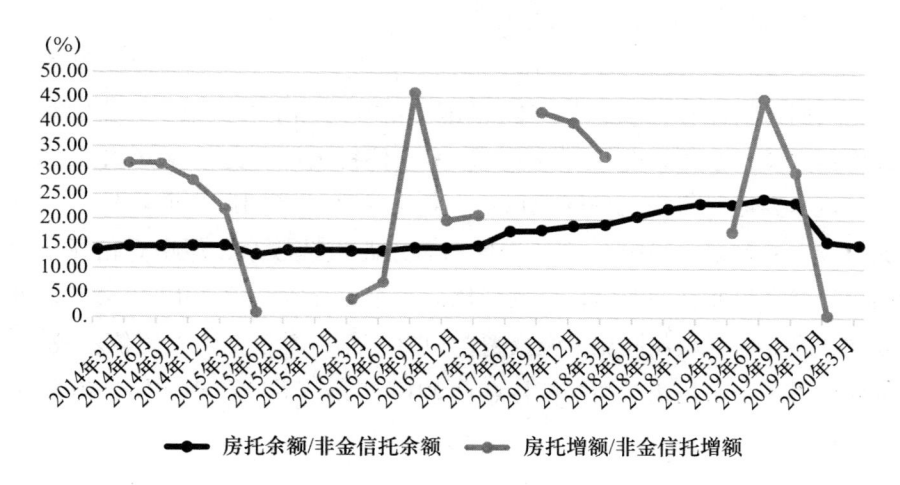

图9-9 房企信托权重走势

资料来源：依据Wind资讯和中国信托业协会网站相关数据整理。

需要说明的是图9-9中出现断点的原因，权重数值因其中一个是负值无法计算。表9-1显示，如此的数据组合出现了六次，其中有三组数据均显示在非金融业资金信托增额为负值的情况下，房企信托却表现为较大幅度的净增加。这意味着，在非金融业资金信托增量表现为大幅减杠杆的同时，房企信托增量表现为大幅加杠杆。换言之，在多数断点上房企信托相对加杠杆的特点更为明显。

表9-1　近几年存在负增长年份的非金融业信托与房托比较　（单位：亿元）

	非金信托增额	房托增额
2015年9月	4247.20	-218.26
2015年12月	3907.56	-217.70

续表

	非金信托增额	房托增额
2018年6月	-643.65	2244.17
2018年9月	-3489.22	3581.65
2018年12月	-4706.89	4583.13
2020年3月	-2375.54	-1541.32

资料来源：依据Wind资讯相关数据整理。

从同比指标看（见图9-10），由于增额同比中负值较多，作图和比较均不方便，在此只进行余额比较。房企信托余额同比在2016年第二季度超过非金融业信托余额同比以后，急速拉开两者间距离并持续与后者保持较大的差幅，2019年第三季度两者差距极速收窄，但房企信托余额同比仍然高出非金融业信托余额同比近6个百分点，但2019年第四季度被非金融业信托余额同比大幅反超，2020年第一季度两者差距依然较大，由此可得房企信托相对加杠杆特点自2019年第四季度出现逆转，2020年

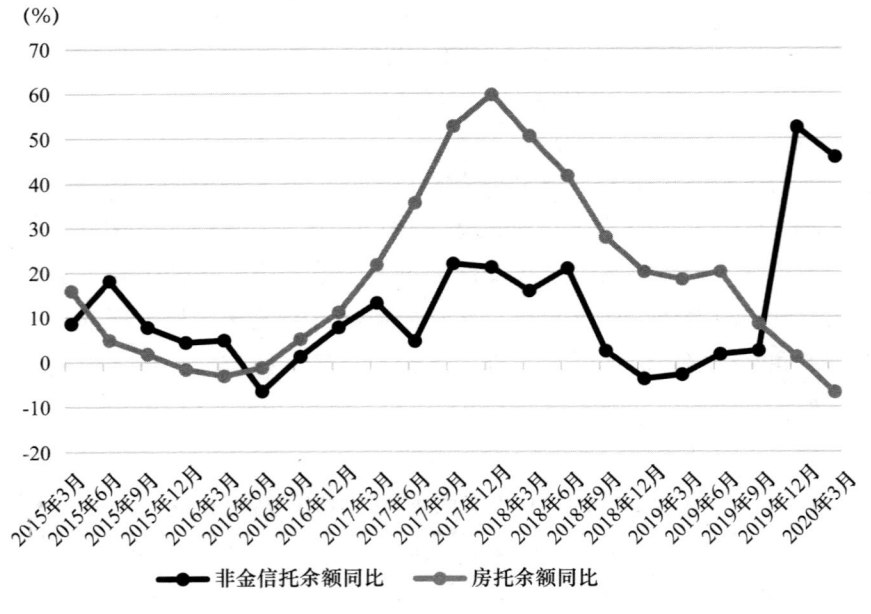

图9-10 非金融业信托和房企信托同比走势

资料来源：依据Wind资讯相关数据整理。

第一季度继续示弱。反映出房地产信托监管趋严和疫情因素叠加改变了房企信托持续三年之久的相对强势，信托资金向实体领域配置相对增加的趋势开始显现。

由此 2018 年第四季度以来，房企杠杆由相对强势转为相对弱势。

3. 房企一级资本市场融资：去化态势逐渐显现

看权重指标（见图 9-11）。从增额权重看，房企一级资本市场在经历了 2015—2016 年的飙涨之后，2017 年第一季度断崖式回调，此后温和上行，2018 年第四季度以来连续三个季度缓步下行，2019 年第三季度权重为 6.90%，2018 年 10 月至 2019 年 9 月同比净下降 1.16 个百分点。2020 年前两个季度，该指标继续下探。从余额权重看，房企一级资本市场融资权重在 2014—2019 年基本保持缓步上行的走势，2018 年第四季度以来继续小幅走高，2019 年第四季度权重为 6.21%，2018 年 10 月至 2019 年 9 月同比净升幅为 0.18 个百分点，但 2019 年第四季度至今持续下探至 6.06%。由此，2018 年第四季度以来房企一级资本市场融资增量权重持续下拉，并引致余额权重走低。

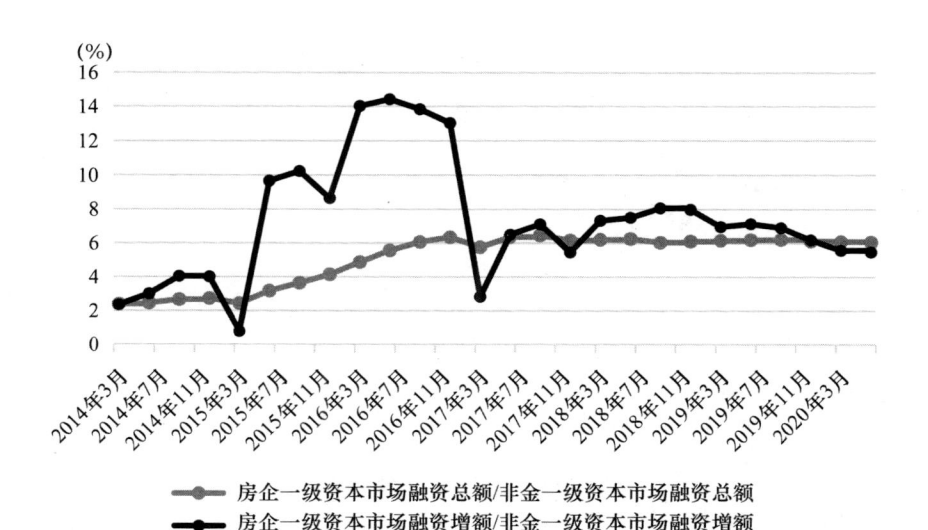

图 9-11 非金融业一级资本市场融资中房企一级资本市场融资权重走势

资料来源：依据 Wind 资讯相关数据整理。

看同比指标（见图9-12），房企一级资本市场融资增额同比在经过了2018年的大幅上升后，2019年第一季度达到阶段性高点，此后两个季度持续走低，2018年10月至2019年9月小幅净上涨7.30个百分点。这个涨幅远远低于非金融业一级资本市场融资增额同比在2018年10月至2019年9月高达80.09%的净涨幅，但两者如此大的差异却没有带动余额同比的明显差异性走势。2018年10月至2019年9月，房企一级资本市场融资总额同比净升幅为0.81%，非金融业一级资本市场融资总额同比净升幅为1.85%。2020年以来，非金融业一级资本市场融资同比继续保持相对强势，特别是余额同比超过房企一级资本市场融资余额同比。由此，2018年第四季度以来，就自身的走势看，房企一级资本市场融资存量和增量同比升势双双走缓；相较于非金融业一级资本市场融资，房企一级资本市场融资在总额和增额同比方面双双处于劣势，2020年以来此种劣势趋于明显。背后折射出一级资本市场向实体经济移动的影子。

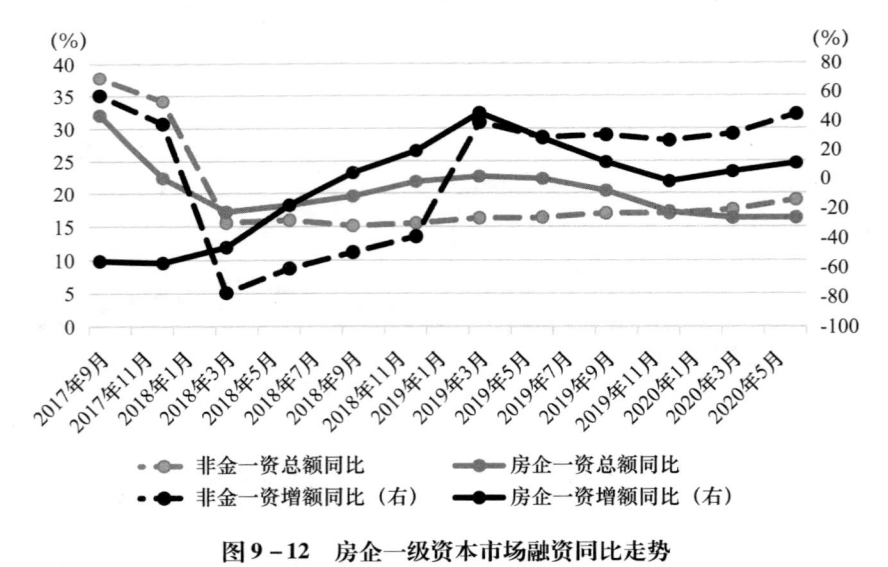

图9-12 房企一级资本市场融资同比走势

资料来源：依据Wind资讯相关数据整理。

4. 保障房融资之住房公积金板块

由于官方渠道披露住房公积金数据的惯例是在每年的五月底，所以关于住房公积金的最新数据是2019年的，本报告以此为基础从缴存和运用两个视角分析住房公积金的相关状况。

基于缴存视角的量化指标可细分为两个，其一是住房公积金缴存总体覆盖率，其二是不同类型单位人员住房公积金缴存覆盖率的结构差异。

图 9-13 显示，按城镇单位就业人口计算的住房公积金收缴覆盖率，2019 年升至 45.71%，较上年上升近 2 个百分点。按照城镇所有就业人员（单位+个体）口径所得的缴存覆盖率是 33.63%，仅上升 0.38 个百分点。

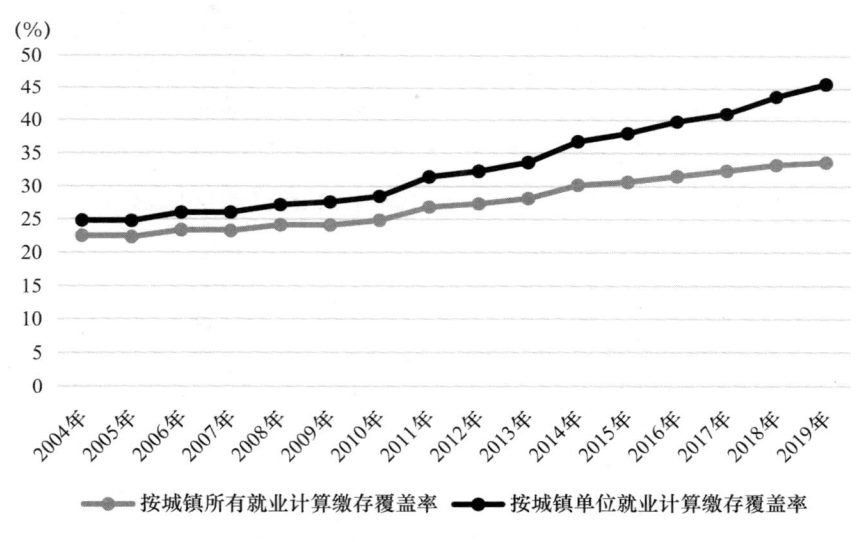

图 9-13 住房公积金缴存覆盖率走势

资料来源：依据 Wind 资讯相关数据整理。

基于不同类型单位人员住房公积金缴存覆盖率的结构差异视角所得的图 9-14 则显示，城镇国有单位最早实现全覆盖，紧随其后的外商投资单位的缴存率也达到了全覆盖的水平，城镇集体单位 2019 年的缴存覆盖率约为 7 成，城镇私营和其他城镇单位缴存率也在逐年提升但提升幅度明显太慢，2019 年刚过 30%。由于这类单位中私营企业人数权重优势明显且收入偏低，过低的公积金缴存率实际上主要集中在私营企业和中低收入人群中。

住房公积金运用环节的主要观察指标是个贷户率（住房公积金贷款

214 ◇ 第四部分 主要市场报告

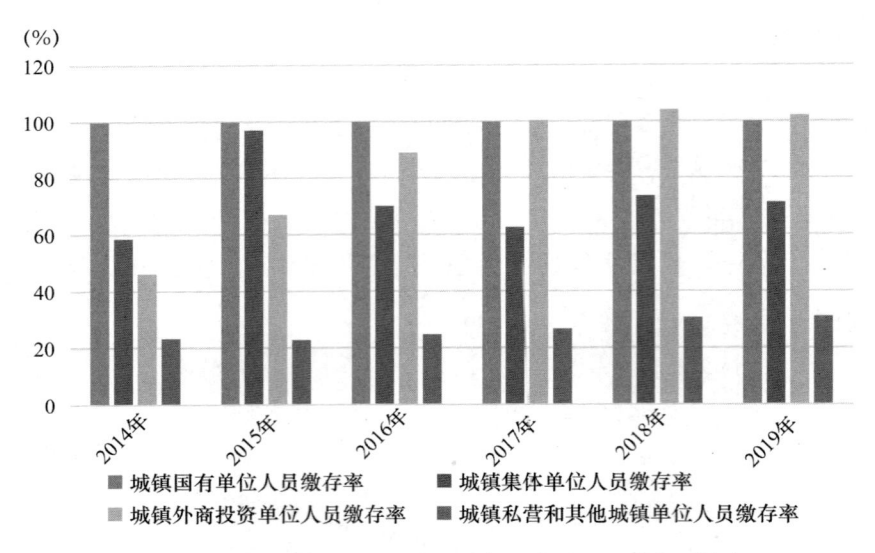

图 9-14 近几年城镇不同类型单位住房公积金缴存覆盖率

资料来源：依据 Wind 资讯相关数据整理。

户数累计总额与住房公积金缴存户数累计总额之比）。图 9-15 显示，住房公积金个贷户率持续提升，2019 年达至历史高位 48.66%，个贷户率同

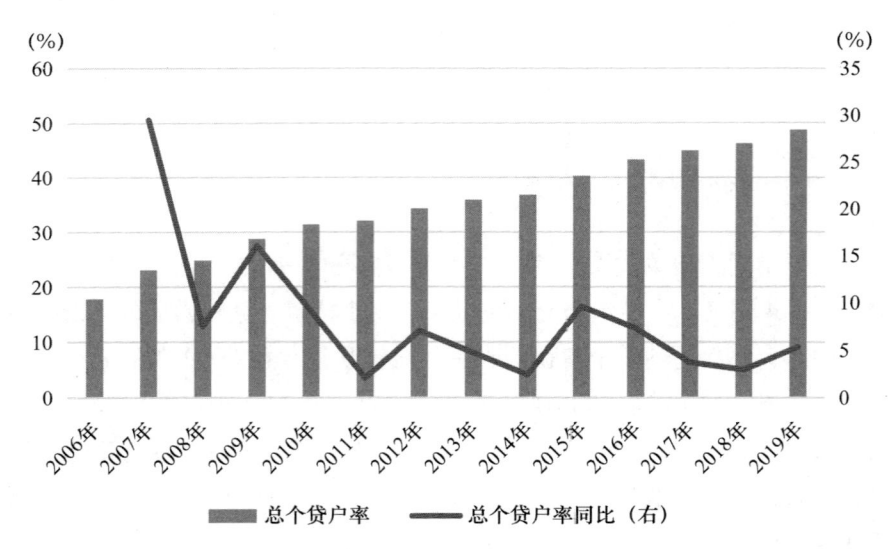

图 9-15 近几年来住房公积金总个贷户率及其同比走势

资料来源：依据 Wind 资讯相关数据整理。

比曲线则表明该指标在近几年增长乏力，2018年不足3%，2019年反弹至约5%。这样的走势反映出住房公积金贷款对缴存职工的覆盖率边际扩张能力日渐走弱，住房公积金运用环节的公平性仍任重道远。

二 存在的问题

（一）房企融资降杠杆压力犹存

近几年，经济结构转型的宏观经济政策的一个重要着眼点即房地产行业降杠杆。但2019年第三季度的数据表明，以权重衡量的房企融资杠杆指标，无论是总量杠杆还是分项杠杆均有增无减（见图9-16）。以2016年第四季度国家推出所谓史上最严也是持续时间最长的房地产调控政策为起始点至2019年第四季度，从总量看，非金融业融资总额中房企融资总量权重杠杆增加2.51个百分点，2018年10月至2019年9月增加0.41个百分点。2020年以来房企融资总量权重有加速抬升的迹象，2020年第一季度比年初反弹0.14个百分点。从结构看引起这一反弹的因素即是结构分布中非金融业信贷板块中房企信贷权重的持续抬升，2010年第一季度净升幅是0.78个百分点。

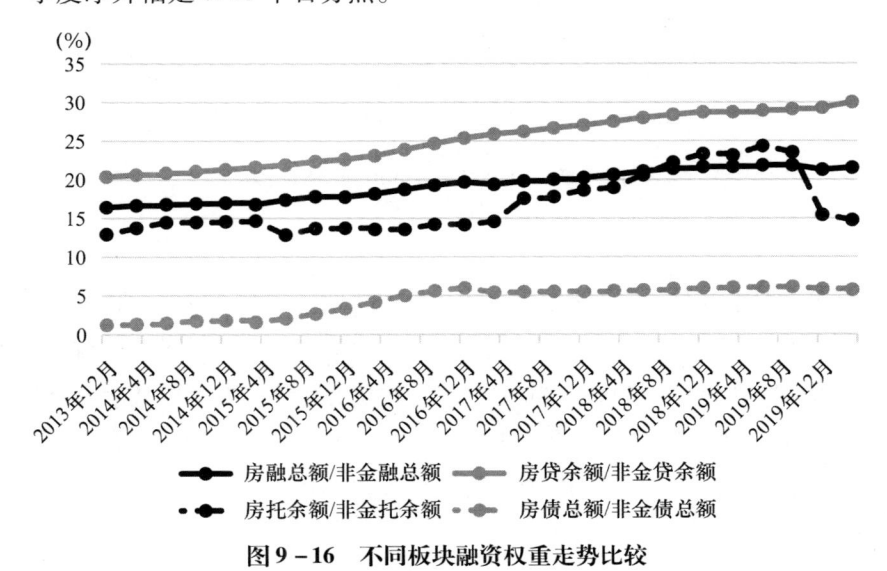

图9-16 不同板块融资权重走势比较

资料来源：依据Wind资讯相关数据整理。

（二）房企股融和债融结构严重失衡

图 9-17 显示，自 2015 年第四季度以来，房企一级资本市场结构中股票融资和债券融资占比持续分化，债券融资占比持续走高，股票融资占比则是持续萎缩。2015 年第三季度以前，房企股票融资权重和债券融资权重基本上是旗鼓相当，此后差距持续拉大，2019 年第三季度股票融资权重从 42% 降至 17%，2020 年 6 月又降至 15%；而房企债融总额权重从 58% 升至 83%，2020 年 6 月进一步升至约 85%。

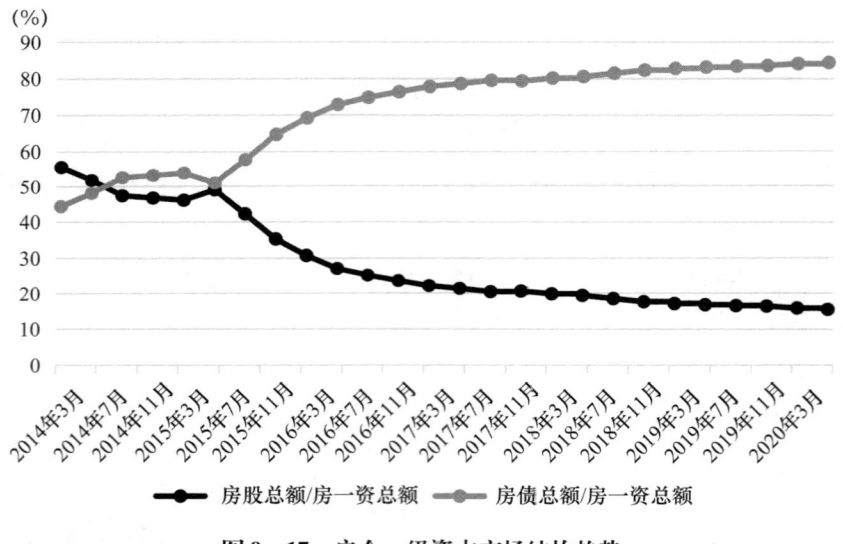

图 9-17　房企一级资本市场结构趋势

资料来源：依据 Wind 资讯相关数据整理。

房企股融和债融结构失衡之所以更为严重，主要是因为相较于非房企资本市场融资，房企资本市场融资监管更为严格，房企股票市场融资可以说是举步维艰。2011—2014 年，非金融企业 IPO 为 556 家，房企 IPO 则为 0 家。2014 年资本市场 IPO 开始提速，2015 年至 2020 年第二季度非金融企业 IPO 达 1294 家，但其中仅有 7 家是房企 IPO。

表 9-2　　　　　房企 IPO 家数和非金融企业 IPO 家数比较

	房企 IPO 家数	非金融企业 IPO 家数
2011 年	0	278
2012 年	0	153
2013 年	0	2
2014 年	0	123
2015 年	2	219
2016 年	1	217
2017 年	1	434
2018 年	0	85
2019 年	2	222
2020 年 3 月	0	50
2020 年 6 月	1	67

资料来源：依据 Wind 资讯相关数据整理。

（三）住房公积金低公平问题凸显

一是缴存环节覆盖率。依然有近60%的城镇单位就业人口没有分享到住房公积金的红利。从不同类型单位缴存人员对该类单位就业人员的比例来看，其低公平集中表现在私营企业，因而这个问题集中体现为私营企业住房公积金缴存率低，私营企业缴存率低的原因主要是多数私营企业经营状况不佳而且在近几年趋于恶化，同时多数私营企业职工收入水平低于全行业职工平均收入水平。二是在运用环节使用住房公积金贷款的家庭占缴存家庭的比例仍偏低，特别是对中低收入家庭更低。依笔者估算在总的缴存人员中使用住房公积金贷款的中低收入者的比例不及15%。这样的比例显然意味着住房公积金在运用环节上对中低收入者的普惠率还处于过低水平。

三　政策建议

基于前述房地产金融领域目前所存在的诸多问题，本报告给出如下政策建议。

（一）守住房贷利率之锚，降低房企信贷杠杆

由于房企信贷在房融总额中的权重太高，2019年第三季度的比重仍然高达85.71%，降房融杠杆"七寸"是降房贷杠杆。

其一是守住房贷利率之锚。由前述，2018年第四季度至2019年第二季度，按揭贷利率持续趋于松动，这样的走势对2018年第四季度以来房企融资的走势形成重要影响。表9-3进一步揭示，按揭贷利率的房贷数量环比随着按揭贷利率的持续松动而大幅回暖，又随着按揭贷利率的上调而趋于收缩。因此，降房贷杠杆的关键是守住房贷利率上涨之锚。

表9-3　　　　　　　按揭贷利率和按揭贷增量环比　　　　　　（单位：%）

	按揭贷加权平均利率环比	按揭贷增额环比
2018年9月	2.14	
2018年12月	0.52	-10.40
2019年3月	-1.22	3.57
2019年6月	-2.64	3.45
2019年9月	0.36	-1.67
2019年12月	1.82	-3.39
2020年3月	-0.36	53.51

资料来源：依据Wind资讯相关数据整理。

其二是严控按揭贷入口。图9-18显示，个人按揭贷款与可支配收入之比自2015年开始快速升高，短短5年升幅接近50%，由2014年的58.84%，上升到2019年的99.68%。居民个人住房债务负担升幅过快的确已经到了不堪重负的地步。按揭贷不能再如此涨下去了，否则后果就如现任银保监会主席郭树清先生所言，不仅挤占其他产业信贷资源，也容易助长房地产的投资投机行为，使其泡沫化问题更趋严重。

（二）扬股抑债，优化房企资本市场融资结构

优化房企一级资本市场融资结构的核心是扭转股融和债融之间的严重失衡问题。其症结在于，房企股融过于抑制，而房企债融过于放纵。

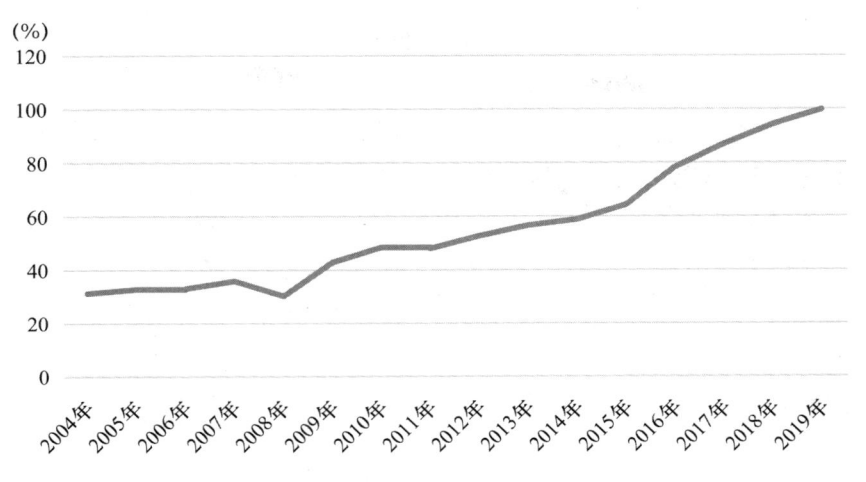

图 9-18 城镇居民按揭贷款与可支配收入比

资料来源：依据 Wind 资讯相关数据整理。

自 2014 年年初监管层重启资本市场 IPO 融资功能以来的近 6 年间，房企融资总额累计不足 5000 亿元，同期债券融资却持续飙涨。两者之间的差距也持续拉大（见图 9-19）。

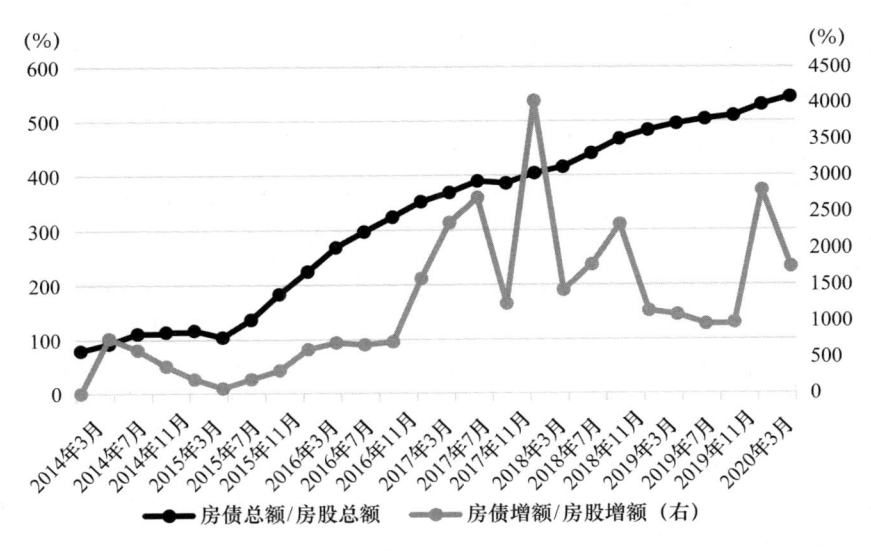

图 9-19 近年来房债与房股融资相对趋势

资料来源：依据 Wind 资讯相关数据整理。

在稳字当头的政策调控背景下,优化房企一级资本市场融资结构的策略即在保持房企一级资本市场融资适度增长的条件下,降温房企债市融资、升温房企股市融资。(1)在资本市场IPO持续扩容的趋势下,取消对房企IPO实际上的歧视政策,给予房企IPO平等的权利。(2)进一步释放房企股票增发、配股、优先股等的增长空间,特别是对正在或即将运营保障房项目、中低价位房的房企股融开辟绿色通道。(3)对致力于发展住房租赁市场的房企股融加大支持力度。(4)提升房企债融门槛,支持保障房、中低价位住房项目的债券融资,封冻高价地块住房开发项目的债券融资、抑制投机性房地产开发项目的债券融资。

(三) 公共政策干预,助提住房公积金公平性

由前述,私营企业住房公积金缴存难和中低收入缴存者住房公积金贷款难所涉人群存在一个重要交集即中低收入者,由此可以说住房公积金低公平实际上是对中低收入者群体的不公平。其背后逻辑又可以归结为市场失灵,市场失灵条件下的问题的出路自然需要公共财政补位尽责。主要政策选项包括以下三点。

一是财政补贴。在缴存环节对缴纳住房公积金有困难的企业,政府予以一定数额的补贴,可依据企业的经营状况细分若干档补贴条件和相应的补贴额度。在运用环节对住房公积金贷款利息实施补贴政策。

二是财政垫付。对于无力缴纳住房公积金的企业,可以设立一个豁免缴纳触发红线,触发该红线即可享受一定期限的缴纳豁免,在该豁免期内,企业可以不缴纳住房公积金,相应的支付由财政代替。而对于及时足额偿付贷款本息非常困难的家庭,其中一部分由财政资金予以代偿。

三是贷款准入。在中低收入者对住房公积金贷款的可得性没有得到有效改善的条件下,考虑设立贷款准入门槛,即对高收入人群和部分中高收入人群,限制甚至禁止其使用住房公积金贷款,对中低收入者购房引致的住房公积金贷款需求则无条件准入。从2018年的情形看,高收入者使用住房公积金贷款购房面积在144平方米以上的比例约为10%,假定对此类贷款予以暂时"关门",至少可将中低收入者的贷款的比例提升10%,从而将中低收入贷款者占总缴存人数的比例提高到25%,占中低收入缴存者的比例则提升到近2/3。

第五部分 公共政策报告

第十章

中国住房市场监管报告

杨 杰

一 中国住房市场监管政策分析

2019年,中国住房市场长效调控机制稳步推进,在这一大形势下,政府继续对住房市场监管保持偏紧的基调,并着力推动长效机制的逐步落地,保持住房市场的平稳运行。通过对土地市场、住房销售和住房租赁的监管,一方面保障了稳房价、稳地价、稳预期的政策目标的实现,另一方面也为长效机制的逐步落地创造了良好的条件。

(一)住房市场综合监管:总体保持偏紧基调,长效机制逐步落地

2019年,政府对住房市场的监管总体上延续了2018年偏紧的态势,保持了政策基调的稳定,并着力推进一城一策、因城施策、城市政府主体责任的长效机制逐步落地。

2019年,在经济下行压力不断增大的情势下,中央对住房市场监管始终保持一贯的偏紧基调,抑制了地方政府、房地产企业和购房者等住房市场主体的政策放松预期,使得住房市场总体保持了平稳运行的态势。自2019年年初起,中央在不同场合反复强调,未来一段时期住房市场监管,要坚持"房子是用来住的,不是用来炒的"定位,着力构建维护住房市场平稳发展的长效机制。

在中央这一坚定的态度下,住建部等中央部委和各地方政府着力推进长效机制逐步落地。2019年1月21日,习近平总书记指出要稳妥实施房地产市场平稳健康发展长效机制方案。3月18日，韩正到住建部调研并主持召开座谈会，指出要从各地实际情况出发，稳妥实施房地产市场平稳健康发展长效机制方案试点，做好实施过程中的评估和跟踪。表明长效机制进入逐步落地阶段。4月19日，习近平总书记在主持中共中央政治局会议时，明确指出要落实好一城一策、因城施策、城市政府主体责任的长效调控机制。在中央的这些要求下，各地政府也纷纷召开会议，部署长效机制的落地，部分省份明确要求部分主要城市尽快制定和实施一城一策、因城施策的具体方案。各城市在这一形势下，积极根据自身情况，优化前期的监管政策，着力保持住房市场的平稳运行。与此同时，为保障长效机制的落地，2019年内住建部对部分房价上涨过快的城市进行了预警提示，体现了中央对地方落实长效机制的积极监管。

（二）住房土地市场监管：着力稳定土地市场，建设城乡统一市场

2019年，随着房地产企业补库存需求的上升，年初土地市场回暖明显，为维护土地市场稳定，从而稳定市场预期，保持住房市场的平稳运行，杭州、苏州等热点城市积极进行土地市场监管政策的优化调整，给土地市场降温。与此同时，在宏观上对于房地产企业的融资继续采取紧缩的措施，严格控制房地产企业从银行、信托等渠道获取信贷的规模。这也对稳定土地市场起到重要的作用。

在稳定土地市场的同时，为进一步提高土地利用效率，建设城乡统一的建设用地市场不断推进。2019年以来，相关政策出台明显加速，集体建设用地建设租赁住房试点范围继续扩大，集体经营性建设用地入市改革逐步推进，8月26日全国人大常委会关于修改《中华人民共和国土地管理法》和《中华人民共和国城市房地产管理法》的决定中规定，集体经营性建设用地可以在一定条件下直接入市，向统一市场的建设迈出了重要的一步。5月29日，习近平总书记在主持中央全面深化改革委员会第八次会议时指出，要完善建设用地使用权转让、出租、抵押二级市场，7月19日国务院出台了相应的指导意见，这将提高存量土地资源的配置效率，从而也进一步提高土地利用效率。

（三）住房市场销售监管：着力打击违法销售，各地限制政策微调

对于销售的监管是稳房价的主要抓手，因此各地都对此高度重视，一方面着力规范房地产企业和中介机构的销售行为，防止各种违法违规销售行为侵蚀各项限制政策的效果，确保各项限制政策得到落实；另一方面根据自身住房市场发展状况，对于各种限制政策进行微调。

2019 年以来，各地为维护市场秩序，继续着力打击违法销售行为。相比之前运动式的监管，部分城市开始形成常态化的监管机制，如北京市市区联动执法，使得打击互联网房源信息发布乱象成为一种常规的工作模式，而更多的城市仍采取专项执法行动的形式对销售中违法行为进行打击，常态化的监管机制仍有待构建。

与此同时，各地根据自身住房市场发展的具体情况，逐步对前期出台的限贷、限购、限售或限价政策进行微调。对于一些前期房价上涨幅度较大或上涨压力较大的城市，限制政策进一步趋严，如西安对于购房主体的条件进行了更严格的规定，并进一步扩大了限购区域的范围，而一些城市则对前期的部分限制条件进行了放松，如南京市高淳区对于外地人购房开具购房证明的条件进行了简化。

（四）住房租赁市场监管：完善租赁制度，强化租赁监管

2019 年，住房租赁仍是住房市场发展的重点领域。各地在前期出台的住房租赁政策的基础上，继续完善各自的住房租赁制度，并对住房租赁市场加强了监管的力度，努力促进住房租赁市场的平稳健康发展。

全国层面，住房租赁相关政策法规不断出台或进入议事日程。2019 年年初，中央明确要求要建立健全住房租赁相关法律法规，住房租赁条例等法律法规已经纳入立法工作计划，相关部委也纷纷出台住房租赁相关的规范政策。地方层面，支持住房租赁市场发展的政策进一步出台和细化，部分城市对于商业用房改建租赁住房的条件进行了更加明确的规定，地方政府对租赁经纪企业等住房租赁相关主体的监管进一步加强，通过全面排查、消费调查等形式，强化对住房租赁市场的监管。2019 年 9 月 19 日，住建部召开专门会议，部署了进一步推进住房租赁中介机构乱象专项整治工作，强调要加强整治力度，强化对住房租赁市场的监管。

二 中国住房市场监管现状与问题

2019年，政府在以稳为主的总基调下，着力推进住房市场的长效调控机制落地。在这一大的导向下，各地着力维护住房市场稳定，并逐步开始制定落实长效调控机制的实施方案。总体上，住房市场保持了平稳运行，但在这一过程中，既有的监管模式的一些问题仍继续存在，需要在下一阶段长效机制的落实过程中注意加以解决。

（一）监管的制度性手段不足

大多数城市对于住房市场的监管，将运动式的专项行动作为主要手段，缺乏常态化的制度性的手段。这一点最明显的体现就是，大多数城市对于市场主体，如房地产开发企业、中介机构和物业管理企业，缺乏一套可以有效运行的制度，来进行常态化的监督。关于这些主体的资质和信用信息往往存在缺失或陈旧的问题，显示出常态化监管的缺失，往往只是在专项行动中，才对发现问题的主体进行警示。从住房市场监管的环节上来看，随着住房市场进入存量时代，各地政府对住房租赁和物业管理环节的监管日益重视，但相应的制度建设没有快速跟上，导致在这两个环节，大多数城市政府仍然缺乏好的抓手，来进行持续有效的监督。

（二）监管缺乏常态化的协调机制

住房市场监管涉及多个环节，从前端的企业市场准入和土地供应，到后端的租赁和物业管理，各环节之间环环相扣，每个环节的监管又均涉及多个部门，因此良好的监管就必然要求各部门间进行协调，从而最终各环节之间相互协调。然而，监管仍缺乏常态化的协调机制。目前，涉及住房市场监管的各部门间仍缺乏制度化的协调机制。各部门间的协调行动往往体现在各种联合专项行动中，而这种专项行动往往只能解决一时的协调问题，未来随着长效机制的逐步落地，这种临时性的协调必然无法满足要求。

（三）监管的社会参与度不够

长效机制的落实离不开社会公众的参与。目前，各地政府在监管中不重视社会公众的参与，监管信息往往只作为最终的结果，进行简单的公告，甚至往往不公布。即便公布的信息，也往往十分简略，且并不便于公众阅读和理解，同一个信息存在不同来源，且互相不一致的情况较为常见。不同城市政府，在公布同一类监管信息的时候，采取的形式和公布的信息量各不相同，缺乏统一的标准。社会公众对于监管的具体标准普遍缺乏认知，也缺乏参与的渠道。信息渠道的不畅和公众对于监管标准认知的缺乏，导致了监管的社会参与缺乏，限制了监管作用的充分发挥。

三 中国城市住房市场监管指数分析

政府监管是政府行政机构依据法律授权，通过制定规章、行政许可、监督检查等行政处理行为对市场参与主体的行为实施的直接或间接监督和管理。政府监管主要针对微观经济层面上外部性、自然垄断、信息不对称等，是政府对企业、产业或单个市场的监管，主要目的在于规范市场秩序，增进社会福利，减少个体经济决策给社会带来的损失。

本章从住房企业的设立到住房的形成以及管理的6大标准环节（企业开办、土地市场、住房开发、住房销售、住房租赁和物业管理），分别从住房企业的设立，住房开发土地的获取，土地市场的开发过程，住房销售过程，以及住房售出以后的住房租赁和物业管理过程来考察住房市场监管。按照上述的理论框架，本部分构建一个中国城市住房市场监管指数，指标体系参照《中国住房发展报告（2011—2012）》，分为企业开办、土地市场、住房开发、住房销售、住房租赁和物业管理6大环节，包括一级指标6个，二级指标15个，三级指标24个。

鉴于大中城市的地位和样本数据的可得性，本章选择中国内地34

个[①]大中城市作为中国城市基本面的代表。指数所采用数据除 Z1 企业开办数据来源于《2018 年中国城市营商环境评价报告》，其余数据均来自该城市政府相关职能部门的网站。[②]

数据处理主要可分为两类。一是对相关网站上查到的原始数据的处理；二是对各级指标数值的合成，最终求得该城市的住房市场监管指数。指标体系中所有三级指标的指标数值均来自原始数据，利用原始数据在城市中的排位比重得分。对于各级指标数值的合成，本部分主要采用层次分析法（AHP）的思想，在一级指标合成住房市场监管指数时，权重采用主客观相结合的方法。最终使用的合成权重是按主观权重和客观权重各占 50% 的比例计算而来。经计算，各一级指标的权重值如下：Z1 企业开办为 0.193，Z2 土地市场为 0.174，Z3 住房开发为 0.160，Z4 住房销售为 0.174，Z5 住房租赁为 0.143，Z6 物业管理为 0.155。

（一）总体分析：宏观监管重防风险，存量监管相对加强

2019 年，全国房地产市场运行平稳，房地产市场监管在宏观上着力构建防风险机制。地方层面，各地坚持因城施策，根据自身房地产市场发展情况，及时进行政策调整，不断加强监管力度。就具体城市而言，从 2019 年住房市场监管指数上看，2019 年排名前 10 的城市依次为：北京、天津、广州、南京、南昌、上海、重庆、深圳、沈阳和昆明。

房地产企业作为住房市场最主要的参与主体，一向是住房市场监管的主要对象。因此，在住房市场监管指数的 6 个一级指标中，前 4 个指标（企业开办、土地市场、住房开发及住房销售）都是围绕着房地产企业的市场行为，分别从其设立、拿地、开发和销售这 4 个环节，衡量了政府对各环节的监管强度。

对房地产企业开办的监管，目的在于防止投机性的和实力不足的企业进入房地产业，从而规避由于房地产企业自身原因而带来的问题。因

[①] 除西藏拉萨以外，中国内地直辖市和省、自治区的首府城市，共 35 个城市；因新疆乌鲁木齐的数据无法获得，因此只取了 34 大中城市。

[②] 城市数据查询时间为 2019 年 11 月 15 日前后，不同城市的数据可能在查询时间上相隔几天；但经比较，时间上细微的差别对结果影响极小，详细的数据处理方法可联系笔者。

此这方面监管越严格，整个房地产行业中企业的综合素质就越高，由企业自身原因所产生的市场风险就越小。2019年企业开办监管指数排名前10的城市为：深圳、上海、广州、北京、重庆、成都、南京、杭州、长沙和武汉。

对土地市场的有效监管对于提高土地这一重要资源的利用效率具有重要的作用，2019年各地对土地市场的监管强度居各环节第三位，加强土地市场监管，完善土地动态监管制度，仍是房地产市场监管的重点。2019年土地市场监管指数排名前10的城市为：天津、南昌、南京、昆明、重庆、武汉、北京、厦门、合肥和银川。

对住房开发的监管是对房地产企业生产行为及产品质量的监管，从而保证其合法及规范地开发，向市场提供合格的住房产品。近几年来，随着人们除对住房价格的高度关注外，对住房质量问题越来越关注，这方面的监管更加受到政府部门的重视，在不断加强。2019年住房开发监管指数排名前10的城市为：天津、北京、银川、南昌、合肥、深圳、郑州、哈尔滨、太原和长春。

对住房销售的监管是调控房价的终端。2019年，房地产市场整体平稳，大中型城市对住房销售的监管继续保持高压态势，许多城市进一步强化了限购、限贷和限售等调控政策，并进一步严格住房销售监管过程。2019年住房销售监管指数排名前10的城市为：南京、天津、上海、郑州、南昌、北京、广州、西宁、沈阳和广州。

2019年以来，在租购并举的大思路下，住房租赁的监管也逐渐开始受到一定程度的重视，各地政府不断推进住房租赁市场的监管，陆续出台住房租赁监管的规章制度和措施，住房租赁市场的监管强度较之前有了较大提升。2019年住房租赁监管指数排名前10的城市为：广州、北京、重庆、石家庄、南京、宁波、深圳、天津、福州和太原。

房地产市场进入存量为主的时代，在监管上体现为对于物业管理监管的逐步加强。2019年，各地政府不断推进对物业管理的监管工作，加强物业管理信息的公开披露工作。2019年物业管理监管指数排名前10的城市为：北京、济南、天津、南宁、沈阳、长沙、杭州、南昌、广州和兰州。

从住房市场监管指数各项指标总体来看，2019年，34个大中城市总体上在物业管理、住房租赁和住房土地3个一级指标上表现较好，而在住房开发、住房销售和企业开办上有待加强，体现出相对于增量监管，对存量的监管有所加强。从二级指标来看，各个环节总体上仍呈现出审批强于服务、服务强于监督的态势，且表现出从审批、服务到监督各城市之间差异程度越来越大的态势（见表10-1）。

表10-1　34个大中城市住房市场监管指数一、二级指标得分均值、标准差及排名

	一级指标均值	排名	二级指标均值	排名	一级指标标准差	排名	二级指标标准差	排名
Z1 企业开办	0.3511	6			0.0887	1		
Z2 住房土地	0.5290	3			0.1458	4		
Z2.1 审批			0.6266	1			0.1581	1
Z2.2 监督			0.3686	3			0.3887	3
Z2.3 服务			0.4941	2			0.2659	2
Z3 住房开发	0.5097	4			0.1081	2		
Z3.1 审批			0.6526	1			0.1580	1
Z3.2 监督			0.2439	3			0.2315	3
Z3.3 服务			0.4897	2			0.2251	2
Z4 住房销售	0.4419	5			0.1229	3		
Z4.1 审批			0.6110	1			0.1342	1
Z4.2 监督			0.3015	3			0.4022	3
Z4.3 服务			0.2442	2			0.1495	2
Z5 住房租赁	0.5292	2			0.1880	6		
Z5.1 审批			0.6031	1			0.2146	1
Z5.2 监督			0.4207	3			0.3645	3
Z5.3 服务			0.4897	2			0.2953	2
Z6 物业管理	0.5443	1			0.1716	5		
Z6.1 审批			0.6866	1			0.1771	1
Z6.2 监督			0.3100	3			0.4066	3
Z6.3 服务			0.4942	2			0.3100	2

（二）比较分析：监管强度区域格局稳定，直辖市间监管差异明显缩小

表10-2为34个大中城市住房市场监管指数的均值和排名。对其分析可知，2019年住房市场监管指数，在5个中部地区样本城市中，仅有郑州1个城市排名下降，其余4个城市排名均上升，排名上升城市比重为80.0%，东北地区排名上升城市比重为75.0%，接着是西南地区和西北地区，排名上升城市占比均为50.0%，最后是东南和环渤海地区，排名上升城市比重分别为37.5%和20.0%。

表10-2　　　　34个大中城市住房市场监管指数及排名

	住房市场监管指数	排名	Z1 企业开办	排名	Z2 土地市场	排名	Z3 住房开发	排名	Z4 住房销售	排名	Z5 住房租赁	排名	Z6 物业管理	排名
北京	0.695	1	0.510	4	0.646	7	0.673	2	0.595	6	0.879	2	0.943	1
天津	0.668	2	0.322	18	0.867	1	0.724	1	0.665	2	0.693	8	0.799	3
广州	0.609	3	0.512	3	0.570	17	0.513	19	0.580	7	0.879	1	0.659	9
南京	0.597	4	0.398	7	0.718	3	0.460	26	0.686	1	0.769	5	0.595	14
南昌	0.585	5	0.313	20	0.769	2	0.642	4	0.606	5	0.553	14	0.663	8
上海	0.569	6	0.524	2	0.593	14	0.475	23	0.638	3	0.576	13	0.610	13
重庆	0.550	7	0.478	5	0.669	5	0.483	22	0.432	18	0.818	3	0.462	23
深圳	0.544	8	0.611	1	0.579	16	0.637	6	0.243	33	0.739	7	0.485	22
沈阳	0.522	9	0.298	25	0.593	14	0.528	14	0.517	9	0.534	15	0.708	5
昆明	0.504	10	0.359	13	0.705	4	0.466	24	0.440	14	0.432	23	0.636	12
济南	0.500	11	0.294	27	0.526	20	0.511	20	0.485	12	0.413	24	0.815	2
杭州	0.491	12	0.397	8	0.596	13	0.531	13	0.383	23	0.360	28	0.693	6
武汉	0.490	13	0.388	10	0.658	6	0.492	21	0.402	22	0.531	16	0.489	21
长沙	0.479	14	0.391	9	0.381	27	0.459	27	0.377	24	0.633	12	0.693	6
合肥	0.468	15	0.303	23	0.629	9	0.638	5	0.438	16	0.459	21	0.360	30
宁波	0.467	16	0.331	15	0.547	19	0.524	16	0.352	25	0.746	6	0.360	29
厦门	0.466	17	0.330	16	0.636	8	0.521	17	0.309	29	0.489	19	0.545	17
长春	0.463	18	0.301	24	0.568	18	0.562	10	0.423	20	0.390	27	0.561	15

续表

	住房市场监管指数	排名	Z1 企业开办	排名	Z2 土地市场	排名	Z3 住房开发	排名	Z4 住房销售	排名	Z5 住房租赁	排名	Z6 物业管理	排名
成都	0.462	19	0.405	6	0.466	21	0.420	28	0.346	27	0.643	11	0.534	18
郑州	0.459	20	0.324	17	0.349	30	0.608	7	0.617	4	0.436	22	0.439	26
石家庄	0.458	21	0.237	34	0.305	33	0.559	11	0.508	10	0.799	4	0.432	27
大连	0.443	22	0.318	19	0.441	24	0.534	12	0.434	17	0.409	25	0.549	16
南宁	0.440	23	0.312	22	0.311	32	0.463	25	0.341	28	0.493	17	0.784	4
哈尔滨	0.428	24	0.261	31	0.600	11	0.603	8	0.432	19	0.212	33	0.458	24
福州	0.427	25	0.313	20	0.597	12	0.331	32	0.349	26	0.671	9	0.341	31
呼和浩特	0.415	26	0.255	32	0.445	22	0.519	18	0.449	13	0.194	34	0.640	11
太原	0.414	27	0.265	30	0.388	26	0.566	9	0.284	32	0.652	10	0.398	28
银川	0.410	28	0.268	29	0.608	10	0.673	3	0.440	15	0.330	29	0.133	34
兰州	0.407	29	0.248	33	0.330	31	0.524	15	0.415	21	0.307	31	0.655	10
青岛	0.389	30	0.375	12	0.443	23	0.304	33	0.226	34	0.489	18	0.527	19
海口	0.384	31	0.297	26	0.436	25	0.400	29	0.508	11	0.394	26	0.273	33
西宁	0.378	32	0.271	28	0.298	34	0.373	30	0.540	8	0.292	32	0.504	20
贵阳	0.369	33	0.350	14	0.356	29	0.332	31	0.286	30	0.466	20	0.451	25
西安	0.325	34	0.377	11	0.364	28	0.282	34	0.284	31	0.318	30	0.315	32

从区域住房市场监管指数均值来看，各区域排名依次仍为环渤海地区、东南地区、中部地区、东北地区、西南地区和西北地区，与2018年相比，各地区排名未变（见表10-3）。

表10-3　　分区域住房市场监管指数均值及排名

	总排名均值	排名	Z1 企业开办	排名	Z2 住房土地	排名	Z3 住房开发	排名	Z4 住房销售	排名	Z5 住房租赁	排名	Z6 物业管理	排名
环渤海	0.542	1	0.348	3	0.558	2	0.554	3	0.496	1	0.655	1	0.703	1
东南	0.521	2	0.427	1	0.605	1	0.499	4	0.442	4	0.653	2	0.536	3

续表

	总排名均值	排名	Z1 企业开办	排名	Z2 住房土地	排名	Z3 住房开发	排名	Z4 住房销售	排名	Z5 住房租赁	排名	Z6 物业管理	排名
中部	0.496	3	0.344	4	0.557	3	0.568	1	0.488	2	0.522	4	0.529	4
东北	0.464	4	0.295	5	0.551	4	0.557	2	0.451	3	0.386	5	0.569	2
西南	0.452	5	0.367	2	0.490	5	0.427	6	0.392	6	0.541	3	0.523	5
西北	0.391	6	0.281	6	0.405	6	0.489	5	0.402	5	0.349	6	0.441	6
全国	0.479		0.351		0.529		0.510		0.442		0.529		0.544	

从区域住房市场监管指数标准差来看，与2018年相比，全国城市住房市场监管指数标准差减小了0.007，显示出总体上城市间监管强度差异有所缩小。从具体区域来看，除中部地区住房市场监管指数标准差有所增大外，其余地区住房市场监管指数标准差均有所缩小，其中，指数标准差减小幅度最大的是环渤海地区，减小了0.018（见表10-4）。

表10-4　　　　　分区域住房市场监管指数标准差及排名

	总排名标准差	排名	Z1 企业开办	排名	Z2 住房土地	排名	Z3 住房开发	排名	Z4 住房销售	排名	Z5 住房租赁	排名	Z6 物业管理	排名
西北	0.035	1	0.048	3	0.111	3	0.140	5	0.100	3	0.156	3	0.201	5
东北	0.041	2	0.024	1	0.074	2	0.034	1	0.044	1	0.132	2	0.103	1
中部	0.051	3	0.042	2	0.183	5	0.086	4	0.115	4	0.079	1	0.144	3
东南	0.068	4	0.109	6	0.052	1	0.086	3	0.167	5	0.169	5	0.131	2
西南	0.069	5	0.066	4	0.162	4	0.056	2	0.081	2	0.160	4	0.175	4
环渤海	0.133	6	0.104	5	0.213	6	0.164	6	0.167	6	0.199	6	0.214	6
全国	0.085		0.089		0.146		0.108		0.123		0.188		0.172	

从行政级别住房市场监管指数均值来看，排名仍依次为直辖市、副省级市和地级市，仅在住房开发和住房销售环节，地级市排名在副省级市之前，在其他环节的排名均与住房市场监管指数均值排名相同（见表

10-5)。

表 10-5　分行政级别住房市场监管指数均值及排名

	总排名均值	排名	Z1 企业开办	排名	Z2 住房土地	排名	Z3 住房开发	排名	Z4 住房销售	排名	Z5 住房租赁	排名	Z6 物业管理	排名
直辖市	0.620	1	0.459	1	0.694	1	0.589	1	0.582	1	0.742	1	0.704	1
副省级市	0.480	2	0.373	2	0.554	2	0.495	3	0.407	3	0.528	2	0.553	2
地级市	0.440	3	0.300	3	0.460	3	0.504	2	0.440	2	0.474	3	0.493	3

从行政级别住房市场监管指数标准差来看，与2018年相比，地级市的住房市场监管指数标准差上升了0.001，但仍排第1位；副省级市的住房市场监管指数标准差下降了0.001，排第3位；直辖市的住房市场监管指数标准差下降了0.02，排名超过副省级市，排第2位。显示出相比2018年，直辖市间监管差异有较明显的缩小（见表10-6）。

表 10-6　分行政级别住房市场监管指数标准差及排名

	总排名标准差	排名	Z1 企业开办	排名	Z2 住房土地	排名	Z3 住房开发	排名	Z4 住房销售	排名	Z5 住房租赁	排名	Z6 物业管理	排名
地级市	0.056	1	0.044	1	0.158	3	0.112	2	0.103	1	0.164	2	0.181	2
副省级市	0.073	3	0.091	2	0.093	1	0.097	1	0.125	3	0.190	3	0.130	1
直辖市	0.072	2	0.093	3	0.120	2	0.128	3	0.104	2	0.135	1	0.211	3

（三）领先城市分析：东南地区领先城市较多，各环节均有地级市领先

2019年，住房市场监管指数排名前10位的城市中，除南昌和昆明为地级市外，其余均为副省级市和直辖市，四大直辖市均在10名之内。从区域来看，进入前 10 名城市最多的区域是东南地区，有 4 城入围，其次是环渤海地区和西南地区，各有 2 城入围，中部地区和东北地区各有 1 城入围，西北地区没有城市入围。

企业开办环节，排名前 10 的城市中，东南地区有 5 城入围，西南地区和中部地区各有 2 城入围，环渤海地区有 1 城入围，长沙是唯一入围的地级市，而作为直辖市的天津则未入围。

土地市场环节，有 4 个地级市进入前 10，其中南昌和昆明更是进入前 5。从区域来看，中部地区有 3 城进入前 10，环渤海地区、东南地区和西南地区则各有 2 城进入前 10，西北地区也有 1 城进入前 10。

住房开发环节，中部地区有 3 城入围前 10，环渤海地区、中部地区和西北地区各有 2 城进入前 10，东南地区仅有 1 城进入前 10，共有 5 个地级市进入了前 10，四大直辖市中只有北京和天津在此环节进入了前 10。

住房销售环节，有 4 个地级市进入了前 10，直辖市中仅重庆未能进入前 10。从区域来看，环渤海地区和东南地区各有 3 城进入前 10，中部地区有 2 城进入前 10，东北地区和西北地区各有 1 城进入前 10。

住房租赁环节，排名前 10 的城市中，东南地区占据了半壁江山，有 5 城进入前 10，环渤海地区有 3 城进入前 10，西南地区和西北地区各有 1 城进入前 10。在这一环节进入前 10 的地级市有 3 个，而作为直辖市的上海在这一环节未能进入前 10。

物业管理环节，有 4 个地级市进入了前 10，直辖市中的上海和重庆均未能入围。从区域来看，在这一环节进入前 10 城市最多的区域是环渤海地区，有 3 城入围，中部地区和东南地区各有 2 城入围，西南地区、东北地区和西北地区则各有 1 城入围。

四　政策建议

当前，中国住房市场的长效调控机制正在逐步落地的过程中，长效机制的成功必须要有有效的监管保障。而要实现有效的监管，就必须构建与长效机制相适应的监管体制机制，为实现这一目标，至少应采取以下三个方面的政策措施。

（一）继续补齐制度短板

当前，地方政府在逐步落实长效机制的过程中，在住房市场监管的一些方面缺乏有效的抓手，而只能靠运动式的监管来弥补，如在住房销售、租赁和物业管理等方面，这主要是由于相关方面常态化的制度性的手段的不足。下一步，在落实长效机制的过程中，要注重在这些方面建章立制，完善制度，依靠制度进行常态化的监管。只有实现了常态化的监管，才能保证长效机制最终能够真正落地。

（二）构建跨部门和常态化的监管协调机制

住房市场监管涉及住建部、国家发展改革委、公安部、市场监管总局、金融监管部门、网络监管部门等多个政府部门，要实现良好的监管，需要这些部门之间进行良好的协同。当前，这些部门的协同还没有形成常态化的机制，更多的是在各种专项行动中进行临时的协同。要构建跨部门和常态化的监管协调机制，可以从构建部门间监管信息共享机制作为切入点，将住房市场监管工作信息集成到一个平台上，使得各相关部门都能通过该平台及时获取其他监管部门的监管信息动态，并在此基础上，根据自身的监管职责，明确自身在其中的监管任务。最终，要在这一平台的基础上，形成一个常态化的监管协调机制。

（三）加强政府监管信息披露的标准化

信息是监管的前提，监管不能只靠政府单方面的努力，而要靠社会各方的参与。因此，要实现良好的监管就需要让社会公众能够便捷、清晰地获得易于理解的监管信息。目前，政府对这一方面仍缺乏重视，在信息披露的易得性、明晰性等方面均存在明显的问题。究其原因，主要是当前还缺乏统一的政府监管信息披露标准，导致各地政府在监管信息披露过程中随意性较大。因此，有必要制定统一的政府监管信息披露标准，并向社会公众公开，使得监管信息能够更加全面和准确地被社会公众获取，从而提高社会公众的参与度，这也将有助于长效调控机制的落实。

第十一章

中国住房社会保障报告

姜雪梅

中国已经建立多渠道、多元化的住房保障制度体系，但是随着房价和房租的快速上涨，面临住房问题的阶层日益增加，住房问题仍然是义不容辞的社会课题。在突发的公共卫生事件情况下政府抓紧落实"六稳""六保"。良好的住房保障非常有利于"六稳""六保"，尤其是新市民可承受的居住保障。在"房住不炒"的定位下，中国加快建立多主体供给、多渠道保障、租购并举的住房制度，让全体人民住有所居。为此，加快棚户区改造和共有产权房建设，发展公租房制度和集体用地租赁房市场，推进产权多元化、"租售同权"，建设租售并举的新时代住房保障制度。

一 2019—2020 年中国住房保障的主要措施现状分析

（一）大规模棚户区改造将圆满收官

2019 年，全国各类棚户区改造计划新开工 289 万套，实际开工 316 万套，完成投资 1.2 万亿元。

2020 年部分城市稳步推进棚户区改造工作。根据 2017 年 5 月国务院常务会议确定实施的 2018—2020 年 3 年棚改攻坚计划和 2014 年 3 月发布的《国家新型城镇化规划（2014—2020 年）》，2020 年是大规模棚改的收官之年，但突发的公共卫生事件或将导致部分计划变更。

尽管如此，近十几年全国各类棚户区改造规模非常大，大规模棚户区改造任务基本顺利结束。中国从 2005 年开始在全国范围内启动棚户区改造，从2009年开始加大棚户区改造力度，从2013年开始进一步加强棚户区改造任务和考核力度。在2013年《国务院关于加快棚户区改造工作的意见》中确定"2013—2017年改造各类棚户区1000万户"的目标；在2015年国务院印发的《关于进一步做好城镇棚户区和城乡危房改造及配套基础设施建设有关工作的意见》中明确"在2015—2017年三年内改造包括城市危房、城中村在内的各类棚户区住房1800万套"；2017年国务院常务会议确定实施的2018—2020年三年棚改攻坚计划明确"再改造各类棚户区1500万套"。实际上，2008—2019年的十二年间我国进行了4849万套的棚户区改造。

（二）棚户区改造不断升级和延伸，老旧小区改造将成为住房保障的重要任务

由于住宅的老化和城市更新发展需求，棚户区改造始终贯穿城市发展过程，从2019年开始大规模实施的旧城改造、社区改造也是棚户区改造的延伸和升级。2019年我国各地改造城镇老旧小区1.9万个，涉及居民352万户。2020年计划改造城镇老旧小区3.9万个，涉及居民近700万户。老旧小区改造不仅改善住房条件，还完善小区配套和市政基础设施、环境，提升社区养老、托育、医疗等公共服务水平。

（三）继续发展共有产权房制度，满足多元化需求

共有产权房制度的发展可以满足先租后售、先买部分产权后租、先买后住等多元化需求。2014年12月住房和城乡建设部、国家发展改革委等部门关于试点城市发展共有产权性质政策性商品住房的指导意见（建保〔2014〕174号），提出在北京、上海、深圳、成都、淮安、黄石6个城市推进共有产权住房试点。各城市的共有产权房制度的实施有所差异，各有创新。例如，上海市把共有产权房纳入保障房体系且只针对户籍人口开放，北京市的共有产权房未被纳入保障房体系且向户籍、非户籍居民开放，成都市将经济适用住房和限价商品住房等并轨为共有产权住房并纳入购置型保障房体系。

2017年9月住房和城乡建设部印发《关于支持北京市、上海市开展共有产权住房试点的意见》（以下简称《意见》），支持北京市、上海市深化发展共有产权住房试点工作。2017 年 7—9 月北京市分别出台《北京市共有产权住房规划设计宜居建设导则（试行）》和《北京市共有产权住房管理暂行办法》，2018 年 9 月上海市出台《关于进一步完善本市共有产权保障住房工作的实施意见》，进一步规范共有产权房的规划、建设、使用、交易、退出管理。北京市 2017 年 7 月开始推广共有产权住房，计划在 2017—2021 年提供 25 万套共有产权房。据北京中原统计数据显示，2017 年北京成交 8 宗共有产权房用地、合计 126.52 万平方米，2018 年成交 11 宗共有产权房用地、合计 130.22 万平方米，2019 年成交 32 宗共有产权住宅地块。截至 2019 年 8 月底，北京市共规划建设共有产权住房项目 65 个（含转化项目 33 个），可提供房源约 6.58 万套。[①] 上海市共有产权保障住房从 2010 年开始启动试点，开展了 8 个批次申请供应工作，截至 2020 年 4 月底已累计完成签约 11.5 万套。

（四）加快公共租赁房制度建设，促进租购并举的住房保障制度体系建设

2010 年 6 月住房和城乡建设部等七部门联合出台《关于加快发展公共租赁住房的指导意见》，要求大力发展公共租赁住房，完善住房供应体系，培育住房租赁市场，满足城市中等偏下收入家庭基本住房需求。2013 年 12 月住房和城乡建设部等三部门联合发布《关于公共租赁住房和廉租住房并轨运行的通知》，从 2014 年起各地公共租赁住房和廉租住房并轨运行，整合政府资金渠道，健全公共租赁住房分配管理制度，合理确定轮候排序规则，统一轮候配租。从 2017 年开始，公共租赁住房分配工作已纳入国家住房保障工作目标责任书，实行目标责任管理。2019 年住房和城乡建设部、国家发展改革委、财政部、自然资源部共同印发《关于进一步规范发展公租房的意见》，要以政府为主提供基本住房保障，因地制宜加大公租房发展力度，不断增强困难群众对住房保障的获得感、幸福感和安全感。"十二五"期间全国累计开工建设了公共租赁住房（含廉租住房）1359 万套，截至 2018 年年底全国 5900 多万困难居民享受了

---

① 袁秀丽：《10 月至少 6 个项目申购 共有产权房也现"网红盘"》，2019 年 10 月 23 日，搜狐焦点北京站，https://house.focus.cn/zixun/38c0803cc2b1856c.html.

公租房制度的优惠，其中，3700多万居民住进公租房，累计近2200万居民领取公租房租赁补贴。

2020年各地频繁发布公租房政策，加快公租房制度建设，加强住房保障功能。一方面，进行租金减免等短期调整。广州、深圳、佛山、韶关、惠州、西安、宝鸡等地出台政策在新冠肺炎疫情防控期间减免公租房租金，杭州、南宁、东营等地选择公租房租金的"定向减免"，疫情期间减免参加疫情防控一线的医护、环卫、公交、物业4类行业市级公租房保障对象的租金。另一方面，上海、西安、武汉等地陆续发布公租房长期改革的调整政策，涉及公租房保障群体、收费模式、资金来源等多个领域。上海提出试点"宿舍型"公租房，为家政员、快递小哥精准提供"一间房""一张床"的租赁供给。截至2020年5月底，上海全市公租房累计建设筹措房源17.7万套，入住保障对象19.2万户，累计享受保障62.7万户。

（五）发展集体建设用地的租赁房市场，扩大租赁性住房保障范围

为实现城镇居民住有所居目标，利用集体建设用地有效增加租赁住房供应，缓解住房供需矛盾，构建购租并举的住房制度体系。2016年《国务院办公厅关于加快培育和发展住房租赁市场的若干意见》提出要积极培育和发展住房租赁市场，2017年8月国土资源部、住房和城乡建设部联合印发《利用集体建设用地建设租赁住房试点方案》，确定第一批在北京、上海、沈阳、南京、杭州、合肥、厦门、郑州、武汉、广州、佛山、肇庆、成都13个城市开展利用集体建设用地建设租赁住房试点。以北京市为例，截至2020年5月底全市累计上报开工集体土地租赁住房项目35个、房源约5.2万套，户型以90平方米以下中小套型和职工宿舍类为主。北京市首个集体土地租赁房项目——丰台区南苑乡成寿寺村集体土地租赁房项目，2018年8月正式开工建设，首批235套公寓在2020年5月全部完成租赁并于2020年7月6日正式开放。

集体土地租赁住房不同于公租房，租金更贵一些，但也没有苛刻的收入、轮候条件等限制，可惠及更多的阶层，从而发挥缓解住房租赁市场供需矛盾的作用。

二 2020年中国住房保障的预测

（一）租赁服务业将成为新热点

由于租金的快速上涨和租赁房屋供给的波动性问题，新市民面临"租房难"。因此，"租赁房屋的有效供给"将成为住房保障的新课题。公共租赁住房和集体建设用地上的租赁型住房运营机制将有新的创新。

2020年重点工作中，住建部明确"着力培育和发展租赁住房，促进解决新市民等群体的住房问题，重点发展政策性租赁住房，探索政策性租赁住房的规范标准和运行机制"。2019年年底住建部部署在沈阳、南京、苏州、杭州、合肥、福州、济南、青岛等13个城市开展完善住房保障体系试点工作，重点是大力发展政策性租赁住房。政策性租赁住房是由政府给予政策支持、企业和其他机构投资建设，小户型、低租金，面向城镇无房常住人口供应，主要是非户籍常住人口和新落户的新就业大学生等新市民群体。

2020年5月中国建设银行与广州、杭州、济南、郑州、福州、苏州6个城市签订《发展政策性租赁住房战略合作协议》，预计在未来三年内提供不少于1900亿元的贷款，合计筹集约80万套（间）政策性租赁住房，解决上百万名新市民的安居问题。

2020年6月深圳市政府和中国平安保险（集团）股份有限公司（以下简称"平安集团"）签署《公共住房投资建设运营战略合作框架协议》。平安集团将从协议生效起至2035年，持续投入资金参与深圳公共住房建设，由平安集团投资建设的公共住房以长期租赁为主，并优先满足政府的租赁需求。根据规划，深圳市到2035年计划建设筹集公共住房不少于100万套。

（二）保障房管理将不断引入市场机制

2018年住房和城乡建设部、财政部联合下发《关于印发推行政府购买公租房运营管理服务试点方案的通知》，确定在安徽等8个省（自治区）开展政府购买公租房运营管理服务试点。随着大量保障房的完工和入住，保障房小区管理、二手交易等一系列管理问题面临新的挑战。对此，政府官员可能力不从心，将引进市场机制进行管理。市场化的保障房租赁服务也已上线。

三 问题与挑战

我国的住房保障制度建设取得显著进展，不仅改善了居民的居住环境，也促进了城市的建设发展。作为长期制度，住房保障制度需要长远规划和与时俱进的动态调整。下面指出在短期内急需解决的问题。

（一）保障房制度管理问题突出，影响住房保障的社会效应

在保障房项目管理方面，存在违规、不规范的现象。比如，棚户区改造资金使用绩效不高，棚户区改造项目的界定也不规范，存在借着棚户区改造的名义进行土地储备的问题。根据审计署2019年第4号公告：2018年保障性安居工程资金投入和使用绩效审计结果，全国159个市县493个项目扩大范围将园区开发、城市建设带来的拆迁安置和土地征收等纳入棚改。

（二）新市民面临租赁市场失灵和政策失灵

随着房租的快速上涨，面临租赁市场失灵和政策失灵的居民增加，尤其是新市民。一方面，随着棚户区改造、旧城区改造和城中村改造项目的加码，市场中的廉价租赁房源逐步减少，市场租金的上涨降低居民的租金可支付能力。另一方面，公租房制度存在漏洞，向非户籍人口开放的公租房制度在执行过程中倾向于人才。根据审计署2019年第4号公告：2018年保障性安居工程资金投入和使用绩效审计结果，1.25万套公租房被违规销售、转租或被挪用于办公、经营等，18.41万套公租房因位置偏远、需求不足等建成后空置1年以上。因此，出现租赁市场和租赁型保障的"夹心层"。

（三）保障房房源结构失衡，增加长期住房保障压力

尽管近年建设了大量的保障性住房，但是只发挥一次性保障功能的产权式保障性住房的比重大、长期多次发挥住房保障功能的租赁型保障

房少。在 2008—2018 年的十一年间，全国开工保障性安居工程约 7000 万套。其中，棚户区改造开工 4533 万套、约占 64.75%。此外，还有两限房、共有产权房等其他产权式保障性住房。由此可见，租赁型保障房比重较小。加之，大部分产权式保障性住房尚未进行封闭式运营，再次上市时转化为普通商品住宅，直接降低保障房覆盖率。长效性保障房少，这将增加长期住房保障压力。

（四）公共服务与房产证挂钩，这将导致社会阶层的不稳定发展

首先，义务教育与房产证挂钩，这将加大代际教育的不均等化。根据调研发现，不少城市的义务教育服务与房产证、户籍挂钩，小学入学的优先顺序依次为拥有房产证和户籍的家庭、拥有房产证的家庭、拥有户籍的家庭。甚至，在有些县级城市严格执行以房产证为优先的入学政策，出现留守儿童的返乡上学潮。有些留守儿童原先在县城享受较好的义务教育，但在这种政策下只能回到镇、村上学。居高不下的城市房价意味着以工资为主要收入的新市民都难以购买商品房。房产证不但将大部分新市民排斥在城市政府公共服务供应体系之外，而且将相当部分拥有城市户籍但无自有住宅的城市居民农民工化。与房产证挂钩的代际义务教育将加大教育的不均等化。这不仅不利于整体国民素质的提升，还有可能导致社会阶层的不稳定发展。

四　政策建议

为实现"住有所居"目标，应积极建设新时代的租售并举的住房保障制度。

第一，建立保障房追溯监管管理制度，积极发展保障房二级市场，提高保障房的资金效用和利用效率。

建立保障房项目追溯监管制度和保障房消费者信用体系，促进自律和监督管理，严惩违规行为。此外，建立封闭的保障房二级市场和租赁市场，盘活错配、闲置的保障房，提高保障房的利用效率。根据业主的就业、就学等需求，在保障房二级市场上进行自由交易。在石家庄市业主可以申请互换公共保障房，但必须遵守自行协商、主动申请、责任自负和互不经济补偿原则。政府租赁服务平台可以筹集已销售的、空置的保障房作为公租房出租,同时提供人性化的服务,满足消费者的实际需求。

第二,实施"一个原则、两个路径、三个改革"解决新市民住房问题,促进社会的稳定发展。

一个原则,即以举家安居乐业为原则,优先解决有未成年子女的中低收入新市民家庭居住问题。保障新市民的基本人权,以家庭为重,注重他的家庭身份,保障一家人团聚的权利。2016年广州市政府公布"升级版"的《公共租赁住房保障办法》,关怀"新移民",满足申请人家庭团聚的愿望。

两个路径,即市场化路径和保障路径,市场和保障相结合,促进梯度消费,逐步改善居住环境。新市民出现分层分化,住房需求也多元化。不同类型的新市民在年龄、技能等方面存在较大差异,可分为高收入、中等收入、低收入阶层,他们的住房需求也不同。高收入阶层可以通过市场自主解决住房问题,对他们实施广义住房保障,比如公积金制度。真正面临住房困难的是中、低收入阶层的新市民。通过以下措施,应积极确保中、低端住宅供给,发展租赁市场,以市场化手段为主、以住房保障为辅解决大部分新市民的住房问题。

首先,住房保障向新市民逐步开放。地方政府应将新市民的住房需求纳入中小城市和城镇的住房保障规划,中央和省级的住房保障补助资金相应配套支持。

其次,充分利用城市旧房和正规小产权房,解决部分新市民住房问题。在房价高企的背景下,全面性的住房保障将成为无底洞。政府不可能通过住房保障解决所有新市民的住房问题,只能利用低端住宅市场自主解决。因此,在城市化进程中我国政府应培育和发展低端住宅市场,节约住房保障的财政支出成本。

最后,对过剩的保障房推广"租售并举",积极发展保障房二级市场,加强保障房的循环利用。近几年保障房建设进入开工高峰期,配套设施建设滞后。一些地方保障房入住率低,部分保障房面临屡遭弃申的尴尬。因此,应尽快完善保障房小区的配套设施,提升居住服务功能。对于阶段性过剩的保障房,进行装修后投放到租赁市场,实施"租售并举",先出租给新市民,然后再应需出售。这不仅有利于改善新市民的居住需求,也能提高保障房的使用效率。

三个改革,即公积金制度改革、租赁制度改革和房产税改革。通过公积金制度改革,提高新市民的住房可支付能力和社会归属感;通过租赁制度改革,有效供给中低价位的租赁房源,满足新市民的居住需求;通过房产税改革,提高地方政府的积极性,降低住房保障政策成本并提升政策效率。

第三,完善公租房制度,着重发展租赁市场,实现"住有所居"。

首先,继续完善公租房制度,确保"兜底"的基本保障。中央政府和地方政府应该明确公租房供给目标,并依据职住平衡原则布局公租房的选址。

其次,有效增加租赁住房房源,严格禁止中介的二房东行为。政府应该让利国有土地收益并采取税收优惠等措施,鼓励企业运营规模化的商品房租赁项目。在充分保障集体收益的前提下,通过集体建设用地的租赁住房建设和小产权房的规范,鼓励集体土地入市于住房租赁市场,同时改善已有的正规小产权房的配套设施,不断增加亲民的租赁房源。同时,严格禁止中介的二房东行为。

最后,严管长租公寓贷款审批、利用制度,保证长租公寓贷款用于租赁房源的增量供给,以此避免扰乱存量租赁市场。有的中介公司借着发展长租公寓的噱头,凭着资金优势吞吐市场中的租赁房源后高价转租,严重扰乱了市场秩序。

第四,建立全国统一的新市民子女义务教育国民待遇标准,促进新市民的举家安居乐业。

中央财政统一安排支持国民义务教育,保障所有适龄儿童平等接受义务教育。我国长期以来增长优先的发展政策产生了贫富差距拉大、留守儿童等问题,现在应转变"亲贫式增长"的发展模式。国民义务教育应与房产证脱钩,积极培育新时代的栋梁,让更多的群体分享经济增长的成果。

第十二章

中国住房宏观调控报告

彭旭辉

一 2018—2019年住房宏观调控政策及效果

（一）总体调控政策：坚持"房住不炒"总基调，"因城施策"以稳为主

2019年，中国住房市场的调控政策在"房住不炒"总基调下依然坚持政策调控的力度不减，加快构建长短结合的制度体系。中央层面，重申"房住不炒"，明确"不将房地产作为短期刺激经济的手段"，注重顶层设计，深化基础性制度改革，强化金融监管和风险防控，加快住房租赁体系建设，保障居民合理自住需求；地方层面，"因城施策"不断强化，地方政府调控的自主度加大，热点城市调控政策再升级，同时，人才引进政策越发多样化和激烈化，各地积极探索住房制度改革，优化住房和土地供应结构，完善基本住房制度体系，加快建立健全房地产长效机制。

1. 中央明确房地产调控不放松

2018年12月21日，中央经济工作会议重申要坚持房子是用来住的、不是用来炒的定位，因城施策、分类指导，夯实城市政府主体责任，完善住房市场体系和住房保障体系。中央继续坚持"房住不炒"的定位，同时政策调控的执行权也将更多由中央转向地方政府，各城市可以根据市场实际情况，有针对性地调整未来政策走向。2018年12月24日，全国住房和城乡建设工作会议将"以稳地价稳房价稳预期为目标，促进房地产市场平稳健康发展"作为下一年的重点工作之一，提出要坚持房子是用来住的、不是用来炒的定位，着力建立和完善房地产市场平稳健康发展的长效机制，坚决防范化解房地产市场风险。2019年7月30日，习近平总书记主持召开中共中央政治局会议，重申坚持房子是用来住的、不是用来炒的定位，落实好一城一策、因城施策、城市政府主体责任的长效调控机制。7月，中共中央政治局会议进一步明确，坚持房子是用来住的、不是用来炒的定位，落实房地产长效管理机制，不将房地产作为短期刺激经济的手段。

2. 中央加快住房制度改革和房地产长效机制建设

2018年12月21日，中央经济工作会议强调要构建房地产市场健康发展长效机制，完善住房市场体系和住房保障体系。2019年12月24日，全国住房和城乡建设工作会议指出要健全城镇住房保障体系，补齐租赁住房短板，指导大中城市全面培育和发展住房租赁市场，继续推进集体土地建设租赁住房试点工作。2019年3月5日，政府工作报告提出，要更好解决群众住房问题，落实城市主体责任，改革完善住房市场体系和保障体系，促进房地产市场平稳健康发展。2019年7月，财政部、住建部发布《2019年中央财政支持住房租赁市场发展试点入围城市名单公示》，明确北京、长春、上海、南京、杭州、合肥、福州、厦门、济南、郑州、武汉、长沙、广州、深圳、重庆、成都16个城市进入2019年中央财政支持住房租赁市场发展试点范围。2019年8月，十三届全国人大常委会第十二次会议通过关于修改《中华人民共和国土地管理法》（以下简称《土地管理法》）的决定，新的《土地管理法》自2020年1月1日起施行。删除了原《土地管理法》"任何单位和个人建设，需要使用土地的，必须依法申请使用国有土地"的规定。符合条件的集体经营性建设用地，可建共有产权住房。2019年10月，党的十九届四中全会审议通过《中共中央关于坚持和完善中国特色社会主义制度、推进国家治理体系和治理能力现代化若干重大问题的决定》，指出要加快建立多主体供给、多渠道保障、租购并举的住房制度。值得指出的是2019年10月9日，国务院发布《关于印发实施更大规模减税降费后调整中央与地方收入划分改革推进方案的通知》，为进一步理顺中央与地方财政分配关系，保持现有财力格局总体稳定，将后移消费税征收环节并稳步下划地方。此举将有效提升地方财政收入，结合土地供给方面的集体建设用地入市改革，可以推测地方政府将减少对土地出让收入的依赖，这也有利于房地产长效机制的形成。

（二）住房调控政策：行政限购、限价、限售，一城一策

地方政府紧跟中央的政策调控基调，2019 年以来地方政府紧缩政策数量前低后高，调控跟随市场变化及时调整。2019 年上半年，月度收紧性政策数量呈前低后高、前稳后严的特点。年初似有松动迹象，然而自 4 月中共中央政治局会议召开之后，政策紧缩程度明显加强。特别是市场热度较高的西安、苏州分别升级了限购、限售政策。同时，全国部分地区利率上浮水平也止降回升，公积金政策又迎来新一轮收紧，合肥、苏州、东莞等地基于土地市场热度升高也及时收紧土拍政策。此外，河南、福建、浙江、安徽、成都、长沙、武汉等省市提出要稳妥实施"一城一策"方案，切实稳地价、稳房价、稳预期。另外，也有部分城市因城施策进行局部微调。上海、珠海等城市调控政策有所松绑，上海自贸区临港新片区放宽非户籍人才购房资格，由居民家庭调整为个人，社保年限由 5 年调降至 3 年。珠海香洲区放松限购，非户籍家庭在香洲区限购 1 套住房，180 平方米以上新房、144 平方米以上二手房皆无社保年限要求。

（三）金融财税政策：严防金融风险，房地产金融监管保持收紧

一是强调加强金融风险管控，降低整体杠杆率。进入 2019 年，银保监会、央行两部门密集强调加强房地产金融风险防范力度。2 月 25—26 日召开的中国人民银行金融市场工作会议，强调加强房地产金融审慎管理，落实房地产市场平稳健康发展长效机制。3 月 4 日，银保监会印发通知，要求进一步提升风险管控能力，防止小微企业贷款资金被挪用至政府平台、房地产等调控领域形成新风险隐患。4 月 17 日，银保监会官网发文指出，继续遏制房地产泡沫化，控制居民杠杆率过快增长。6 月 25 日，央行货币政策委员会召开 2019 年第二季度例会强调，要打好防范化解金融风险攻坚战，守住不发生系统性金融风险的底线。为了遏制房地产金融化、泡沫化倾向，央行及银保监会主要从银行、信托、外债三个方面加强房地产融资渠道管理。

二是货币政策趋向宽松，但涉房信贷仍适度收紧。2019 年 1 月 4 日，

为进一步支持实体经济发展，优化流动性结构，降低融资成本，央行决定下调金融机构存款准备金率 1 个百分点，随后还进行一系列定向中期借贷便利（TMLF）以及中期借贷便利（MLF）操作等。5 月 15 日，央行决定对中小银行实行较低的优惠存款准备金率，释放长期资金约 2800 亿元，全部用于发放民营和小微企业贷款。9 月 16 日，央行全面下调金融机构存款准备金率 0.5 个百分点，定向降准 1 个百分点，释放长期资金约 9000 亿元，这是自 2019 年 1 月后，第二次全面降准。虽然整体资金环境趋向宽松，但涉房信贷仍在收紧。国常会再次强调专项债资金不得用于土地储备和房地产相关领域、置换债务以及可完全商业化运作的产业项目。与此同时，银保监会在 32 个城市开展银行房地产业务专项检查工作，针对检查出的违规现象，将从严、从重处罚。8 月 25 日央行宣布从 2019 年 10 月 8 日起以 LPR 为商业性个人住房贷款利率的参照标准：首套商业性个人住房贷款利率不得低于相应期限的 LPR，二套商业性个人住房贷款利率下限是相应期限 LPR 加上 60 个基点。按照 2019 年 9 月 20 日 5 年期以上 LPR 计算，首套房贷利率不低于 4.85%，二套房贷利率不低于 5.45%。

三是房地产税立法工作稳步推进。2019 年的政府工作报告提出，健全地方税体系，稳步推进房地产税立法。全国人大财经委建议尽快提出将增值税法、消费税法、关税法、城市维护建设税法、契税法、印花税法、房地产税法和税收征收管理法（修改）等提请全国人大常委会审议的时间安排，按时提交审议，确保完成党中央确定的 2020 年实现税收法定的任务。

（四）土地政策：完善土地供应制度，健全土地供应体系

一是加强住房用地管理。2019 年 4 月 17 日，自然资源部发出通知要求各地根据商品住房库存消化周期，制定实施 2019 年住宅用地"五类"调控目标。2019 年 4 月，杭州主城区涉宅用地封顶溢价率上限由 50% 调整为 30%，并于 6 月 29 日公布 9 宗涉宅地块，首次设置"限房价"。5 月，苏州调整土地出让报价规则，从定值调整为区间设置。

二是加快建立城乡统一的建设用地市场。2019 年 1 月 16 日，自然资源部、住房和城乡建设部联合发布《关于福州等 5 个城市利用集体建设用地建设租赁住房试点实施方案意见的函》，原则上同意福州、南昌、青岛、海口、贵阳5城利用集体建设用地建设租赁住房试点方案。2月19日，中央一号文件《中共中央国务院关于坚持农业农村优先发展做好"三农"工作的若干意见》提出，全面推开农村土地征收制度改革和农村集体经营性建设用地入市改革，加快建立城乡统一的建设用地市场。8月26日，全国人大审议通过《土地管理法修正案》，最大亮点是将集体建设用地入市上升至法律层面，为城乡一体化发展扫除了制度性障碍。值得一提的是，集体建设用地不能开发商品住宅，限定工业、商业等经营性用途，其对商品住宅市场影响程度有限。截至目前，北京、上海等18城相继试点利用集体建设用地建设租赁住房。目前我国集体经营性建设用地符合规划等条件的，可以申请建设租赁住房、共有产权住房、工业商业等经营性用房等。9月，中央农村工作领导小组办公室、农业农村部印发《关于进一步加强农村宅基地管理的通知》，指出城镇居民、工商资本等租赁农房居住或开展经营的，租赁合同的期限不得超过二十年。

（五）住房保障政策：加大保障力度，完善保障手段

一是收缩棚改规模，重点转向加快改造城镇老旧小区。2019年4月，财政部、住房和城乡建设部联合印发《关于下达2019年中央财政城镇保障性安居工程专项资金预算的通知》，明确2019年全国棚户区改造规模约285万套，中央补助约700亿元。与2018年棚改的计划改造量、实际完成量均相差较大，压缩了近一半。地方层面，各地根据实际情况严格把握棚改范围和标准，合理控制货币补偿比例，并结合当地商品住宅消化周期确定安置方式。

2019年6月19日，李克强总理主持召开国务院常务会议，会议认为加快改造城镇老旧小区，群众愿望强烈，是重大民生工程和发展工程。7月，中共中央政治局会议强调实施城镇老旧小区改造。住建部副部长在城镇老旧小区改造工作吹风会上指出，截至2019年5月底，需要改造的城镇老旧小区17万个，将积极创新城镇老旧小区改造投融资机制，吸引社会力量参与。各个地方积极响应，制定明确的老旧小区改造任务和计划。

二是完善共有产权住房制度。2019年8月，住建部官网发文指出，对于人口净流入较多、住房保障需求较大的大中城市，要督促加大公租房保障力度，因地制宜发展共有产权住房。北京坚定不移发展完善共有产权住房，截至 2019 年 8 月 31 日，全市共规划建设共有产权住房项目 65 个，可提供房源约 6.58 万套，已累计开工项目 40 个，选房项目 33 个，面向"新北京人"提供住房 7800 余套，同时拟优化调整共有产权房申购政策。上海为进一步扩大共有产权保障住房保障范围，在上海市 16 个区全面启动非沪籍共有产权保障住房申请咨询及受理工作。值得指出的是，符合条件的集体经营性建设用地，可建共有产权住房。2019 年 9 月，北京市大兴区瀛海镇的一宗集体建设用地区级统筹地块顺利成交，将建设共有产权住房，销售均价 2.9 万元/平方米。这意味着北京市利用集体建设用地试点建设共有产权房的首个项目供地完成，将进入建设阶段。珠海和广州南沙新区等地也都积极地发展共有产权住房。

三是推动住房租赁市场发展。2019 年 5 月 17 日，住建部、国家发展改革委、财政部、自然资源部四部门联合发布《关于进一步规范发展公租房的意见》，要求多渠道筹集房源，可立足当地实际，制定在商品住房项目中配建公租房的政策，明确配建比例，利用集体建设用地建设租赁住房的试点城市，可将集体建设用地建设的租赁住房长期租赁作为公租房。7 月，财政部、住建部发布《2019 年中央财政支持住房租赁市场发展试点入围城市名单公示》，明确北京、长春、上海、南京、杭州、合肥、福州、厦门、济南、郑州、武汉、长沙、广州、深圳、重庆、成都 16 个城市进入 2019 年中央财政支持住房租赁市场发展试点范围。全国范围内深入开展住房租赁中介机构乱象专项整治。地方层面，各地大力发展住房租赁市场，持续规范住房租赁市场秩序。北京、上海、南京、佛山等地进一步规范住房租赁发展细则，并加大供给。允许符合条件的商业用房改建租赁住房。吉林、广州、南京、南宁等地明确可将商业用房等按规定改建为租赁住房。深圳深化住房制度改革走在前列，深圳市将在 2035 年前新增建设筹集 170 万套住房，其中公租房、安居型商品房和人才住房共 100 万套，占 60% 左右。

（六）其他政策

一是各地推出大量人才政策，落户放开放宽，引进政策多样化。自

2017年6月开始,武汉提出"落户敞开门、就业领进门、创业送一程、服务送上门"的口号,就此打响了全国范围内"抢人大战"第一枪。自此之后,全国众多省市大力出台各种人才新政,极力吸引人才落户,各城市之间的"抢人大战"越发激烈。兰州规定中专以上学历或相应专业技术职称人员,国内在校的大中专院校学生,均可迁入兰州市落户。重庆实施人才落户"宽门槛"政策,所有人才落户,均不受在渝务工、就业年限和缴纳社保年限的限制、年龄限制。杭州规定全日制大学专科及以上人才,在杭工作并缴纳社保的,可直接落户。自2019年以来,全国就有超过150个城市发布了各种人才政策,"送"户籍、"送"房子、"送"钱,各显神通。人才引进也开始与住房绑定在一起,南京规定企业博士人才购买政府定向筹建的人才住房或商品住房的,首付款比例按现有规定的最低比例执行。苏州吴中经济技术开发区以及呼和浩特等地直接给予购房价格优惠。不少城市直接补贴现金,从各大城市的政策可以看出,补贴的门槛降低,大部分城市本科学历即可享受补贴,有些地区甚至惠及专科。各个城市对于博士的补贴力度最大,如在宁波、东莞就业,博士分别能拿到15万元和最高20万元的补贴,苏州给博士的现金补贴最低,但也有2.88万元。

二是各地不断加强房地产市场的监管,注重稳定市场预期。2019年4—5月,住建部对房价、地价波动幅度较大的城市进行了预警提示。北京严厉打击"学区房"炒作等,海南、南京严格落实商品房销售明码标价规定。杭州、苏州、长沙、郑州继续加大房地产市场监管力度,整治市场乱象。深圳打击各类房地产市场涉黑涉恶涉乱行为,进一步规范开发企业、中介机构和从业人员经营行为。与此同时,地方政府及时回应社会关切,稳定市场预期。南京、济南和成都等城市的相关负责部门公开明确会坚持房地产市场调控政策不动摇。

总体来看,在"房住不炒"的总基调下,各地坚持调控政策的连续性,严格监控房地产金融风险,力保房地产市场的平稳运行。但整体上紧中有松,地方政府调控的自主度进一步强化,2019年年初部分城市的政策似乎有些松动,但在4月及7月的中央政治局会议重申"房住不炒"之后,部分热点城市则升级相关调控政策,调控明显收紧。大多数城市依然是因城施策,结合本地市场状况进行结构性微调,不断优化调控政策,但少部分城市存在局部松动的情形,整体目标都是维持楼市的稳定。然而有一点应该引起注意,随着各地争抢各类人才的竞争加剧,人才引进政策出现一定程度异化。各地制定多样化的引人计划,人才引进更多地和购房连接了起来,刺激住房需求,这将会变相放松调控政策。所以人才引进政策应该更为明确化和规范化,谨防人才引进政策成为放松房地产调控政策的口子和削弱调控效果的工具。

二 住房宏观调控存在的问题与未来挑战

2018—2019年,中国住房市场在调控和制度建设方面仍然存在以下几个方面的问题。

(一)地方政府负有主体责任,但金融、税收甚至土地手段不在地方

目前的房地产调控政策逐渐过渡到以地方政府为主导的阶段,地方政府在中央调控政策基调的指导下,具有更大的调控自主权,也将负有更为主要的调控责任,这是因城施策的必然结果。房地产调控是一个综合性的经济行为,其调控过程涉及众多部门,不仅有地方政府能控制的行政性调控措施,如限购、限售等,也涉及金融、税收甚至土地等方面的政策。然而金融及税收政策的调整权力在中央政府手里,地方政府只是金融及税收等方面政策的执行者,如货币的投放规模、信贷政策、贷款利率等的调整主要由中国人民银行负责,而税收政策通常也是从国家层面来制定的,地方政府调整的权限比较小。对于土地这个关键因素来说也有类似制约,地方政府虽然可以部分地控制土地的供应状况,但在执行上仍然需要以中央统一制定的土地规划及相关政策为基准,各地方变动的空间也很有限。地方政府虽然在房地产调控中负有主体责任,但很多影响房地产市场的政策因素却不在地方政府的权限范围之内,这会大大削弱地方政府的调控政策效果。由此可见,地方政府调控权力与责任不匹配会极大地影响房地产宏观调控的效果。

(二)地方政府"一城一策"调控效果的全国监管体系有待加强

在中央政府"因城施策、分类指导"的原则指导下,房地产调控进

一步升级到"一城一策",而且"一城一策"试点城市还在增加,这意味着房地产调控任务更多地下放地方。在整个房地产调控过程中,中央的相关负责部门如住建部、自然资源部等密切关注各地的房地产市场调控情况,对房地产调控效果进行全局性的监管以维护住房市场的稳定。各个中央部门在监管各个城市的房地产市场调控效果方面,虽然建立了一些监管的制度体系,但由于分散的城市政府在信息方面更具有优势和控制权,中央政府与地方政府在信息方面具有很大的不对称性,由此会使得中央相关部门在房地产调控监管中处于信息劣势,甚至会获得一些具有偏误的信息,这些因素会严重制约中央相关部门对全国房地产调控效果的监管。因此,如何进一步减少中央与地方政府之间的信息不对称,以便获取各个城市调控效果更真实的信息就尤为重要。另外,中央各个部门如央行、住建部、财政部、国土部等对各个地方房地产调控的监管目前还处于比较分割的状态,信息共享及监管的联动性方面存在很多障碍,而房地产的调控与监管是涉及多个相关部门的。因此,需要进一步加强和完善中央各个部门在房地产调控及监管方面的合作以及联合监管,这样才能取得更有效的调控效果。

(三)"一城一策"与财税政策全国统一性存在矛盾和对立

房地产的调控中涉及众多财税相关的政策,直接相关的是土地及房产交易相关的税费,间接相关的则有房地产商的营业税及增值税等。而目前我国的税制主要由国家层面统一立法制定,税费的调整也需要由中央相关机构审议和批准,对于地方政府尤其是城市政府来说,通常只有少数计划单列市具有一定立法权和调整税费的权利,但权限仍然很有限。"一城一策"的调控思路下,各个城市一方面要遵从国家层面统一的财税政策,另一方面又要根据本地情况实行差异化调控政策,这样会使得城市政府在因地制宜执行调控政策时受到极大制约,甚至在实际实施过程中,地方政府为了增加调控的自主性,可能会执行与国家统一税收政策相背离的政策。对于地方政府具有更大支配权的房地产交易税费,地方政府可能以此作为调节工具放松对房地产市场的调控。土地及房地产相关的税费更多属于一种地方性税收,而税收政策的制定权力在国家层面的机构,这样税收政策的制定主体和执行主体之间就存在矛盾和对立。

地方政府在房地产调控中自主调整相关税费的行为其实是在钻空子，且与国家统一的财税政策是对立的。另外，正在研究和推进中的房产税也存在类似问题，房产税的立法实施需要由国家层面来统一推进，然而各地的房地产市场发展状况不一样，房产税的收入及实施影响更多地体现在各个城市上，这其中的矛盾和对立都是不小的挑战。

（四）把握局部不发生系统性风险与持续调控不动摇的挑战

2019年以来，中央对房地产调控的底线是不发生系统性金融风险，在金融信贷政策方面对房地产全面收紧。金融政策具有全国统一性，政策制定源于中国人民银行等机构，在当下的政策形势下，局部地区的城市房地产市场面对的压力和挑战比较大，可能有迫切放松调控政策的意愿。然而房地产调控政策要求保持稳定性和持续性，不可随意放松调控政策，以免调控政策流于形式而失效，坚持调控政策不动摇才能给社会大众一个稳定的预期。面对持续的调控和局部风险的增加，地方政府需要应对的挑战会有所增加，如何把握调控政策稳定性和风险管理的可控性就很考验地方政府的管理能力。在持续的调控政策之下，防范局部地区的风险进一步扩散也很重要，然而目前在房地产调控及风险防控方面还没有形成城市政府之间的协同保障机制，各个城市基本都是各自为政，只注重本地房地产市场的发展。一旦发生局部系统性风险，将不利于形成强有力的协同应对机制。

（五）住房市场供需状况信息需要进一步完善

住房市场调控的一个基本前提是对住房市场的基本情况有清晰的了解，包括住房的总量、空间分布、户均套数，以及房地产市场总值等。从目前我国住房市场的发展水平来看，由于1998年才开始房地产的市场化改革，市场化发育较晚，加上住房供给体系的不断调整和变化，存在大量未能计入统计体系的福利性住房、政策性住房等，造成了我国住房市场基础数据的不完整。虽然相关部门构建了房价波动的监测体系和数据库，但对于住房存量数据这个关键性的基础信息目前还未能做出准确的统计。

近年来，有不少学者、研究人员开始对我国住房存量、资产总量等进行研究，但都由于缺乏住房市场的基础数据支撑，因此得出的数据差距较大，无法评判真伪和合理性。而且，这些研究结果无论正确与否都会对市场预期产生较强的舆论影响。此外，掌握准确的住房供求信息，对于合理制定房地产调控政策，及时纠正政策调控偏差等具有重要的指导意义。

三 政策建议

从2018—2019年我国住房市场的整体走势来看，房地产价格在平稳中波动，部分城市的房价开始出现下降，过去"高库存"与"高房价"并存的现象将会转变，未来有可能会出现部分价格虚高、库存较高城市的住房价格一定程度的下降。从住房调控的角度来看，中央政府按照"房住不炒"的总基调坚持对住房市场的严格调控，实现了政策的稳定性和持续性，取得了较好的调控效果。

（一）坚持房地产调控不动摇，把握好调控的节奏

在房地产调控政策上，中央应该从政策到舆论都不放松，保持市场和预期稳定，坚持"房住不炒"总基调，实现住房调控机制化和制度化。面对住房市场的短期波动，要提高对住房市场长期变化趋势的判断能力，在"房住不炒"总基调下，短期内仍然要坚持从严、从紧的调控策略，继续保持对住房炒作、投机等行为的严厉打击，同时要从供给和需求两端发力化解住房市场上的不理智行为。中央已经明确"不再把房地产作为短期刺激经济的手段"，所以，未来政策调控应该保持这一基调，避免将房地产作为经济增长的工具。

地方政府也应该保持调控不放松，同时完善各种行政和经济手段。地方政府要提高政治站位，从全国整体形势和长期经济稳定增长、人口增长的角度来认识住房调控的长期性，加快住房调控能力建设和住房长效调节机制建设，不能因为短期市场波动就放松，不能因为经济短期下滑就懈怠。地方经济的发展也应该降低对房地产的依赖，逐步弱化房地产的主导产业地位。另外，为了防止局部的系统性风险，调控政策执行中也可以因地制宜，把握各自政策实施的节奏，保持一定的调控张力。

（二）完善"一城一策"的全国市场监管体系

一方面，要完善住建部牵头的各部委对全国市场监管的预警、约谈和问责体系。现有的房地产监管体系主要是由住建部牵头，初步构建起全国性的监测预警系统，对全国主要城市的房地产市场状况及调控情况进行监测。然而，由于被监测的相关住房市场信息是由各个城市上报到系统里面，不同城市调控目标取向有所差异，存在瞒报或误报信息的可能，这些会影响到监测预警系统的准确性。所以，进一步提高预警系统信息上报的准确性，完善监督机制就很重要。基于预警系统监测各个城市的房地产调控效果，并适时地对调控不力的城市进行约谈甚至问责，这种约谈及问责机制应该进一步制度化，以对地方政府的房地产调控形成有力的约束机制，提升调控效果。另一方面，要完善中央相关部门之间的协同监管机制，包括信息共享、分工负责、政策搭配、定期会商、应急决策，等等。房地产的调控工作及监管体系的建立，往往涉及多个不同的部门，如住建、国土、工商及税务等部门，应该让这些部门充分地协调分工、信息共享，不同部门的政策应该形成合力，最好能组成房地产调控的协调组织，这样才能获得更好的调控效果。

（三）探索土地、财税与金融的"一城一策"

"一城一策"调控原则的实施过程中，应该进一步探索差异化的调控政策和措施。土地政策方面，完善住房去化周期与土地供应差异化的机制。不同城市可以结合自身房地产市场发展状况来制定土地供应的规模和速度，制定明确的住房用地供应比例。具体可以根据各地住房存量规模、人口增量规模、房地产去化周期等来决定未来的土地供给计划，以及年度的供应规模，供应土地的节奏，还有土地成交竞价规则等，要让住房用地供应形成稳定的常态化机制。财税政策方面，可以探索将部分税收立法权下放地方，使地方政府根据房地产市场状况，调整税收政策。对于房地产直接相关的土地及房产相关税费，收入更多地归于地方政府，可以加大地方政府调整税费的权力，这样不仅有利于地方政府根据房地产市场发展情况适时调控，同时也可部分地增加地方财政收入。金融信贷政策方面，也可以尝试适度的"一城一策"。在信贷额度管理和窗口指导的基础上，探索地方性金融监管机构对商业银行等金融机构实行差异化的金融监管。

（四）确定各级金融监管当局也负有房地产调控的责任

房地产市场的发展与金融密不可分，各级金融监管机构都应该参与到房地产调控工作中来。无论是住房的需求端居民购房的信贷需求，还是住房的供给端房地产开发商的信贷需求，房地产市场资金需求量巨大，几乎每个环节都会涉及金融市场，由此金融市场监管的变化就会对房价及整个市场产生重要影响。现有的金融方面的监管措施主要是限制居民购房贷款以及开发商贷款等，侧重控制信贷供给。未来的调控工作中还应该进一步明确各级地方金融监管机构参与房地产调控的责任，如中国人民银行地方分支机构及银监局等，应该在房地产调控中强化责任机制，从金融层面维护房地产的平稳发展和调控目标的实现，同时确保局部地区不发生系统性风险。为此，应该将各级金融监管机构纳入"一城一策"问责的范围之中，对调控不力及效果不佳的城市，也要对地方政府和地方金融监管部门一并约谈、问责。

（五）完善全国住房、土地、金融等数据库以及监测制度

未来的房地产调控工作中，应该逐步建立系统而完备的全国住房、土地、金融等数据库，这对于监测各地房地产调控效果以及调控政策制定具有重大意义。其中全国住房数据库的构建难度最大，也最为重要。住房数据库不仅要记录和监测各地住房交易及房价波动情况，还应该尽快尝试构建各地住房存量的相关数据库，并与不动产登记系统相关信息进行匹配，同时将数据库信息适时进行全国联网和共享。应该充分地利用现代大数据等技术汇集多方数据资料，构建更为完善的住房信息数据库，这对于各地实施房地产市场的精准调控将大有裨益，同时也为未来进一步征收房产税提供重要信息和基础资料。对于土地数据库，应该构建和完善各地土地供应情况及土地成交价格等相关信息的全国性数据库，这个将有利于地方及中央把握土地市场状况，有效监测土地市场波动情况。对于房地产金融信贷领域，也应该尝试构建全国性的房地产金融数据库，系统跟踪记录居民住房贷款及房地产开发商等贷款信息，及时监测房地产金融发展状况,适时进行调控,这有利于更好地跟踪房地产金融信贷存量,监测和防范局部系统性金融风险的发生。总之,构建完善的房地产数据库系统并实时进行跟踪监测,将能极大地提升房地产调控的效果,维护房地产市场的平稳健康发展。